石达开

天国悲歌

夏龙河 ／ 著

中国文史出版社

CHINA CULTURAL AND HISTORICAL PRESS

图书在版编目（ＣＩＰ）数据

石达开：天国悲歌 / 夏龙河著 . -- 北京：中国文史出版社，2019.6

ISBN 978-7-5205-1172-8

Ⅰ. ①石… Ⅱ. ①夏… Ⅲ. ①石达开（1831-1863）—传记 Ⅳ. ① K825.2

中国版本图书馆 CIP 数据核字 (2019) 第 142625 号

责任编辑：梁玉梅

出版发行：中国文史出版社

社　　　址：北京市海淀区西八里庄 69 号院　　邮编：100142

电　　　话：010-81136606　81136602　81136603（发行部）

传　　　真：010-81136655

印　　　装：北京新华印刷有限公司

经　　　销：全国新华书店

开　　　本：16 开

印　　　张：18　字数：285 千字

版　　　次：2020 年 3 月北京第 1 版

印　　　次：2020 年 3 月第 1 次印刷

定　　　价：52.00 元

目 录

第一章　舍身成义

01 壮士　　　　　　　　　　/ 002

02 劝降　　　　　　　　　　/ 007

03 老狱卒　　　　　　　　　/ 011

04 红衣　　　　　　　　　　/ 014

05 说客　　　　　　　　　　/ 017

06 最后的审讯　　　　　　　/ 021

第二章　初识洪秀全

01 那帮村的杀人事件　　　　/ 026

02 搜查　　　　　　　　　　/ 033

03 拜见老师　　　　　　　　/ 037

04 算命的道士　　　　　　　/ 042

05 房基事件　　　　　　　　/ 046

06 保长和团董　　　　　　　/ 051

07 天地会拜访石达开　　　　/ 055

08 堂主的小算盘　　　　　　/ 060

09 认识洪秀全　　　　　　　/ 064

第三章　六王结盟

01 石达开入教　　　　　　/ 070

02 石祥祯出手　　　　　　/ 074

03 黑夜人影　　　　　　　/ 079

04 土狼　　　　　　　　　/ 083

05 杀土狼　　　　　　　　/ 087

06 不打不相识　　　　　　/ 090

07 悲情天地会　　　　　　/ 096

08 杨秀清下山　　　　　　/ 100

09 兄弟结义　　　　　　　/ 103

第四章　永安封王

01 赶往金田　　　　　　　/ 108

02 走出山区　　　　　　　/ 111

03 杨秀清强封九千岁　　　/ 116

04 夜袭　　　　　　　　　/ 121

05 石达开突袭玉龙关　　　/ 125

06 蓑衣渡南王殉难　　　　/ 130

07 西王亡命长沙　　　　　/ 135

第五章　翼王展翅

01 武昌拒援 　　　　　　　/ 140

02 曾国藩出山 　　　　　　/ 143

03 又见邱道长 　　　　　　/ 147

04 邱道长辞别石达开 　　　/ 152

05 定都之争 　　　　　　　/ 156

06 惆怅天京 　　　　　　　/ 160

07 胡以晃打下庐州城 　　　/ 166

08 调回天京 　　　　　　　/ 170

第六章　天京事变

01 牧马人事件 　　　　　　/ 174

02 大破江南大营 　　　　　/ 178

03 陈承瑢说东王 　　　　　/ 182

04 天京事变 　　　　　　　/ 187

05 回京 　　　　　　　　　/ 192

06 天王的顾虑 　　　　　　/ 196

07 黑风 　　　　　　　　　/ 200

第七章　转战湘赣

01 无毒丈夫　　　　　／ 206

02 黄玉昆之死　　　　／ 210

03 杨辅清回京　　　　／ 213

04 巧救韩宝英　　　　／ 218

05 宝庆府失利　　　　／ 224

06 白龙洞题诗　　　　／ 229

07 人心　　　　　　　／ 233

08 家乡遇故人　　　　／ 237

第八章　大渡河之战

01 选择　　　　　　　／ 244

02 翼王受伤　　　　　／ 248

03 涪州翼王训谕　　　／ 252

04 清军增兵　　　　　／ 257

05 叶梅勇上骆来山　　／ 261

06 东溪决策　　　　　／ 267

07 折翼双龙场　　　　／ 270

08 天有绝人之路　　　／ 275

09 绝战　　　　　　　／ 279

第一章

舍身成义

01 壮士

囚车走到杜甫草堂前的时候，石达开抬起头，对身边押解他的士兵说："兄弟，在下有个请求，我想进草堂拜谒一下杜工部，请兄弟行个方便。"

押解石达开的士兵已经调换，现在的这些士兵都是由骆秉章亲自调遣的四川老兵。

原押解石达开的士兵，是唐友耕的队伍。唐友耕是起义军降将，他的手下有很多起义军老兵，这些老兵明里暗里对石达开很照顾。石达开受降后，不到十天的时间，人竟然胖了一圈。

骆秉章用降将唐友耕的部队攻击石达开，除了看中唐友耕的悍勇之外，还有一个想法，就是借他跟石达开火拼，消耗他的军事实力。唐友耕手下那些英勇善战的起义军，实在是他的一大心病。也就是说，骆秉章对唐友耕是有疑心的。

因此，在接受了石达开的受降之后，为了做到万无一失，骆秉章马上调开唐友耕，用他放心的四川官军，押解石达开赶赴成都。

从换押解士兵这一做法上，石达开就知道这个骆秉章是个狠毒狭隘之辈。不过，既然连生命都不想要了，受点苦又何妨？

押解的小头目倒也不错，对石达开说："石将军，您的要求小的说了不算，您稍候，我去请示上面。"

石达开笑了笑，说："谢谢兄弟，有劳了。"

小头目打马而去。石达开看着前面破旧却显得很清爽的杜甫草堂，心里突然有一种很强烈的欲望，他想靠近杜工部，想跪在他的面前，痛痛快快地大哭一场。

到了今天，这个戎马倥偬十六载的英雄才发现，自己其实更愿意做一名诗人，做一名杜工部的追随者。粗茶淡饭，纸墨飘香。用文字去唤醒众人，是不是比驰骋疆场，白白死了几十万人更好些呢？

六月，正是流艳滴翠、生机勃勃的季节，却无端地有几片叶子飘落过来，随着微风打了几个旋儿，飘飘摇摇刚好落在石达开的眼前。石达开看着这几片略略泛黄的叶子，微微笑了笑。

后面囚车上的曾仕和问道："翼王殿下，怎么停下了呢？要小解吗？"

石达开笑了笑，说："不是。我是看见杜甫草堂了，想进去拜谒一下。"

曾仕和嘟囔了一句，就不说话了。他不理解：现在都要被处斩了，还去拜谒什么草堂啊。

曾仕和转头，看了看后面的两辆囚车。他的后面是黄再忠，黄再忠后面就是壮汉韦普成。黄和韦都是一副满不在乎的样子，看到囚车停下，两人只是抬头，朝曾看了看。黄再忠还朝他咧嘴笑了笑。曾仕和心里一阵酸楚。半月前，他们还在战场上奔突，都是些以一当百的壮汉啊，现在都成了待宰的羔羊。

黄再忠问："曾宰辅，怎么不走了呢？"

曾仕和嘴角上翘，略带嘲讽地笑笑，说："翼王殿下要去拜谒杜甫呢。"

黄再忠一愣："杜甫？杜甫是谁？他在哪里？"

曾仕和没心情给他普及文学知识，因此不耐烦地摇了摇头，说："我不知道。"

黄再忠看向石达开。石达开也转头，看着后面的三个弟兄，和紧跟其后的一个一个用绳子拴起来的士兵。经过十多天赶路，士卒们个个面色疲惫、脚步踉跄。后面这一百士兵，是石达开的护卫部队，他们自愿跟着翼王，或生或死，永不离开。

石达开看着这些兄弟，看了看两边苍翠的树木，路边偶尔走过忙碌着的平民，他突然深刻地怀疑起自己的行为来。他带着他们南征北战，本来是想给他们寻找出路，寻找更美好的生活，现在却连普通老百姓的日子都过不成了，难道自己错了吗？

他本来想对兄弟们抱拳施礼，可惜现在手脚都被铐住，头也仅仅能探出囚笼。抱拳施礼无法做成，他只能说："各位兄弟跟着我吃苦了！骆秉章老贼自食其言，诓骗我等，石达开一死不足惜，各位都是堂堂汉子，没有战死疆场，却随我赔了性命，石达开愧对各位，却无法回报！各位，来生咱还做兄弟！"

一百名兵士听到石达开说话，蓦然有了精神，抬起头来一起喊道："来生还做兄弟！"

这一百人，是石达开的精锐。即便是在吃草皮的那些日子里，别的兄弟连走路都困难，见风就倒了，这一百多人依然军容整齐，精神抖擞。冲锋陷阵更是一马当先，在十多天没有吃过正经东西的情况下，依然凭手中已经卷刃的刀，无数次杀退了敌人的进攻。

石达开看着这些兄弟，泪水悄悄地流了出来。他知道他们看不到，因此也不擦，就那么静静地看着这些兄弟。

传信的小头目匆匆打马回来，传达指示说："对不起了，石将军，我们千总爷说了，进草堂拜这个……不行，不过，可以在草堂外停一会儿，您在这儿对着草堂鞠几个躬什么的，倒是可以。"

石达开苦笑着摇头，说："兄弟，您看我这样，点头还将就，鞠躬……恐怕是做不成了。"

小头目说："这个我可以做个主，我们权作小解，您在这外面对着草堂鞠躬，如何？"

石达开叹气，说："谢谢兄弟，那只好如此了。"

小头目一招呼，一队兵士跑过来，围成一个圆圈。其中两个爬上囚车，开了铁锁，给石达开戴上临时的镣铐，把他搀扶下来。

石达开面对草堂，兵卒在他周围围成一个半圆。五月的成都，已经比较热了，石达开从囚车上下来，抹了把脸上的汗水，蹒跚着走进半圆中。他看看沉默的杜甫草堂，转头看了看沉默的长长的押送队伍，慨然长叹，抱拳说："达开读书时，就敬仰先生的诗文和忧国忧民之心，早就有意拜谒草堂圣迹。我进兵四川，本打算进成都，重修草堂，给先生重新塑像，以昭后人，可没想到我竟然会以这种面目拜见先生，实在汗颜。达开此去，恐怕没有活路了，来生，我必履行今日之誓言：为先生重修草堂塑像——就此别过先生了。"

石达开对着草堂连鞠三躬，转身，刚要上车，突然从草堂后的小树林里冲出一人。这人一身青衣，手持大刀，向着石达开等人就冲了过来。

小头目一看大惊，让人赶紧把石达开送上囚笼，自己带着兵士就冲了过去。那人武功不弱，连杀几个兵卒。小头目挥舞大刀，死死抵住。后面又冲上诸多兵卒，把那人团团围住。

石达开被押上囚车，重新锁住。他对着那人喊道："这位义士，达开为了紫打地诸位将士性命，死意已决，请不要枉送性命，杀开一条路，逃生去吧。"

那人边挥刀抵抗，边喊道："达开哥，不要相信骆秉章那个骗子！他已经准备偷袭紫打地了！"

是一个女人的声音，石达开一愣："叶梅？……叶梅！"

可惜叶梅再没有机会说话。一个兵士趁她分心，在后面偷袭，一刀从后面砍在她脖颈处。叶梅大概还想回石达开的话，半个字刚说出口，后面跟着的却是一声惨叫。

前面的士兵趁机进攻，没等叶梅反击，就将她砍成了肉泥。

看到此场面的曾仕和、黄再忠等人急得哇哇大叫，被众士兵喝止。

为了不刺激石达开等人，小头目让人把死人拖到树林后，然后喝令前行。大家似乎都看到了自己的结果。可是，现在他们是待宰的羔羊，已经完全没有了反抗的余地。大家沉默着走过草堂前，经过那一摊刺目的鲜血。

突然，后面的黄再忠喊道："翼王，你糊涂了啊，我们都是白死了啊！骆秉章，这个老奸贼……"

到了这个份上，谁都知道自己是白死了，可是谁也没说话。石达开面如死灰，感觉自己已经变成了一个活死人。刚才在杜甫草堂前的豪情，一刹那变得无处寻找。

他嘴里喃喃地念叨着："叶梅、叶梅，哥哥对不起你啊，叶梅……"

念叨了一会儿，他才大吼一声："骆秉章！你这个小人！"

他跟骆秉章谈判的时候，有一个先决条件，那就是要保证六千将士的生命，放他们回家，跟妻儿老小团聚，让他们回家务农。

骆秉章答应得好好的，还说只要石达开投降，他也可以"解甲归田"，做一个本分的员外。石达开因此才带着两千多兵卒，过河投降。如果叶梅的话当真，不但他们这一百多人要去送死，被安置在大树堡寺庙的两千壮士也必遭毒手。

石达开本是抱着必死的决心来的，可是自己的一死，却是如此结果，实在让他始料未及。

想到骆秉章看似忠厚的样子，想到他沉稳的眼神，石达开的心痛得要裂开了，六千多将士的生命啊！石达开闭上眼睛，眼泪决堤般流了出来。

02 劝降

在大牢里，石达开和众人被分别关押。

骆秉章对他还算不错。虽然草铺里跳蚤横行，但是骆秉章安排人给他准备的一日三餐，却是鱼肉不断，很合胃口。

骆秉章还请石达开吃了一顿饭。

石达开知道这骆秉章是一代清官。此人虽然热衷功名，却为官清廉、刚正不阿，颇得人心。同时，他是大清的绝对忠臣，可以为大清披肝沥胆，也可以为大清不惜一切、泼皮耍赖，比方对他的两面三刀、言而无信。

这是一个坚硬的人，是一个无所不用其极的人。石达开知道这种人，跟他讲道理，很难讲得通，得迂回，让他顿悟，也许这样才会让他对那些在安顺场和大树堡寺庙的太平军将士高抬贵手。

骆秉章先说话了："石将军，你在老夫的眼里，是个很有作为的青年才俊。你胆识过人，文韬武略，是个非常难得的人才。其他……不过是乌合之众。今日你既然已经投降，歼灭贼军不说指日可待，也时日不久了。石将军，你文武皆能，走到今天，只有一个原因。"

骆秉章找人给石达开送了一套干净的布衣，他自己也是布衣麻鞋，一副市井老者的样子。两人对坐而饮，一老一少，看起来就像是一家人。

石达开说："老先生请直言。"

骆秉章说："将军走错了一步，才使得今天如此。将军少年得志，家境中上，十多岁就能吟诗作对，名动乡里，如果能坚持为国家服务，现在必定是国之栋梁、人中龙凤，绝对不会走到今天这种地步。咱俩相比，我其实是个笨人，四十岁中进士，进入仕途，但是我走对了方向，虽然现在年近七十，但我现在是四川总督，一方大员。将军虽然聪慧灵秀，却是阶下囚，因此，方向对错，不可不察。为将军计，老夫现在有一计，可以修方向，正路途，扭转乾坤，将军愿意听否？"

石达开说："老先生请讲。"

骆秉章微微一笑，说："将军当初入贼窝，同贼寇合污，可以看作是年少无知、误入歧途。现在将军三十出头，已经名闻天下，如果改邪归正，悬崖勒马，为国家戴罪立功，还不算迟，不知将军可愿意否？"

石达开正色说："达开感谢先生指点。人生对错，得后人评说，我不知，先生恐怕也难知百年后之事。成王败寇，自古莫不如此。达开没有远见，但是，达开却深知为求荣而事二主，忠臣不为；舍命以全三军，义士必做。因此，我既然是太平军的翼王，就不会做大清的将军。时运不济，我败在先生您这样的君子手里，只要能救三军性命，死了我一个石达开，达开毫无怨言。只是希望先生不要枉读了圣贤书，言而无信，再去夺取已经放下武器的军士的性命！我做我应该做的，您做您应该做的。我死而无憾，先生也活得豁达！不知先生意下如何？"

骆秉章略一沉吟，说："我今天请将军来，一是觉得将军非草莽之辈，死了可惜，想救将军一命；二是以我长将军几十年的人生阅历劝谕将军，不过既然将军心意已决，没有挽留余地，我也没有办法。不过我的话还是请将军三思，免得遗憾。"

石达开问："敢问老先生，达开是不是命不久矣？"

骆秉章沉吟了一会儿，说："这个……还没有决定。不过将军如果执迷不悟，老夫恐怕难以为将军开脱。"

石达开笑了笑，说："当日先生派杨应刚去紫打地，跟我说可以让我'解甲归田'，是诓骗我了？"

骆秉章支吾说："这个……是老夫的意思，可是现在事情有了变故，诸将愤恨将军杀我军士太多，破城上百，杀人无数，事情去向，不是老夫自己能够决定的。"

石达开看他开始耍赖皮，索性摊开了，问："那我的将士呢？随我渡河来的有两千多人，还有在紫打地的四千将士，您可是都答应要放了他们的。我石达开是罪大恶极，你可以杀我。但是如果杀了那六千生灵，说做不一，可是骂名千古之事！我想老先生是一代名人，妇孺皆知，应该不会做此恶举吧？"

石达开说完，看着这个骆秉章。老先生脸上的肌肉一阵激烈抖动，显然是石达开的话触动了他的神经。

下人送上一只烧鸡，石达开依然看着这个面如死灰的老人。他在心里揣度着：这个老先生虽然目光坚硬，却看起来慈眉善目，应该不会大开杀戒、罔顾几千生灵吧？人心都是肉长的，那几千人都是放下武器的老百姓，他果真忍心杀害？

石达开给老先生斟酒，也给自己倒满杯子，他举起杯子，说："这杯酒是石达开敬先生的，我替那六千生灵感谢先生的再生之恩。我来的时候，就已经做好了赴死的准备，我不埋怨先生，只希望先生能有圣贤之心，让他们回家孝顺父母，抚养幼儿。"

骆秉章没有举杯，而是说："我已经放了你一千人马，还分发了盘费。"

石达开说："先生既然做了好人，何不做到底呢？何况，这是先生答应过我的。"

骆秉章端起杯子，昂头朗声说："这样，石将军，我们都答应对方一个条件。只要你愿意为大清效力，带着你的人马加入到国家军队中来，我不但可以放了他们，还可以封官加爵。你愿意带着你的人马，去剿灭贼军，我骆秉章非常欢迎；不愿意，那你也可以当个清闲官，只管享受你的荣华富贵。否则，这六千兵马，老夫……恐怕也难以保证。石将军，这六千兵马的性命，现在可在你的手里，希望你不要糊涂！"

石达开眼中燃起火苗，他没有跟骆秉章碰杯，自己把杯中酒一饮而尽，杯子砰然砸在桌子上，他厉声质问骆秉章："那如果我不效力清军，你就要杀了他们不成？"

骆秉章也把杯中酒一饮而尽，说："六千军马，加上原先释放的一千，七千人足可以作为资本，东山再起。如果我放了他们，无异于放虎归山，他日如有不顺，很有可能重新扯起大旗造反。那我骆秉章非但无功，反而有过了。所以，我杀了他们，是为国家计，为天下苍生计。此举虽然自食其言，令人耻笑，但是为了天下百姓，我宁愿背这个黑锅。何况我一心为民，略施小计，即便有不妥之处，天下人也理应理解。"

石达开喝问："那先生答应我的事儿呢？失信于人，还有什么脸谈天下人？"

骆秉章的脸像三九天的石头，嘴里吐出的每个字，都像冰冷的石块："宁负你一个，不负天下苍生。何况，你本来就是一个贼寇，我骆秉章负你是救百姓于水火！"

石达开猛然站起，手指点着骆秉章："老贼！"

骆秉章看到石达开犹如一头愤怒的狮子，害怕了，颤抖着声音喊道："来人！"

从屋外涌进十多人，围住石达开。骆秉章挥手："把他……押入大牢！"

石达开：天国悲歌

03 老狱卒

石达开终于洞悉了骆秉章的险恶。每天看着阳光透进牢房，他就知道，离他弟兄的死亡时间，又临近了一步。

他不知道的是，就在昨天晚上，骆秉章派唐友耕杀进大树堡寺庙，两千多已经缴械的士兵，被他们全部杀害。

跟着石达开投降的一百卫士，本来计划跟着石达开一起回去务农耕田的，也在同一天晚上，被骆秉章派部将活埋，无一生还。

骆秉章，这个清廷的忠实奴才，开始了对石达开部队的无情屠戮。安顺场的四千将士，他还没有想好要怎么杀他们。这四千人手里还有兵器，都是身经百战的老兵，收拾他们，他需要谨慎从事。

石达开在狱中，开始反思自己的行为。他知道自己是太幼稚了，不该相信骆秉章的鬼话，葬送自己和几千士卒的性命。可是，现在大势已去，悔之晚矣。

石达开终日胡思乱想，脾气暴躁，几近失控。自从那次跟骆秉章一起吃饭之后，骆秉章对他彻底绝望，撤销了对他的特殊待遇，一日三餐，粗糙无比，很多时候，饭都是馊了的。这些石达开都不在乎，让他受不了的是，他原先说话，狱卒还是比较听的，比方弄点药之类，现在不行了。

石达开终年行军打仗，有比较严重的老寒腿，因此他一直吃药。在成都大牢，一开始狱卒都是按时给他送药的，现在药也断了。他跟狱卒要，狱卒说没有了，逼急了，狱卒一脸无奈地对石达开说："石将军，药都是上面给的啊，他们不给了，我到哪里给您弄去啊？即便我想自己花钱给您买，上面没发话，我也不敢啊。石将军，您是大英雄，反正也活不了几天了，您就忍一忍吧。时候一到，眼一闭，就不用遭这个罪了。"

从心里说，这个狱卒对石达开还算不错的。没人的时候，他就偷着把石达开的脚镣给松一会儿，让他能活动活动。按说，这都是要命的大罪。石达开叹口气，无奈地摇头。

石达开还提了一个要求，那就是见一见分别关押的曾仕和、黄再忠、韦普成三人。狱卒替他请示上面，上面不同意。

石达开知道，骆秉章已经放弃他了。当然，他不知道的是，骆秉章不但要杀了他，还要对他处以凌迟。

断绝了一切希望，石达开反而踏实了，想开了。

他知道，自己已经没有任何希望了。那些冤死的兄弟，他只能去阴间给他们赔罪了。

就在他心情平静下来的时候，老狱卒竟然偷偷给了他一个纸条。

石达开看着老狱卒一脸神秘的样子，就知道这纸条非同一般。把纸条给他之后，狱卒慌张离去。石达开揭开纸条，上面是简单的一行字：

翼王：老贼背信，我等将救你出来。红衣。

红衣？石达开一愣。

红衣原先是天地会的人，是石达开派往唐友耕部队里的探子，可是在他们到达大渡河之前，这个红衣就跟他们失去了联系。他曾经多次派人用约定好的方式去找他，都没联系上。他一度认为，红衣，跟他们以前的许多探子一样，被敌人发现给处死了。现在，他竟然来找自己了，他是真红衣还是假的？他叛变了没有？他是真想救自己，还是有什么企图？

最主要的是，从这里救人，应该说比登天还难。他如果真有这个想法，不是人太幼稚，就是有了充分的准备，而这两样，都应该是红衣所不具备的。

因此，石达开没有给他回信。

过了两天，老狱卒又递给他一个条子，上面写着这样一句话：大树堡寺庙两千兄弟已亡，贺礼逃出，在我这里。如是翼王，请回话。

这次，石达开有些相信了。贺礼是一名名不见经传的哨探，却在入川后表现突出，好多次得到敌人的正确情报，让大军免遭损失。石达开曾经让韦普成带他见过自己。本来打算等将来委以重任的，没想到仅几天的时间就走到了这一步。

现在看来，贺礼竟然也在大树堡寺庙。而寺庙中的两千汉子，已经被杀。贺礼逃出后，想法联系上了红衣。

石达开心里翻腾了几下，马上又打消了这个念头。其实人都怕死，谁也想活着。石达开原先一心赴死，是为了救三军将士，现在知道自己无法救他们了，但是自己的家人尽亡、三军尽灭，自己已经没有了任何希望，活着出去忍受煎熬，还真不如去死。

最主要的是，石达开知道，别说红衣和贺礼两人，就是两千人都来了，也无法把自己从这里救出去。他们只能是送死。

因此，他在纸条上写道："不许。石达开。"

狱卒晚上来送饭的时候，石达开就把纸条偷偷塞给了老狱卒。

老狱卒第二天送早饭的时候，又递给石达开一张纸条。上写：我们计取，王爷放心。

石达开想了一天，觉得还是太冒险。他已经因为自己的无知葬送了三军性命，他不能再让一人为自己死去。

因此他在给红衣的回信中严厉地说：我意已决，勿要再议。

石达开没有想到的是，老狱卒第二天再没有来。

新来的狱卒一脸的冷漠，石达开跟他询问老狱卒到哪里去了，他只是冷冷地说："他再也回不来了。"

04 红衣

那天，老狱卒换了衣服，交了钥匙，刚要出门回家的时候，一队黑衣人突然从外面冲了进来，把老狱卒团团围住。

老狱卒在监狱多年，深知这些黑衣人的使命。他一屁股坐在了地上。

黑衣人在老狱卒身上搜出了"红衣"的信，押着他扬长而去。

第二天晚上，盐市口的"蜀香"茶楼，一个穿着一身绫罗绸缎、富家公子模样的年轻人，坐在二楼的角落处，细细地品味着新茶。

他显然是这里的常客，伙计过来送水的时候，朝他笑笑，问："公子有何吩咐？"

这个风流倜傥的富家公子朝伙计笑了笑，说："谢谢，您忙您的就行。"

公子把一壶茶喝得没了滋味，正要起身离去，从楼梯口转出一文雅汉子，汉子打招呼说："秦公子怎么要走？"

公子一愣，上下打量汉子一眼，抱拳说："这位大哥，您怎么知道……我姓秦？"

汉子呵呵一笑，走到临窗的一张桌子前，对添水的伙计喊道："伙计，来壶上好的毛峰。"

伙计响亮地答道："好嘞，您稍等。"

秦公子看到这人坐下，用手指了指对面的座位，他眼前一亮，就走过去，在他对面坐了下来。不过，仔细起见，秦公子还是装着迷惑的样子，问："先生要请我喝茶？"

汉子微微颔首，说："四海无边，五湖有兄弟，既然是兄弟，何不品茶谈笑？"

秦公子笑了笑，说："先生说话真有意思。先生是读书人吧？"

汉子正色说："如今乱世，哪有读书人的活路？华夏沦丧，满人横行，读书人要不给清人当狗，要不就穷苦潦倒，这个世上有真正的读书人吗？"

秦公子低声说："现在官府耳目众多，先生说话要小心。"

那人呵呵笑了，说："我不偷不抢，不过受人之托来找个朋友，官府还不让人交朋友了吗？"

秦公子问道："先生找一个什么样的朋友？"

那人说："四海无边，五湖有兄弟。我的朋友多着呢。"

秦公子看着这人，拿不准他到底是什么样的人。因此他又问道："我想问一下，托先生找人的那人，是什么样的人，先生方便回答否？"

那人站起来。秦公子偷眼四下看了看，在茶楼的几个角落也有几个汉子几乎同时站了起来。那人四下看了看，朝秦公子这边抻了抻身子，小声说："是大牢老陈头让我来的。公子明白否？"

秦公子微微一笑，说："不明白。先生，您就在这里等您的朋友吧，我先告辞了。"

那人有点着急，上前一步挡住了秦公子的路，说："公子别装了，我找的就是你，老陈头有东西托我给你。"

秦公子惊讶地说："给我？我又不认识老陈头，他怎么会有东西给我？"

那人站着不动。那几个站起来的汉子又都坐下了。

秦公子抱拳，说："先生，我还有事儿，先走一步了。"秦公子只是说话，还没动身，就看到那几个人又要站起来了。"不过，"秦公子说，"这个茶馆我非常熟悉，很高兴认识先生，我让掌柜的来壶最好的普洱茶送给您，不知先生喜欢否？"

没等那人反应过来，秦公子起身，边朝外走边喊："伙计！伙计……"

那人坐着没动。

秦公子看到那几个坐着的家伙，欲动还未动，一直走到楼梯口。

秦公子猛然转身，朝着楼梯就跑了下去。

坐着的那人猛然喊道："追！"

其实不用他喊，分散坐在各处的壮汉们早就跳了起来，追了下去。

那人坐着未动，冷冷地说："他跑不掉的！"

秦公子跑下楼梯，从门外涌进十多个人，朝他扑了过来。他看到站在一边被架着的浑身是血的老狱卒，长叹一声，猛然从怀里掏出一个小袋子，扔进了嘴里。

　　等他们扑过来，秦公子嘴角已经溢出鲜血，他微笑着看着他们，转身，手指颤抖地指着刚从楼上下来的中年汉子，嘴里边吐着沫子边说："先生……说得好极了……噗……我泱泱华夏，让满人欺凌，读书人要么当狗，欺凌同胞，要么穷困潦倒。可惜……先生相貌堂堂，却是……一条好……狗！"

　　秦公子说完，猛然喷出一口鲜血，身体抽搐了几下，仰身跌倒。

　　老狱卒吓得站不住，瘫软在地上。身边一个黑衣人把他拽起来，走到还在微微抽搐着的年轻人身边，问他："他就是跟你见面的那个红衣吗？"

　　老狱卒鸡啄米一般点头，说："是，是他找的我……他让我……叫他秦公子。"

05 说客

石达开不知道这些。他只知道老狱卒再也没有回来，新来的狱卒对他冷冰冰的，离他远远的，似乎他是个瘟神。

红衣再没有信给他，加上老狱卒音信皆无，他就知道事情恐怕败露了，红衣怕是凶多吉少了。现在的石达开已经心如止水，他最盼望的，就是早日被处死，免得更多的人再为自己牺牲。

后来，石达开从一个姓张的按察使使狱那里听到了确切消息。

这个张使狱是个同情太平军的人。石达开的军队打下城池后，整肃军纪，规定军士不许私闯民宅，凡抢掠奸淫者，一律处以极刑。因此，太平军秋毫无犯，颇得民心。

而当时的清军，为警示民众，必定大肆抓人，搜捕帮助过太平军或者家里有人投靠太平军者，兵卒乘机盘剥抢掠，可谓民不聊生。

张使狱觉得两相对比，石达开豁达重义，骆秉章等却阴险奸诈，石所以受民众爱戴，正是因为其人格魅力。

张使狱有一天假借提问犯人之名，让人把石达开提到自己的屋子，把老狱卒的事和大树堡寺庙两千壮士被杀的前后经过都告诉了石达开。

张使狱慷慨地说，如果真有人想法儿劫狱，他可以助一臂之力，大不了一死。

石达开虽然不知道张使狱后面的话是真是假，是不是在试探自己，他都表示了感谢。他说自己不想再连累任何人，已经有太多的人因为他死去，他不想再给自己添加罪过。

张使狱觉得非常遗憾。

让石达开没有想到的是，骆秉章在最后一夜，还派人劝他投降。这人就是杨应刚——当初由骆秉章派去劝降自己的说客，曾经替骆秉章答应放过诸将性命、让石达开解甲归田的杨应刚。

石达开一看到是他，就转过身，给了他一个后背。

杨应刚到紫打地找石达开的时候，石达开对他非常优待。

杨应刚之前就曾经跟石达开有交往，石达开比较敬重这个同情太平军的清军将领。因此杨应刚受命骆秉章，到了石达开营地后，石达开除了跟他谈投降事宜外，还跟他畅谈天下大事。石达开对杨应刚的学问和胸怀非常钦佩，相信他的人品。这也是当初石达开能够答应投降的原因之一。

现在，杨应刚答应石达开的诸多条件，条条都落了空，石达开怎么还能相信他？

杨应刚自然知道其中的问题，因此对着石达开低头行礼，说："将军，杨应刚是请罪来了。我答应将军的条件都成了空，非常惭愧。我们促膝长谈的场景历历在目，实在无颜见将军。"

石达开不语，像是没听到他的话一样。

杨应刚继续说："唉，将军心里苦，杨应刚心里明白。事情到了今天这种局面，说句良心话，这是我杨应刚没有想到的。骆总督为人刚正不阿，说到做到，我实在没想到，他会……如此对将军。"

石达开还是不说话。

杨应刚说："其实……将军应该想到，骆总督这么做，是怕将军回去之后，重招旧部，再次造反。这个……谁也无法保证。希望将军理解骆总督。"

石达开终于忍不住了，猛然转头，吼道："你说什么？他要杀了我，还要我理解他？那你让我杀了这个骆贼，让他理解一下我啊！"

杨应刚还是低着头，说："我说的是实话。骆总督这次到四川剿灭太平军，是抱着一劳永逸解决太平军事件的态度。他其实很想放您回家，也博得一个美名。可是，他不敢保证您回家之后能老老实实做一个农民。以您的影响力，再过十年，您再起兵，那时候骆总督恐怕……两江总督曾老也垂垂老矣，将军起兵，必将无人能敌。石将军，您说，我说的有没有道理？"

石达开"哼"了一声，不回答。

杨应刚继续说："骆总督忠直刚正，可是他不是一代大儒，他有个中心利益，就是大清。骆总督跟您不一样，您是少年得志，他别说是少年了，青年时期都很落魄，四十岁的时候才考中进士。他常说，如果没有大清，那他就是一个落魄老朽。父母给了他生命，大清给了他光耀。所以，他宁可不为自己着想，也得为大清着想。杀你，是为了给他的大清永绝后患。石将军，您现在如果还想有所作为，就得先了解这个骆总督的底细啊。"

石达开终于说话了，说："好，果真如你所说，那就杀了我石达开。我没有意见，即便是千刀万剐，我也认了。死在我石达开手里的清兵清将，成千上万，这就算我给他们抵命了。杨将军，你的这些话我想得通，可是，我那三军将士呢？当初我舍出性命，就是为了三军将士能够回家。现在，他却要把他们杀了！他说是为天下苍生，可是那六千人不是苍生吗？"

杨应刚说："我刚才说过，骆总督眼里的苍生，是指大清民众；他眼里的道义，都是以大清为准。杀了这六千人，能让大清平安！在他的眼里，他是不会怜惜这六千生命的。要救他们，只有靠你自己。"

"我？我怎么救他们？"石达开一时没有反应过来。

"这个还得顺着骆总督的心意。这支人马唯一能让总督放心的办法，就是让他们归顺大清。可是这些人，没有一个想参加大清军队的。能让他们归顺的，只有您。只要您肯为大清效力，骆总督答应这支军队还由您统领。您如果想建功立业，那就带着他们对太平军反戈一击；如果您不想，您可以带着这支部队去戍边。这样，将军和剩下将士的命都可以保全，骆总督也可以放下心里的一块石头。我说句到家的话，即便将军以后想造反，那也是留得青山在、不愁没柴烧，总比这么多人一起死了好。"

石达开"哼"了一声说："其实还有一层，将军没有说。如果我这个太平天国的翼王投降了，那对太平天国来说，将是致命的。你们壮了声威，太平天国却会人心惶惶。我这么说对吧？"

杨应刚说："这个……我实在不知道总督是怎么想的，我觉得，起码可以保全这几千将士的性命啊。"

石达开摇头："当年我石达开为了不兄弟相残，不得不离开天京西征。但是，我生是天国的人，死必定是天国的鬼。如果为了我和几千将士的生命，对天国造成无法估量的打击，我石达开不为也。用兵之道，精神最重，如果我石达开为清军效命，必将动摇天国上下军心，恐怕这个才是你们的目的所在。"

杨应刚摇头，说："将军，太平天国阵脚已乱，时日不长了。所以，将军这个是多虑了。"

石达开凄然："天国能否长久，不是我石达开能够决定的。但是，我为天国能做的，无论大小事，我都将尽力。先生不用多谈，让我效力清廷，损害天国，达开决意不为！"

杨应刚叹息，说："一代天骄，真是可惜了。"

石达开昂头，说："这些天，我想了很多，我错在刚愎自用，不听众将劝告，未能与天国其他将领协同作战。意气用事，不能顾全大局，致使我石达开走到这一步。还有一条，同你们的骆总督比，我不如他奸诈，不如他不择手段。你们骆总督是下棋高手，走一步看三步，并且一步比一步狠。你只要入了他的招儿，你就无法脱身。我呢，跟他比，就是一介武夫，我可带兵打仗，不能通判全局。我求死，是因为我对自己有了一个中肯的评价。现在我只有死，才对天国最有益，对我来说，我也已经想通了——这次我已经败了，假如有来世，胜负是谁，那就不一定了。"

06 最后的审讯

石达开已经受过三次审讯。

第一次和第二次，都是由骆秉章和成都将军崇实主审。两人详细询问了石达开从一开始参加拜上帝教以及其后的起义经过，石达开一一作答，毫无隐瞒。

第三次审讯，却换了人。这次主审的是四川布政使刘蓉和四川按察使杨重雅。刘蓉和杨重雅都是当代儒生：刘蓉勤奋好学，写了不少的古文诗词，名句"一室之不治，何以天下家国为"，就是出自他的散文《习惯说》；杨重雅也是个喜欢舞文弄墨的儒臣，诗文俱佳，书法也颇有成就。在清朝，两人也算是一代名臣。

可惜的是，这两人跟骆秉章一样，"为天下苍生"有一个理论出发点，那就是大清的利益和准则。在他们的脑子里，清廷不但是他们的衣食父母，也是他们的信仰基础。

跟刘蓉相比，按察使杨重雅小人之气更重些。他在审问中呵斥"叛贼"石达开，并大肆吹捧"我朝仁义"，总督骆秉章"通达忠厚，堪为后世典范"。

石达开心里知道他们的审问不过是形式，自己的生死早就是注定了的。因此一开始是抱定有问则答、淡然处之的心态。

但是无知跋扈的杨重雅让他勃然大怒，他猛然站起，回道："我石达开是叛贼，但是我是汉人，我反的是满清统治，我为的是天下穷苦人的利益，为了让他们能吃饱饭、有衣穿。尔等同是汉人，也算饱读诗书，却甘当满清走狗，欺压自己的同胞兄弟，谁是贼、谁是寇尚且分不清楚，就不怕惹后人耻笑？天下智者，必以民为本。可大清官员勾结地方恶人，欺负良善，你们不为民请命，却甘当爪牙，还说什么仁厚，恐怕天下贼人，都不及你们丑恶！

"还有你们的骆总督，自食其言，阴险狡诈，他如果能配得上'忠厚'二字，那狼狈都敢称'仁义'了！骆秉章曾说让我'解甲归田'，众将士可以'回家与妻儿团聚'，我死也就罢了，我石达开说到做到，死了没有怨恨之心。可是你们'忠厚'的骆总督非但没有感到羞愧，竟然还派人连夜屠杀我两千已经放下武器的将士！古人尚且珍惜蝼蚁之命，这两千人的命，在他的鸟眼里，连蝼蚁都不如吗？汉人的命在他的眼里，不如满清的一个表彰，这是'忠厚'之人，还是献媚之狗？他骆秉章是汉人吧？你杨重雅是汉人吧？你们如此替满人作恶，试问谁是贼子，谁是'仁义'？如果你们还分不出来，那你们读书，真是侮辱了圣贤，侮辱了古人！真正的猪狗不如！……"

石达开昂首站立，慷慨激昂，字字如铁。杨重雅被说得脸红一阵白一阵，没有一句反驳的话。素有大儒之称的刘蓉也坐不住了，草草问了几句，就让人把石达开押入大牢。

杨重雅恨石达开恨得咬牙切齿。这个自以为是的"文人"，恨恨地对刘蓉说："这个贼子，也太猖狂了！"

刘蓉说："此人是个人才，可惜如骆总督所说，走错了路。可惜可叹。"

杨重雅鄙视地说："不过是巧舌如簧，如果他真的是人中龙凤，何以至此？"

石达开没有想到的是，正是他的这番话，让这个报复心极重的杨重雅怀恨在心。随石达开一起投降的五岁幼子石定忠，其实是不必杀的。按照清朝律令，其未满十一岁的儿子应该"牢固监禁，至十一岁时，阉割后遣关外为披甲人为奴"。骆秉章也批示：归入缘坐案内，照例办理。

石达开被害后，儿子石定忠日夜啼哭，弄臣杨重雅建议以布包石灰堵口鼻杀之。

有个同情石定忠的狱卒谢福，悄悄把这话告诉了石定忠。五岁的石定忠问："那我死了，就可以见到我父亲了吗？"

谢福不忍让他悲伤，就说："是的，你们父子就能在天上相见了。"

石定忠破涕为笑。谢福看着孩子单纯的笑容，心里异常酸楚。

杨重雅派人杀害石定忠的时候，小孩子还非常高兴，笑着接受了死亡的召唤。

后来，很多大清官员也一致谴责杨重雅的做法过于狠毒，杨重雅却说这是唐友耕向骆秉章献的计策，他只是执行者。

唐友耕听了大怒，找到杨重雅大骂，两人险些动武。

杨重雅之毒辣阴险，可见一斑。

对石达开最后的审讯，是在六月二十六日，由骆秉章和成都将军崇实主审。崇实是满族人，自然是痛恨石达开。他骂石达开"逆贼，为了一己私利，不惜民众生命""下负民众，上负皇上仁爱"。

石达开痛斥他，说："我石达开如果真的是为了一己私利者，今天就不会为了三军性命，自投罗网。倒是你们满清，扬州十日，嘉定三屠，洗江南、岭南，屠江阴，屠昆山，屠嘉兴，屠常熟，屠苏州、海宁、广州、赣州、湘潭，此外还有大同、四川。你们的皇太极杀入济南，城中积尸十三万，血水染红了运河，多尔衮在南方杀了几千万人，上百万家庭绝户，你竟敢说你们满清仁爱?! 我可以说，你现在能有机会在这里如此妄言，是因为尔等汉人无能，被打断了骨头，自愿当狗！"

骆秉章在旁边坐不住了，大喝："逆贼，死到临头了，还敢狂言?"

石达开哈哈大笑，说："真没想到，给人当狗竟然当得如此卖力。骆秉章，你这个满清的奴才，我告诉你，你今天有机会杀我，是我石达开瞎了眼，把你当人看，如果我早知道你是一条狗，我会上你的当吗? 也罢，我看人不察，该有今日。不过，十年河东十年河西，今天你杀我，来生我必定杀你！"

骆秉章恼怒，喝令把石达开拉出去，凌迟处死。

石达开被凌迟一百多刀，从始至终，一声不吭。

刽子手都吓得战战兢兢，佩服得五体投地。

大将曾仕和、黄再忠、韦普成三人一起被凌迟处死。

一代豪杰，魂归天国。

第二章

初识洪秀全

01 那帮村的杀人事件

石达开十六岁那年，也就是历史上的道光二十七年（1847 年）。

这一年，在石达开居住的广西贵县（今贵港）的小山村那帮村，发生了几件大事。

这一年，在大清历史上，也是清廷这个"百年老店"由比较平稳的封建王朝转向多事之秋的一年。经历了鸦片战争失败的大清开始走下坡路，官员腐败，民生艰难，各地的反清运动开始出现苗头。在其中扮演主要角色的，自然是一直伴随着大清王朝的民间反清复明组织天地会。

隶属天地会的湖南青莲教在首领雷再浩率领下在新宁聚众起义，引发了新一轮的反清热潮。同年，广西罗大纲在揭阳地区以天地会会员为核心领导农民起义。天地会，以及由其演变出来的三点会、小刀会等各种反清组织开始由暗转明。也是在这一年，沙俄武装入侵巴尔喀什湖东南喀拉塔勒河、伊犁河等七河地区。应该说，道光皇帝执政的最后几年，国家始终是处于这种内忧外患层出不穷的局面。

即便是在这个偏远的、小小的那帮村，关于天地会的消息也是不绝于耳。不过天地会针对的都是清朝官员和土豪恶霸，民众不是很担心。民众担心的倒是趁机成立的团练。

当地的团练是奉知县大人的命令成立的，团练头目是奇石墟乡的大地主熊炳道。这个熊炳道给团练出刀出枪，却趁机以防范天地会的名义搜刮乡里，四处摊派，强行"捐款"，民众敢怒不敢言。

但是这天，熊炳道的团练在那帮村被人打了。

团练头目叫刘欢喜，是个喜欢打架闹事的主儿。

春天是个蕴含生机的季节，也是个躁动不安的季节。刘欢喜等几个加入团练的穷人子弟无心农活，几个人骚情勃发，四处游荡。游荡到那帮村的时候，刚好遇到三个外乡人在打把式卖艺。

这几个年轻人看到有光景，自然喜不自胜，一边扒拉人，一边朝里面钻。耍功夫的三个人是两男一女，看起来像是兄妹三人。三人先练了一会儿拳脚，那个年龄大些的开始说话。他说他们是福建人，因为闹饥荒，没饭吃，才不得不出来打把式卖艺，如果乡亲们看他们耍得还行，那就恳求乡亲们赏口饭吃，如果觉得不好，那就权当他们给乡亲们添一乐呵。

说完，这兄妹三个先给乡亲们练了一番拳脚功夫。村里也有不少的练家子，他们一看就知道，这兄妹三个是高手。老大看见旁边有个石碌子，走过去把石碌子立起来，自己站在石碌子上，让围观的几个小青年用绳子套住石碌子，把他拉倒。

小青年们不服气，上去两个人，就拽这石碌子。这两人都是身强力壮的精壮汉子，但是任凭两人使出了吃奶的力气，石碌子还是一动不动。这边看光景的老百姓一声呐喊，一下子上去了四条汉子。六人齐声呐喊一齐用力，这石碌子还是一动不动。围观的众人惊愕之下，齐声喝彩。

六条汉子脸上有些吃不住劲儿，又喊了四个人上来，十个人齐声喊，猛拽了几下，石碌子依然未动。

这次大家不喝彩了，有些目瞪口呆，有些不相信。下面又涌上几个年轻人，十多人一用力，这次感觉石碌子动了，青年们群情激奋，一声喊，"嘣嘣"几声响，绳子突然断裂，十多个青年人摔倒在地。

大家爬起来，蹲在石碌子上的人也跳下，朝大家作揖。有人走过去看了看，那个石碌子竟然半截子深深地钻进了土里！

看的人大惊，看了看这个壮汉，不由得说："好功夫！这功夫，快赶上铁腿刘三了！"

铁腿刘三在广西可是个响当当的人物。他是天地会在广西贵县地区很有名的高手，可以说在广西广东，无论是官家还是普通百姓，只要听到铁腿刘三的名字，都会浑身颤抖。

天地会的宗旨虽然是反清复明，但这个铁腿刘三却脾气暴躁，无论是官家还是普通老百姓，只要惹了他，他都要进行血腥报复。因此，老百姓对刘三有褒有贬，爱恨不一。

壮汉忙说："这位大哥谬赞了。我们不过是打把式卖艺的江湖人，怎么能跟刘大侠相比？我们只是混口饭吃而已。"

略微年轻些的汉子开始表演蛇舞。他从随身带着的筐子里先是掏出一条大蟒蛇，在自己身上绕来绕去，然后他把这大蛇放在地上，从另一个筐子里，掏出十条眼镜蛇。他把十条眼镜蛇排成两排，然后，他敲击鼓点，让眼镜蛇随着鼓声时进时退。眼镜蛇昂着头，五条一排，进退整齐有序，围观的群众纷纷喊好。

那个女孩看时机已到，就托着一个铁盘子，开始转着圈收钱。

大家零零星星地扔出几个铜板。虽然钱不多，女孩依然满面含笑，一路鞠躬，说："谢谢大家，谢谢各位乡亲。"

走到这几个团练眼前的时候，刘欢喜笑着说："妹子，你这么漂亮，还卖什么艺啊，跟哥得了，哥保证你有吃有喝的。"

女孩抬头看看他，没说话，继续朝前走。

那帮村的人有认识的，说："刘欢喜，听说你的裤子还是熊炳道给你的呢，你还有钱养活人家？"

周围的人大都知道这个刘欢喜是个无赖，因此放声大笑。刘欢喜大概知道那帮村的人不太好惹，小声骂了几句，没再说什么。

女孩收钱收到石祥祯跟前的时候，石祥祯掏出一块碎银，扔进了盘子里。银子虽然不大，但是足够吸引周围人的眼球。

刘欢喜也看到了。当女孩端着盘子回来，走到他跟前的时候，刘欢喜一把抓起了盘子里的银子，他对目瞪口呆的女孩说："看什么看？我是本地团练头目刘欢喜，这点银子，就算作你们的保护费了。"

说罢，刘欢喜转身想走。女孩转身看一起来的两个壮汉。这两人大概是不想惹事，就摇了摇头，示意这事儿算了。

石祥祯却不干了。他从人们自动让出的空地上走到刘欢喜面前，挡着他的道，朝他伸出手。

刘欢喜火辣辣地瞪着石祥祯，说："你想干什么？我还没找你呢，让你捐钱给团练买刀枪，你说没钱，对这些要饭的倒是挺大方。兄弟，你好好想想吧，以后要是想在这儿好好活下去，就得知道轻重。否则，不是我吓唬你，你会吃大亏的。"

刘欢喜推开石祥祯的手想走，没想到被石祥祯反手一把抓住了他的手腕子。刘欢喜想挣开，挣了几下没挣开，恼了，骂道："小子，你想找死？"

跟他一起来的几个团练围了上来，石祥祯看都不看他们，把刘欢喜朝眼前挣了挣，对他说："拿出钱来，爷爷就让你滚蛋。否则，今天我就先挣下你这只胳膊喂狗！"

石祥祯声音沉稳，不急不躁。显然，他没把这个刘欢喜放在眼里。说完他手下一用力，刘欢喜就疼得哇哇大叫起来。

跟刘欢喜一起来的看头目吃了亏，一齐涌上来。石祥祯挥舞另一只胳膊，几下子就把那几个帮手打得倒在地上。

石祥祯对他们说："都别起来，起来我还打！"

其中一个不听话，爬起来朝石祥祯又冲了过来。石祥祯一拳击出，这个家伙腾空飞了起来，跌落地上后，在地上痉挛着，好长时间没有爬起来。

那几个看情形不妙，都老实地趴在地上不动。刘欢喜看看不好，掏出银子还给石祥祯，带着几个手下就跑了。

石祥祯把银子又放在还在发呆的女孩的盘子里，对他们说："你们走吧。这些人不是好东西。"

壮汉朝石祥祯深深鞠躬，说："大哥好功夫。请问大哥贵姓，我好替大哥传名。"石祥祯摆手说："我一个庄稼人，传什么名？小事一桩，倒是你们应该小心点儿。"

壮汉微微笑了笑，说："谢谢大哥提醒，我们走过五湖四海，见的这种事儿多了。此地民风淳朴，出几个无赖也很正常，我们能应付得了。多谢大哥提醒。"

石祥祯想到自己的堂弟石达开赶集应该回来了，自己还让他捎了一服中药，就朝那人抱拳，转身朝石达开家里走。

石达开刚从奇石墟买东西回来，他把马缰绳扔给长工，跟石祥祯打招呼，随手把中药包扔给了他。石达开年方十六，却处事稳重，在石家威信极高。石祥祯最近手头宽裕，想要买几亩水田，正想跟石达开商量，因此就跟着石达开进了堂屋。石达开泡了茶，弟兄两个就商量置办水田，以及别的事儿。

看着天到中午，石达开让长工帮忙弄几个菜，他们兄弟中午喝几盅。突然有人从外面跑了进来，对石达开说："石相公，您快去看看吧，那三个打把式的把团练给打了！"

石达开一愣："卖艺的？哪里的卖艺的？"

石祥祯自然知道此事的来龙去脉，因此问："怎么又打起来了？谁让你来的啊？"

来人是村里的一个老实村民，姓吴。他对石祥祯抱拳，说："是甲长让我来的，他没管下，就让我来叫石相公。您走了后，刘欢喜又带着十多个人回来了，这次他们请了几个高手，那个刘欢喜动手摸了那女的一把，两下就打起来了。那三个人挺厉害，把刘欢喜的人都打倒了。刘欢喜不跟他们打了，但是不放他们走，派人喊人，还派人去拿枪。甲长劝了好一会儿了，刘欢喜不听。卖艺的把钱都给他们了，刘欢喜还不让。甲长怕事闹大，就让我来喊石相公。这会儿，恐怕叫的人也要回来了呢。石相公，您得快点儿。"

石达开一听是这个情况，放下茶杯，就和石祥祯跑了出来，朝卖艺的所在的地方跑。

那帮村是个小村，住户不多，但是因为住户不集中，村子拉得挺长，石达开家又住在村东南角，这路就有些远。跑了一会儿，就听到接连几声枪响。石达开知道事情严重，加快了步子。跑到村子中心地带，在胡同里拐弯的时候因为心急，石达开也没有减速，一下子就跟对面跑来的人撞到了一起。两人速度都不慢，撞击的力量太大，两人都惊叫一声，倒退好几步，"吧唧"摔倒在地上。

石达开忍着疼爬起来，跟他相撞的那人还在地上捂着头"哎呀哎呀"地叫，石达开一看跟他相撞的人的那张黑脸，心里真是好气又好笑。跟他撞在一起的不是别人，是堂弟石镇吉。不过石达开再朝石镇吉后面一看，可就笑不出来了——石镇吉的后面躺着一个年轻女子，女子显然也摔得不轻，想爬也爬不起来。

石祥祯在后面跑了过来，看了看捂着头龇牙咧嘴的石达开，眼光掠过石镇吉，看到了后面那女子，不由得瞪大了眼睛，他碰了碰石达开，说："这个女人……"

后面的话还没说出来，突然从不远处传来一声喊叫："前面，前面还有条胡同，老李，你带几个人顺那条胡同找，记住，千万不能放他跑了。不行就开枪，火药咱仓库有的是！"

石达开明白是怎么回事了。他忙上前扶起那女子，背到背上，石祥祯拉起石镇吉，四人顺着来路朝前跑。

团练越来越多，周围到处都是一阵一阵的脚步声，潮水似的。村民们知道这些不干好事的团练又来了，家家关门闭户，街上空无一人。

石达开知道不能再跑了，被团练的人看到，他们弟兄可就麻烦大了。他想了想，让石祥祯在前面探路，几个人拐过几条胡同，来到三叔石顺义家，敲开了他家的门。

三叔一看是他们哥儿几个，忙把他们放进院子里来，然后关了街门。再一看他们背着的女孩，吃惊不小："你们这些浑小子，这是从哪里……来的？还……还，一个大姑娘？"

石祥祯一看三叔急了，怕挨骂，忙解释："三叔，您今天没去看打把式的啊？奇石墟的团练刘欢喜带人跟他们要钱，两下说冒了，就打起来了……"

石达开说："先进屋再说，三叔，您得让我先把人放下啊。"

三叔无奈，带着他们进屋。石达开把人放在床上，石祥祯和石镇吉兄弟俩就把前后经过跟叔叔说了。

原来这刘欢喜救兵来到，就跟那被围着的三人打了起来。那个武功最好的壮汉被团练们用火枪打成了蜂窝。剩下的那个壮汉为了掩护这女孩，也被抓住了。

石镇吉看到了团练们跟这几个人打架。他痛恨这些人。本来都是夹着尾巴的老百姓，加入团练之后就无法无天了。当然，他们也只敢欺负别的老百姓，特别是外乡人，看到当官的就夹起了尾巴。

外乡人功夫厉害，看得石镇吉挺解气。后来，看到那个外乡人被团练们用火铳给打成了蜂窝，石镇吉真是恨得牙痒痒，不过，他势单力薄，实在是没有办法帮助那两个可怜的外乡人。

为了避祸，石镇吉心情郁闷地朝家走，转过街角，在一处胡同头，就看到两个团练围住了这个女孩。

女孩已经受伤了，手中的武器也被打掉了。但是她握着拳，依然跟这两个大汉对峙。

两人都是很壮实的汉子，女孩虽然会武功，却也是筋疲力尽，又没有了武器，被两人逼到了墙角，两人就开始脱女孩的衣服。

石镇吉手中攥了两块砖头，趁他们专心对付女孩的时候，从他们的脑后每人拍了一砖，拉着女孩就跑。后来看她实在是跑不动了，就背着她跑。结果在拐弯的时候，跟奔跑着的石达开就撞到了一起。

三叔虽然同情这些外乡人，但是知道这些团练惹不得。他担心地说："这事不是小事，万一让他们知道了，咱石家麻烦可就大了。"

石镇吉恨恨地说："这些团练更狠！他们把人家两个人活活整死了，他们就不怕犯法？"

三叔指了指石镇吉，有些恼怒，说："你怎么这么不通事呢？团练犯法有团董顶着，团董上面是县太爷，县太爷是什么？是天！咱老百姓能跟他们比吗？"

石达开安慰三叔，说："三叔，您先别急。朝这边跑的时候，我们分前后中三下，前面有探路的，我让镇吉兄弟押后，我们一路没遇到人，团练们应该找不到这里。说句到家的话，石家岂是他们说进就能进的？"

石达开在附近村里威信很高，即便是熊团董也得让他三分。这么一说，石顺义就有些放心了，他长出一口气，说："但愿如此吧。"

几个人正商量把这女孩子藏哪里，以应付万一团练搜人，突然外面门被拍得山响，有人在外面大喊："开门！有人没有？开门！开门检查了！"

02 搜查

三叔一听，急了，说："你看，这不麻烦来了？这……把人放哪儿呢？"

石达开看了看三叔的家。确实，几间屋子简单粗陋，也没有什么家具，根本就没有藏人的地方。

石镇吉和石祥祯弟兄俩听着外面急躁的敲门声，也急眼了。石镇吉抓起旁边的一把大刀，就要朝外冲，被石达开拦住了。石达开问："三叔，家里有酒没有？"

三叔一愣："酒？酒有，你找酒干什么？"

石达开一喜，说："好，赶紧拿出来。镇吉，你赶紧摆上酒盅碗筷，看看三叔家里有菜没有。如果没有，就弄点儿咸菜摆上。祥祯，你赶紧喝上几口酒，出去开门！"

三叔拿来酒，石祥祯半信半疑地喝了几大口，就过去开门。石达开在桌子上摆上咸菜和酒盅碗筷，爷儿三个倒了酒，开始喝酒。

石祥祯先在门边问："谁啊？喊什么啊？这是我家，检查什么东西？"

外面骂骂咧咧地说："开门！我们找人！磨叽什么？来的就是你家！"

石祥祯回骂道："你妈的，知道是我家还这么牛气？你是什么人？想进我家也得经过老子同意！你牛什么你？"

石达开给他做手势，示意他可以开门了。石祥祯就拨开门闩，开了门。

门外站着五六条汉子，瞪着眼看着石祥祯。石祥祯打着酒嗝，问："干什么的？抢劫啊？告诉你们，抢劫你们可找错了地方。那帮村的石家，可不是随便什么人想捏把就能捏把的！"

这几个人看着人高马大、酒气熏天的石祥祯，又探头看到几个人在那儿喝酒——人家酒喝得正欢，根本就不搭理他们——他们的口气就有些发软。一个说："在家喝酒啊。"

石祥祯说："怎么了？我们喝酒不行？"

这人忙笑笑，说："不是，我不是那个意思。我就是说你们在家里喝酒，没出去？"

石祥祯说："正喝得尽兴呢，谁出去？"

其中一个呵呵笑了几声，抱拳说："兄弟，我们来就是想问问，刚刚有人进过你们家没有，噢，我是说女人，一个年轻女人。没别的意思。"

石祥祯还没说话，石镇吉就在里屋喊道："大哥，快回来，喝你的酒，你在那儿跟谁瞎磨叽呢？"

石镇吉嗓门大，口气冲，那五六个人其实都是普通的穷人，但是加入了团练，有种狗仗人势的感觉，有个就不乐意了，说："兄弟，说话注意点儿啊，我们来是公干的，怎么叫瞎磨叽啊？"

石镇吉跳起来，就冲了出去，他一伸手就抓住了在前面的那个的胸脯，喊道："我要怎么注意？你给我说清楚，我要注意什么？你是想打我呢，还是想杀我？你说啊，我们兄弟在家里喝酒喝得好好的，你们来捣乱，还让我注意?！你打听打听去，这三里五村的谁敢跟我石镇吉说这个话？团练怎么了？想欺负人怎么的？"

这人被石镇吉抓得紧，脖子勒得难受。跟他一起来的几个要过来帮忙，石祥祯喊了："怎么了？想打架？"

石达开喝了一声，从屋里走了出来。

石达开是附近几十里的名人，不认得他的不多。那几个人一看是石达开，都后退了一步，有人跟他打招呼，说："噢，是石相公啊。"

石达开让石镇吉把人松开，问："怎么了？怎么打起来了？"

那个团练有些委屈，说："石相公，是这么一回事儿。我们跟外地的三个卖艺的起了矛盾，打起来了。我们伤了好几个兄弟，后来我们找了帮手，他们就跑，我们追着追着就没影了，没办法，我们就挨户问问。没别的意思啊，就是问问，没想到您在这儿喝酒。"

石镇吉听他说话的意思，好像他们吃了多大的亏似的，张嘴就说："什么？你们……"

石达开知道他想说什么，忙打断他的话说："镇吉！别说了，大家都不容易，咱们在这儿喝酒，这些兄弟还在忙活抓人呢。噢，兄弟们，你们要不相信我们兄弟，你们就进来看看吧。没事，反正我们喝了半天了，也快喝完了。"

一个小头头样子的抱拳，说："石相公说笑了，我们怎么能不相信石相公呢？要是知道石相公在这里，我们就不进来了。石相公，你们继续，我们弟兄去别的地方瞧瞧去。咱改日再聊。"

石达开拱手，说："那就不送了。"

看着几个人走远了，石达开才进门，让石祥祯关门。

石祥祯是个酒鬼，看人走了，还有半罐子酒放在桌子上，朝三叔石顺义笑了笑，倒了一杯就喝。

石达开看了看这个堂哥，白了他一眼，说："三叔就那点儿酒了，别都喝了。"

石祥祯也白了石达开一眼，扭头继续喝他的酒。

石顺义说："没事，没事，酒肆还欠我两罐酒呢。我前些日子进山打了一个野鸡，两只野兔，都送给他们了。倒是这个……女人，达开，你说，这……该怎么办啊？"

石达开和叔叔来到这个女孩面前。女孩伤不是很重，但是腿被打折了，身上别的伤，都是轻伤。她瞪着大眼睛，上下打量着石达开他们，满眼的疑问和警惕。

女孩年龄不大，看起来也就是十六七岁，但是眼睛里，却透露着历经风霜后那种与年龄不相符的老成。

石达开朝她拱手，说："这位妹妹，请不要害怕。我叫石达开，刚刚救你的这两个人，一个是我的大哥，一个是我的兄弟。你放心，我们既然能把你救出来，就一定能把你藏好，把你治好。那些团练虽然混账，他们还是奈何不了我们兄弟的。"

女孩点点头，说："谢谢石大哥。我想问一下，我的大哥……是不是被打死了？"

石镇吉走了过来，他点点头，说："是。那个是被火铳打……得不轻，人肯定是完了。"

女孩看着石镇吉，眼里流出了泪，她擦了擦泪水，问："那我二哥呢？他人怎么样了？"

石镇吉摇头，说："他……应该被抓住了。不过，也没法说，也许……是逃出去了。"

女孩猛然从床上拖着腿朝下跳，石达开等人忙按住她："姑娘，不行，现在你不能出去，外面人这么多。你现在出去，被人家一抓一个准。"

女孩挣扎了会儿，呜呜哭了，说："石大哥，我求求你们，你们帮帮我吧。我大哥死得那么惨，怎么也得有人埋了啊。还有我二哥，你们要是能帮忙找到我二哥，我……我这辈子还有下辈子，都……都给你们当牛做马……"

石达开安慰她说："小妹妹，你只管安心养伤，两位大哥的事，我一定尽力而为。"

几个人从里屋走出来。三叔看看石达开，石达开知道三叔经济比较困难，就说："三叔，这人是我送到您家的，这个姑娘在这里时所有的花费都由我负担，您只管弄点好吃的给她养伤。一个姑娘家在外面不容易，您多照顾些。"

三叔有些不高兴，说："达开，你是不是看三叔穷？穷也不至于连一个人吃饭也管不起啊。我就是害愁啊，家里就我和你弟弟镇仑两个，我们两个大男人，照顾人家一个黄花大姑娘，不方便啊。"

石达开想了想，点头说："这是个问题。可是，现在外面查得这么严，这人也没法朝外弄……这样，三叔，我让清芬过来跟她做伴，照顾她两天，等这几天过去，我再想法。行不？"

三叔想了想，说："行倒是行，就是委屈清芬了。"

熊清芬是石达开还未过门的媳妇，石达开笑了笑，说："没事。反正她在家闲着。"

听说要叫清芬过来，石镇吉坏坏地笑了，说："达开哥这是想媳妇了，想趁机……呵呵呵。"

石达开脸红了，踹了他一脚，说："就你知道的多！"

03 拜见老师

石达开的老师是奇石墟的名儒刘炳良。

刘炳良是道光八年的进士，但是因为没有银子上供，在家赋闲五年，才被下放到山东一个小县城，做了个九品的县主簿。刘炳良生性秉直，上任不到半年就跟县官吵翻了，索性挂印回家，做了个教书的先生。

刘炳良设馆教书，不欺贫爱富。只要送上门的学生，经过他"小试"，觉得孺子可教，他不论对方能拿出多少学费，哪怕年底只拎了一瓦罐糙米来，他也不在乎。因此，刘炳良在附近威信极高。无论是良田千顷的大地主，还是贫无一瓦的穷人，在他们的眼里，刘炳良就是贵县的良心。

只有石达开知道，老师家里很穷。早年因为一心科举，家里仅靠二亩薄田勉强维持温饱，上北京殿试的路费都是借的。上山东赴任不到半年，更是连来回路费都没有赚够。设馆教书后，因为只重视人才，不看钱财，还常常救助贫困至极的学生，这个刘老师常常家里没有隔夜粮。

石达开随老师读书的时候，常常给老师多带些米粮过去。老师更是器重石达开，他觉得这个学生有"不可限量"之才。

石达开和大哥石祥祯来找刘炳良的时候，刘炳良老师一怔，忙开门把他们迎了进去。

石达开鞠躬，说："老师，学生石达开晚上来叨扰，请老师莫怪。"

刘炳良让他们坐下，师娘过来倒了茶水。石达开和石祥祯看到师娘，忙起来给师娘鞠躬。师娘娘家是那帮村的，对石达开自然是知根知底。师娘看着石达开弟兄俩，自然非常高兴，对他们说："达开，你老师这几天还唠叨你呢。他说所有学生给他刻的教鞭，都不如你刻的好。你刻的那根教鞭，你老师到现在还用着呢。"

石达开一听教鞭，有些发窘，说："当年多亏老师教导。达开年幼无知，惹得老师生气，把教鞭都打坏了，现在想起来，很是惶恐。"

刘炳良老师对师娘说："怎么哪壶不开提哪壶？说起来，达开当年也是个少见的好孩子，那次我打他，现在想想我都有些内疚。不过我当时没别的办法，达开带头把铁耙子的儿子打了，人家铁耙子找到学馆，虽然原因是铁耙子的儿子先打别的孩子，但是最后还是人家铁耙子的儿子吃亏大，况且当时我如果不打达开，依铁耙子那无赖性格，他日后肯定会找达开的麻烦，我当时不得不打他。其实，我边打心里边难受啊。不过铁耙子那东西在旁边死盯着，我打得轻了他还不让，那种人也没法儿说理。唉，我教了这么多年学生，那是我唯一一次昧着良心打学生，现在想来，这心里还难受呢。"

石达开忙说："老师言重了。那次是石达开的错，老师打得对。老师教导我们要待人以宽，这句话达开永远忘不了。只是，老师，我今天还有一个问题请教，希望老师能够答疑解惑，让学生多明白一些事理。"

刘炳良让他坐下，说："我也常听人说起你的所为。达开助人为乐，名闻乡里，有这样的学生，我这做老师的，也甚感安慰。你有什么想问的，就尽管问吧，我不敢说事事明白，不过总比你虚长几十岁，有些事还是可以帮你拿拿主意的。"

石达开说："达开先谢谢老师了。其实，还是做人的一些道理。达开愚钝，总是有些不明白。比方您说的'待人以宽'，也就是说对别人要宽容一些。可是假如我总是宽以待人，别人却总是想置我于死地，老师，我应该是继续宽以待之，还是要针锋相对呢？"

刘炳良看了看石达开和石祥祯，喝了几口茶水，叹了一口气，才说："达开，你所说的事儿，我心里清楚。我也听说过你去年的那次事儿，这个社会上就有那么一些人，本性狭隘凶恶，对这种少数人，宽以待人是不够的，要学会逃避，敬而远之才是长久之计。"

石达开说："老师，如果避不开呢？如果只有两个选择，做人或者是给人做狗受人欺凌，没有我们可以逃避的地方，那您觉得应该怎么做呢？"

刘炳良闭上眼，停了会儿，才徐徐地说："人各有志。但是如果是我，我起码不会选择去做狗。我当年从山东逃回来，就是为了要做一个堂堂正正的人，哪怕是一个穷人。假如让我像别人那样夹着尾巴做狗，我是学不会的。其实做狗的人也需要有做狗的智力，我没有那种智力，因此我也许在做人的路上被狗咬死，也没有做狗的本领。"

石达开不解，说："老师，为什么要被狗咬死呢？我们为什么不起来打狗呢？"

老师还是摇头，说："打狗不是那么容易的。狗太多，人太少，要想打狗，就得做好赴死的准备。很少有人会有那么大的勇气。"

石达开说："可是老师，您刚刚还说了，您宁可作为人而死，也不作为狗而生。既然死都不怕了，那怎么会害怕去打狗呢？"

刘炳良看着石达开，说："达开，你的意思我明白。不过我们都是普通人，想在这个世上生存，就不得不躲着那些狗。与它们同归于尽，对于狗们是荣幸，对于我们来说，我们死得不值得。"

石达开微微点头。其实他的心里还是有些不解，老师为什么总说人肯定会被狗咬死呢？人多了，难道还打不过狗吗？不过，石达开只是把疑问藏在了心里，没有说出来。他已经从老师的话里，找到了自己想要的东西，小小年纪，他就已经知道，老师教给自己的只是老师的理论，自己对这个世界的看法和应对方式是需要自己去体会和思考完成的。

他对刘炳良拱手说："老师，达开今天来找您，还有一件事求您。这件事对于老师来说肯定很为难，但是我实在没有别的办法，只能求您了。"

石达开的话这么郑重，让刘炳良一愣，他问："什么事这么严重？你先说说看。"

石达开说："老师，这事儿还是刘欢喜引起来的，并且，现在恐怕也只有找他……才能行。"

老师张大了嘴巴："什么？刘欢喜？……铁耙子的儿子？"

石达开点头，说："正是。当年我揍了的那个家伙。"

老师脸色一凛："你又跟人家打架了？"

石达开笑了，说："那倒不是……"

石达开把刘欢喜带着团练去那帮村看卖艺的，并跟人家发生冲突，他们用火铳打死一个、抓了一个的事儿跟老师细说了。不过，他没说他们救了那个女孩，而只是说有人托他把那个卖艺的救出来，花多少钱都行。

刘炳良看着石达开，问："这人……是天地会的吧？"

石达开摇头，说："不知道。我没问过。刘欢喜抓人家的时候，也不是因为这个抓人。"

刘炳良点头，说："可是这帮东西如果想整死他，会给他按上这个罪名。"

这正是石达开所担心的。其实，他隐隐觉得他们应该是天地会的人。但是他没敢问。一是知道问了人家也不能说，二是他怕引起小姑娘的怀疑。这个小姑娘刚刚失去了大哥，二哥又落入了团练们的手里，整天惶恐不安，以泪洗面。腿伤略微好些，就想跑出去救人，幸亏石达开等人看得紧，她才没有成为团练们的猎物。

石达开知道团练们暗里明里都在查找这女孩的下落，他更知道，这帮地痞流氓在团练队伍里占了大多数，小姑娘到了他们手里，会有什么样的下场，那是可想而知的。所以，他想尽办法要把她二哥救出来，让小姑娘有信心活下去。

刘炳良看了看石达开，问他："你打算怎么救人？"

石达开看了看老师，话里就加了很多小心，他说："老师，现在能救出人，只有……您出马了，找刘欢喜也行，或者找团董熊炳道。老师，我没有别的办法，只有求您了。"

石达开一股脑儿把话说完，抬头看着老师。刘炳良老师没有他想象的反应那么大，却也是呆着一张脸，像是被冰住了一般，好长时间眼都不眨一下。

石达开知道自己是给老师出了个大难题。按照老师的秉性，这事他不能不管。但是要管，就跟以前他照顾那些穷学生不一样，照顾穷学生，只需自己再艰难些就行，但是要管这事儿，就需要他放下自尊去求人。虽然不至于"像狗一样"，但是石达开知道求人对于老师来说，是多么严重的一件事情。

刘炳良沉吟了一会儿，才叹口气，说："罢了，我就豁上这老脸，去求人一次。不过，达开，我只能去找熊团董，让我去找刘欢喜……我实在拉不下这个脸。这个刘欢喜去年还到我这里，逼我捐款，被我骂走了。我没法儿去找他啊。"

石达开点头，说："谢谢老师了，去找熊团董也行。刘欢喜只是他的一条狗，只要他答应放人，这个刘欢喜不敢不放。"

石达开让石祥祯把提着的一个包裹拿上来，从里面拿出一盒茶叶，一支人参。石达开把这两样东西递给老师，说："老师，这两样东西您拿着，熊团董贪财，没东西，他是不会放人的。"

刘炳良显然没想到还需要这东西，他瞪大眼睛，看着石达开，说："这……还需要我给他送礼？"

石达开知道老师不讲究这些俗套，但是这个社会要办事，特别要求着官场上的这些人，不送东西，甚至送得少了，都是不行的。

他忙说："老师，现在不送东西是不行的。您别觉得您这是在求人，在丢您的面子，其实，您这是在救人啊。一般的事，我是不会来求老师的，但是这次是一条人命，如果救不出来，您知道那些团练，不用几天就会把人折磨死。"

刘炳良老师点头，说："那我就权作是奔赴沙场去救人！"

04 算命的道士

被石达开救出的姑娘叫叶梅。叶梅在石达开的三叔石顺义家住了十多天，就趁着夜晚，跟着石达开未过门的媳妇熊清芬跑到了石达开家里。

石达开家有个后院，比较隐蔽。叶梅就和熊清芬一起住到了后院。

团练们找人找了十多天。跑掉的是个美女，这些痞子很是不甘心，但是石达开兄弟们保密保得好，十多天他们没有得到任何消息，倒把自己累得疲惫不堪，不得不散了。

叶梅腿脚好了后，多次要出去打探消息，想法儿救人，都被石达开阻止了。石达开去催了老师刘炳良两次，却再也不好意思去了。

刘炳良也去了熊团董家两次。第一次，熊团董满口答应查清楚就放人，却一直拖着不放。第二次刘炳良去的时候，这个熊团董说抓住的这个叶开弄不好是天地会的乱党。现在这事儿闹到知县那里去了，知县听说是乱党，也不敢放人，但是他们查不到这叶开的"前科"，现在还无法定罪，因此只能先放着，等他找机会再跟知县商量一下。

刘炳良没想到，这么一件小事竟然这么难办，他再也不肯屈尊去找熊团董了。石达开也终于明白，一个无权无势的"名儒"，在这些豪强的眼里是没有什么大价值的。他们的恭敬也只是表面文章。

那根三两人参是石达开拿出所有的积蓄，又借了好几家，才凑够了钱托人从贵县买的。在本村也算富户的石达开眼里，这株人参可算是天大的礼物了，没想到人家熊炳道团董根本不放在眼里。石达开郁闷之余，才知道自己对这个社会懂得还是太少，力量还是微不足道。

看到石达开郁闷，叶梅也不催他了。倒是她反过来劝他，让他别愁了，事已至此，只好听天由命。

石达开看到叶梅似乎想开了些，心情略有好转。这些日子主要精力都放在叶梅二哥的事上了，本来准备赶集买牛也耽搁了好多天。石达开嘱咐叶梅关好门，不熟悉的人叫门别开门，就和长工赶集买牛去了。

他们在半路遇到一个摆摊算命的道士。

道士跟前摆着一个八卦图，正在给人算命。看到石达开二人走过来，道士让眼前的人稍等，他对石达开说："这位公子稍等。"

石达开一愣，转过身问："道长，您是说我吗？"

道士站起来，还礼，说："正是。我有事请教公子，不过需要您稍等，不知道公子能否等一等贫道。"

石达开是个乐于助人的人，何况是一个道士。他对道长笑了笑，说："行，那我就等等您。"

道士先跟眼前坐着的那人说了会儿话，一直到他付钱走了后，才让石达开坐下，端量了几眼，说："这位公子天庭饱满，地阁方圆，鼻直口方，眉清目朗，可谓奇才。只是，如果贫道没看错，公子最近遇到了为难之事，并且这事儿看似没有好转的迹象。公子，我说得对否？"

石达开一愣，他自然想到了叶梅二哥的事，因此不由得心下一动，问："道长，您既然知道我遇到了为难之事，那您看，我现在可有解决的办法吗？"

道士看了看石达开，微微笑了笑，说："世间万物，相生相克，所以没有解决不了的事情。没有办法解决，只是没有找到办法。解铃还须系铃人，公子，您如果真想从困局中走出来，那您就得带我去见那个落难之人。"

石达开还不想承认，装糊涂："道长，落难之人……是什么意思？"

道长笑了笑，摇头，说："公子既然不肯说实话，那贫道也无能为力。公子还是请便吧。"

石达开坐着没动。小路上行人不断，都是去奇石墟赶集的。很多人认识石达开，都跟他打招呼。道士闭着眼，好像对人来人往不感兴趣。石达开现在觉得这个老道士应该是个世外高人了，他坐了一会儿，吩咐长工先到奇石墟看看行情，今天就不买牛了。

长工走了。道士睁开眼，问："石公子，怎么不去赶集了？"

石达开说："不瞒道长，我最近真是遇到了一件很无奈的事。不过，落难之人我现在也见不到。他现在被团练抓去了，被关在了奇石墟，其实，我跟他……非亲非故，就是觉得他可怜，被人欺负，想把他救出来。可惜我人微言轻，没有成功。道长如果能指点一下，助我救人，我石达开没齿难忘。"

道长点头，赞叹说："好！不愧是石相公！非亲非故的人竟然能这般相助，天下少见。不过，石相公，落难之人还有一个在你家中，是否方便带我一见呢？"

石达开愣住了："道长，您真是神人！"

道士微微一笑，说："神人倒不是。不过贫道被石相公所感动，想助你一臂之力。"

石达开没接话。

其实，石达开心里还是有些犹豫的。花了大价钱买了人参和茶叶也没救出人，石达开虽然心有不甘，却已经没有力量再去救人了。加上姐姐苦口婆心的劝导，他现在已经准备把此事放下，开始耕地种庄稼了。

还有一点，石达开虽然佩服这个老道士，却不知道他到底是个什么人，怎么能轻易把他领回家，让他知道叶梅躲在自己家里？

老道士看了看石达开，转头看了看稀稀拉拉赶集的路人，对他说："其实石相公不必担忧。我如果是别有用心，不必等到现在，也不必让你带我去，我既然知道人在你家里，知道了你是石达开，找人还不容易吗？如果我是坏人，何苦找你暴露我自己？我是真心想跟石相公交个朋友，也想帮你。还希望石相公不要怀疑。"

老道士的几句话让石达开解除了怀疑，他站起来，说："道长说得有理，那就有劳道长了。请随我来。"

老道长的卦摊就摆了一张八卦图和一个小凳，当下略一收拾，就随着石达开到了那帮村。

路上遇到赶集的熟人，石达开都说"回家看看风水"。

到了家，石达开叫门。叶梅出来开了门，石达开拉着老道士迅速闪了进去。叶梅见了老道士一愣，老道士却很镇定，对她作揖，说："贫道见过这位小姐。"

叶梅忙还礼，说："道长好。"

石达开拉着道长进屋坐下，叶梅端过茶水，石达开对老道士说："道长，这位叶梅姑娘，正是那位落难之人。"

道长似乎早就知道了，点了点头，看着叶梅，说："姑娘幸得遇到石相公，也算是不幸中的万幸了。不过姑娘放心，贫道是和石相公一起来帮助姑娘的。"

叶梅道了谢，转身走开了。

石达开觉得这道长的话有点儿怪，好像不是一个算命的道长应该说的话。不过他不动声色，只是暗地里更加注意些。

道长让石达开把事情都说个清楚。当听说现在叶开还被关押在奇石墟团练的营房里，道长说："这是个好消息，现在人在奇石墟，救人还好救一些。要是被送到县城，就麻烦了。"

石达开摇头，说："能想的办法我都想了，我找了好几帮人去找熊团董，都没能救出来。这个熊团董是个大财主，一般的东西他也看不上。我找过我老师，我老师在奇石墟也算个名人，还准备了一份厚礼，可是都没用。这个熊团董说知县已经知道这个事了，现在他不敢做主放人，想放人得找知县。莫非道长……在奇石墟能找到高人？"

道长淡淡一笑，摇摇头，说："石相公，救人不是只有花钱求人这一种办法。"

石达开看着道长，瞪大了眼睛："您是说……劫狱?!"

05 房基事件

道长轻蔑地说："那帮团练不过是官养的无赖而已，从他们手里救人，只能算是抢人，算不上劫狱。石相公，您在这附近也算是有名望的人，可是现在这个社会，是个好人吃亏的社会。那些流氓无赖勾结官府欺负穷人，打击好人，如果天下好人穷人不动用自己的拳头，那好人将永无出头之日。就像救人，您花了不少钱，也求了人，但是他们根本不看在眼里。为什么？因为在他们的眼里，您老师无权无势，他们根本就瞧不起他，这样下去的后果，是穷人根本没有活路。我们穷人要争取自己的权利，只有用自己的力量，不能靠他们的施舍——他们会扒了我们的皮，还要吃我们的肉！"

石达开有些惊愕地看着这个老道士，现在他觉得，怎么看，这个道士也不像一个算命的。老道士发觉自己失言，索性也不掩饰了，很坦荡地对石达开说："我们不是劫狱，但是我们会去抢人！"

石达开看着老道士，试探着问："道长，您是……天地会的吧？"

道士没有承认也没有否认，而是问："石相公，如果我们去救人，您会帮我们吗？"

这个问题让石达开一愣，他想了会儿，没说话。

从性格上来说，他真想提起大刀，跟他们一起去救人。但是他知道，家里的人对他还有很大的期望。姐姐常回来，催促他结婚，长辈们也把他看成是石家的顶梁柱，石家上下无论大小事儿，老辈们也都喜欢跟他商量。自己没有成家，还担负着给石家续传香火的重任，这些在目前的石达开眼里，就是他生活的全部。如果参加救人，那就是明着跟官府作对，自己即使不被抓进监狱，那也得浪迹天涯。

他还从来没有想过这个问题。

老道士看石达开半天没说话，笑了笑，说："石相公，您别为难了，我只是开个玩笑而已。我们想救人，别说是一个奇石墟团练，就是贵县的团练都在，我们也不在乎。只是团练的老巢在哪里，还需要石相公指点一下。"

石达开说："团练的老营在奇石墟后山坡上。就是熊团董以前的老屋。"

老道士对石达开抱拳，说："谢谢石相公。时间耽误不得，贫道这就准备去了，贫道还有很多话，等下次来，再叨扰相公。"

石达开有些惊愕："道长，您这就走？不用这么急吧？"

道长站起来，说："叶梅姑娘还要麻烦石相公好生照顾，等我们救出人，就会来接她。对了，救人的事儿暂且不要跟她说，贫道拜托了！"

道长说完，对着石达开作揖。石达开还礼，送道长走了出去。看着道长消失在胡同里，石达开清楚这个道长不是一般的道士。但是他到底是哪方面的人，他还说不上来。

叶梅听说道长走了，显得很不高兴。为了她的安全，石达开没告诉他道长要带人去救人之事，只是说道长回去想办法，想到了办法，他还会来的。

石达开刚吃完午饭，姐姐就派人来喊他，说他姐夫病得不轻，让石达开帮忙去奇石墟叫个好医生。

石达开听说姐夫病了，忙骑上马，朝奇石墟赶。

请了医生出来，还没有上马，有几个挑着担子的小贩跟石达开擦身而过。石达开发觉其中有个人好面熟，忙转身看去，那人似乎也发现了石达开，却挑着担子匆匆朝前走。

姐夫的病不重，不过是因为家里养的一头牛突然暴毙，心情郁闷，吃饭又少，突然昏厥。医生把了脉，开了药，说只要别去想那些烦闷事，吃两服药就没事了。

石达开看到姐夫心情烦闷，就想在姐姐家陪姐夫两天。送走了郎中，安排人跟着去抓药，天已经擦黑了，石达开跟姐夫喝了两杯茶水，姐姐在厨房忙着做饭，石祥祯突然急匆匆地从外面跑了进来。

石达开有些惊讶："大哥，您怎么来了？"

石祥祯一头一脸的汗，身上穿的蓝布大襟袄也敞开了怀，他对着姐夫鞠躬，说："姐夫好——我是来叫达开回去，家里有点儿急事。"

石达开很疑惑："家里有急事？我刚出来啊，能有什么事？"

石祥祯说："三叔，因为房基的事，被……刘欢喜带人打了。"

"什么？"石达开一下子蹦了起来，问，"什么时候打的？打伤了没有？你们呢？打人的时候你们没在家吗？"

不怨石达开不敢相信，石家在那帮村算是第一大户。石达开叔伯兄弟和堂兄弟算起来有三十多人。不说远的，交往非常好的堂兄弟就有七八个，并且堂哥石祥祯和堂弟石镇吉、石镇仑个个都很勇猛，那些团练平日根本不敢惹他们。

石祥祯低下头，说："我们都去赶集了，打人的时候是下午，人打得挺重……一条腿算是完了。"

石达开一听，一下就跳到了堂哥面前："那你们去哪里了？石镇仑呢？你们都干什么去了？就看着三叔挨打，你们一点儿事都没有？"

石祥祯抬起头，一脸的怒火，喊道："要是我们在家，我们能让他打人吗？那几块货，我一脚一个也都踹死了！"

石达开追问："那你哪里去了？"

石祥祯看着愤怒的老虎一样的石达开，又蔫了，说："赶集。去看……赌钱的了。"

石达开被这个堂哥气得蹦了一个高，但是石祥祯是他的哥哥，他气得不行，也不能伸手打，只是怒吼道："那镇吉呢？还有镇仑呢？"

石祥祯还是低头，说："我们都……一起。"

石达开终于明白了。这弟兄三个去奇石墟赶集，到集上赌钱去了。刘欢喜趁机带着人，把石镇仑的父亲，也就是石达开的三叔给打了。

石达开的三叔石顺义有一个园子，靠着村里一刘姓人家的房子。刘姓人家这些年贩牛赚了钱，要买石顺义的园子扩大房子。石顺义不卖。这个园子是祖产，石顺义的儿子石镇仑眼看到了娶媳妇的年龄，石顺义想在这院子里另起一幢新房，给石镇仑娶亲用。

这个刘姓人家找了风水先生看风水，说如果这院子归了刘姓人家，这家人就会财运大发，子孙富贵。因此刘姓人家想尽了办法要得到这个园子。可惜石顺义是个不为钱财所动的人，无论刘家给多少钱，他就是不想卖。当然，石顺义为了说明并不是特意跟刘家作对，还特意叫上石达开一起去刘家说明了情况——这个园子是石家祖上留给他的，石顺义的爷爷和父亲临死的时候都特别嘱咐，说这个园子不能卖，要留给石家的后辈盖房子。

刘家人虽然当时没说什么，也表示理解，但是依然对那个院子不死心。刘家是那帮村甚至周围三里五村的第一大富户，跟奇石墟最大的富户熊炳道关系不错。熊炳道成立团练的时候，这个刘家出钱最多。刘欢喜祖上也是那帮村人，跟这个刘家是一大家子。刘欢喜自然拼命巴结这个刘家的财主，经过这个刘家财主的推荐，刘欢喜才成了附近几个村子团练的小头目。

小头目不是白当的，最大的实惠就是负责附近几个村子的"捐款"和团丁制度。熊团董以知县的名义在各村下了通告，为了防备天地会，每户必须出一人参加团练。团练七天操练一天，不出团丁者，须交银钱若干。

当然，最重要的受益就是来自"捐款"。说是捐款，其实跟抢钱没什么区别。他们的"捐款"是上门收的。十多条汉子，拿着刀枪，齐刷刷站了一屋，你不给就不走。就这种架势，谁家不"草鸡"？给少了还不行，达不到刘欢喜想要的那个数，他是不走的。

因此，这帮以"防匪"为名的团练，成了老百姓真正的心头大患。很多老实人家就更不让孩子加入进去。到了后来，团练干脆成了一众地痞流氓的大本营。刘欢喜更高兴了，一则他跟这些人本来就臭味相投，没了那些一本正经的家伙他更舒服些；二则他收钱多了啊。谁家要从团练退出，需交一笔钱，每年还要交出一笔份子钱。这钱说是为了去雇人防备天地会，其实天地会从来没来过。

老百姓心里倒是盼望天地会的人来杀一杀这些当官的的威风。天地会的人从来不欺侮老百姓，可惜他们就从来没来过奇石墟。

话扯得有点儿远了。

为了帮这刘姓人家得到石顺义家的这个园子，团董熊炳道暗中授意刘欢喜，让他带着一众流氓，砸了石顺义家的窗子，点燃了放在园子里的木头和柴草。园子里的一棵百年桂花树，也被刘欢喜带人砍倒。石顺义为了抓住刘欢喜，曾经暗中潜伏在自家园内，抓住了带人来他家偷东西的刘欢喜，并把他交给了保长。

可惜保长不敢得罪熊团董，又把人交给了熊炳道。熊炳道假意训斥几句，就把人放了。

刘欢喜就更嚣张了，放回家的第二天，就带着人在上山的路上截住了石顺义，把石顺义好一个侮辱，气得石顺义回家病了好几天。石顺义的儿子石镇仑气愤不过，自己在奇石墟集上拦着刘欢喜揍了他好几拳。

石达开知道这个刘欢喜肯定会来报复，因此让几个弟兄平时多留心照应着三叔。堂兄石镇仑是石顺义的儿子，很勇猛，臂力过人，石达开让他这一两年无论做什么，都要跟父亲在一起。没想到刘欢喜竟然趁他们赌钱的时候，到那帮村把三叔打了。

石达开跟姐姐和姐夫匆匆告别，和石祥祯一人一匹快马，朝那帮村疾驰。

06 保长和团董

石顺义已经包扎完毕，躺在床上一动也不能动。石达开的大伯和其他的几位叔叔，以及石镇仑和石镇吉等一干兄弟聚在石顺义家里，都带着刀枪，等着石达开回来。

石顺义伤得不轻，一条腿被用柳树枝夹着，脸上的血污已经清洗干净，因为痛苦，紧闭着双眼，一言不发。

叔伯兄弟中，除了石达开，石祥祯比较受大家尊重。石祥祯人比石达开勇猛，但是在处理问题上，不如石达开考虑周全。

石祥祯应该也是同意马上带人去打刘欢喜的，因此一回来，就回家取了大刀，只等着石达开一声令下。

看了看三叔，跟三叔说了几句话，石达开又询问了一下三叔的伤情。郎中说石顺义的骨头都碎了，最乐观的情况是能挂着拐杖走路，自己照顾自己，上山干活是肯定不行了。

石达开听郎中说完，咬着牙，骂了句："畜生！"

石达开的大伯和其他的叔叔，以及一干兄弟看着他，等他拿主意。

石达开转着圈儿看了看武装整齐的众兄弟，对他们说："各位大哥兄弟，大家听我的，散了吧，都回家睡觉去。明天上午，大家早早过来，我有事跟大家商量。镇吉，你赶紧去叫保长过来，这事得让他知道。"

弟兄们似乎不相信自己的耳朵，连石祥祯都惊讶地看着石达开："兄弟，你说什么？散了？咱叔叔这打……就白挨了？"

石达开摇头，说："这打自然不能白挨。不过，今天晚上咱不能去打人。第一，现在不管他刘欢喜怎么说，理在咱这里，这个我想别说熊团董，就是知县也不敢不承认。但是咱一去打他，无论打得轻重，这事就变了，从被挨打一方变成了互相斗殴，如此这般，加上熊团董偏向刘欢喜，咱就能从被害方变成害人方。刘欢喜带人打咱，熊团董不会抓刘欢喜等人，但是万一咱现在去打了刘欢喜，熊团董就有可能派人来抓咱们兄弟，咱兄弟虽然勇武，但是凭这么点儿力量，能跟官府斗吗？第二，今天晚上刘欢喜肯定会藏起来，咱去也找不到人，反而白白让人家抓了把柄。现在咱把保长叫来，让他处理，别让保长觉得咱一向瞧不起他，我们让保长出头，上达知县，不但让他处理三叔被打这件事，还要把这事的来龙去脉让知县知道，趁机把事一下处理了。打架只能出一时之气，于事无补。"

有个兄弟不同意，说："达开，现在是刘欢喜明着欺负我们石家，如果我们不去教训他一下，他自己绝对不能长记性，他还会欺负咱。得先把他打趴下，让他服软了，别的事才好解决，否则，他明里说了好话，暗地里还会对石家下手。上次石镇仑在集上揍他的时候，他说得也好好的，一转身不是就忘了吗？"

石达开说："所以啊，打人不能解决问题。镇仑打他，不但没起到好作用，他反而带人砸断了三叔的腿。如果想揍他，可以，等把事儿解决完了之后，你们再揍他也不迟。现在咱先解决事情。"

石祥祯显然也不同意石达开的话，他说："要是给我说，干脆也砸断他的一条腿，让他出不了门，他团练的这个小头目不用干了，他就没法害人了。我觉得，上次镇仑兄弟在集上揍他，就是揍得轻了，没把他打服。要是打得他看到我们石家人就怕，他还敢来那帮村打人吗？这东西为害乡邻，三里五村恨他的人太多了，揍了他，也给周围老百姓出一口气。"

石达开摇头，说："那只能打服一个刘欢喜，即便你砸死他，刘家还是想着三叔的园子，他还会找事。况且，人一打，刘家人也不能算完。刘家肯定会借题发挥，通过熊团董找知县，现在知县跟熊团董打得火热，如果知县派人下来抓人，事儿不就麻烦了？咱石家人再厉害，能扛得住官府？"

弟兄们不说话了，石达开的大伯说："达开说得有道理啊。咱不能光想着拉屎，不想擦屁股。打人简单，让人抓住把柄，也是个大麻烦事。到头来，抓了谁，谁也受不了。如果真让人家抓住把柄，把你三叔整垮了，园子弄不好就真成了人家的了。现在官府的人跟刘家人是一伙的，石家是得小心点。”

叔伯们经历的事多，自然觉得应该小心从事，纷纷赞成石达开的主意。当下，大部分年轻的都回了家，石达开和石祥祯陪着众位叔伯等着保长到来。

保长姓吴，是个见风使舵的主儿，人精，谁也不得罪。因此，他不但跟上面的关系处得不错，跟老百姓关系也比较好。在他的能力之内的，求着他，他还真办事。

但是，石家的这事，可真让这个吴保长为难了。

石达开看着这个保长只看人，半天不说话，自然知道他的想法。他说："吴叔，我知道您也为难，我们石家绝不强人所难，您只要能证明刘欢喜带人打断了我三叔的腿，就行了。"

保长抬头，盯着石达开，说："这个我肯定能证明。刘家仗着财大气粗，横行乡里，我吴某人是敢怒不敢言啊，我是真想替老少爷们做点好事，可惜我们吴家没有势力，我一个破保长也没钱送礼。唉，说来惭愧。"

石达开的大伯说："吴保长，村里人都知道您是好人。那帮村有您这么个保长，也算是老百姓的福气了。别的村子的保长跟刘欢喜这帮恶霸勾搭在一起，老百姓那才没有活路呢。"

吴保长摇头，叹息说："现在的中国人啊，是互相欺负啊。我想为村里老少做点好事，也难啊。达开啊，你在三里五乡也算是个名人了，不过作为长辈，我还是得提醒你一句：要夹着尾巴做人。这个社会行恶没人管，行善却有人欺啊。"

石达开一愣，问："吴叔，您这话……什么意思？"

吴保长接过石祥祯端上的茶水，说："这个刘欢喜在熊团董那儿告了你的状，说你横行乡里，并且号召村民不加入团练，不交人头税。达开侄子，你做的事我清楚，都是为善事大好事。刘欢喜做的是恶事坏事，可是这种恶人没人敢欺负，反而不少人巴结；好人虽然人人都尊重，却因为人人都知道你不会伤害他，所以没人跟你交往，这就是现在的人啊。熊团董在我面前说过你，我都是实话实说。熊团董有意找你做那帮村团练的小头目，我替你拒绝了。现在团练已经成了一帮无赖的大本营。达开，你是那帮村的希望，我不希望你跟那帮东西搅在一起。"

石达开鞠躬，说："谢谢吴叔厚爱。"

吴保长摆手，说："先别谢，我话还没说完呢。你因为很得民心，熊团董不会……放过你。我估计他还会来找你做他的手下。你如果答应了，就不得不成为像他们手下的那么一群人，如果不答应，他就会找你的茬。所以，达开贤侄，这件事过去后，要夹起尾巴做人。在这种社会，做个好人不容易啊。"

石达开拱手，说："谢谢吴叔教诲。"

石达开大伯亲自过来给吴保长倒茶水，说："保长，我家老三被人打得惨啊，这事儿就拜托给您了。"

吴保长点头，说："我明白兄弟。不过我只能说尽力而为，我一个小保长，能力有限。有做不到的地方，还望各位海涵。"

石达开突然问："吴叔，明天我能跟着您去见知县吗？"

吴保长摇头，说："这事儿，还得先经过熊团董。瞒着他直接去见知县，让熊团董知道了，是个大麻烦。贤侄，如果你真的想跟这个熊团董打打交道，明天就随我一起去吧。反正你们石家要去个人。"

石达开朗声说："我去！我倒要看看这个熊团董是个什么样的人物！"

07 天地会拜访石达开

出乎意料的是，石达开和石镇仑跟着吴保长一起来到奇石墟，却没有见到熊团董。

熊团董去贵县县城见知县去了。奇石墟昨天晚上发生了大事，团练大本营被人偷袭，四个团练都被杀，关在里面的叶开和其他几个因各种事被关的人，都被人放跑了。

石达开和吴保长去了位于奇石墟后山上的团练大本营，原先这个人人唯恐避之不及的地方，此时人山人海，人们像是看马戏似的奔涌而来，想目睹一下那四个团练的尸体。人潮甚至吸引了卖糖球和糖人的小贩，孩子们在大人之间穿插跑跳，跟过节一般。

石达开看着偶尔走过的、低头垂脑的团练，心情复杂。

从心里说，这些团练虽然平日跋扈，但是不过是狐假虎威，他们其实都是些穷人的孩子，不过被富强的几个小钱圈成了奴才。他们在外面威风十足，他们的父母却在家里受穷。天地会的那些人也大都是穷苦人出身，这一场杀戮，说起来就是穷人相残。据说死的人里面也有一个天地会的人，他的脑瓜被团练的火铳打成了烂西瓜。

死的人已经被拉走了，那些人只是围在房子外面，在等着什么。石达开问了问，有的人说里面还有死的人没找到，有的人说有天地会的人被困在里面了。石达开等了好长时间，只看到人越来越多，那几幢权作团练大本营的房子里有人进进出出，却没有看到抬出尸体，也没从里面抓出什么人。

三人站了会儿，都觉得熊团董和知县今天也顾不得他们这事儿了。吴保长因为还要到奇石墟的亲戚家去办点事，就答应晚上他自己先找熊团董反映一下。石达开和石镇仑一想，只能这样了，于是抱拳向保长道谢。三人分头而行，兄弟俩朝那帮村走。

让他石达开没有想到的是，他们在半路竟然遇到了那个给石达开算命的"道士"。"道士"正坐在卦摊前给一个人算命，看到石达开后，他朝石达开笑了笑，跟他打招呼："石相公，近来可好？"

石达开看着这个笑容恬淡温厚的"道士"，实在无法把他同昨天晚上还在奇石墟杀人的天地会联系在一起。

石达开朝他笑了笑想走，"道士"喊道："石相公，您不是说还要看风水吗？怎么……不看了吗？"

石达开转身，敷衍道："道长，不好意思，这几天家里有事。等我得闲了，就来找道长。"

道长呵呵一笑，说："石相公此言差矣，越是家中有事，就越应该请人看一看。咦，石相公，我看你家里好像没什么大事，倒是这位小哥……"

"道长"站起身，走过来，围着石镇仑转了一圈说："这位小哥，家里好像出了大事。"

石镇仑大吃一惊，他张着大嘴，看了看石达开，又看了看"道士"，惊愕地说："道长，您连这都能看出来？"

"道长"晃着脑袋，看着石镇仑说："小哥家中麻烦不小。虽然不会危及性命，但是遭歹人陷害，迁延太久，恐怕……会有人因此重病。小哥家中只有两个人吧？"

只这几句话，就彻底把石镇仑给镇住了，他点头，问："道长，您看，我家这事可有破解之法？"

"道士"看了看石达开，又脸朝着石镇仑说："方法自然有，这世间之物事，本来就是相生相克，既然有出事之因，那就必有解决之法。敢问这位小哥，是石相公什么人啊？"

石镇仑说："他是我哥石达开，我叫石镇仑，我们是兄弟。"

"道士"看了看石达开，说："果然是兄弟，石相公脸上也有不祥之兆，不过……""道士"掐着指头算了算，说："好在现在发现尚早，还有祈禳之法，如果拖延时间久了，恐怕对石相公也是非常不利。"

石镇仑扯了石达开一把，说："哥哥，快请这位道长去咱家看看吧。家里这么多事，我爹还说要请个高人看看呢，今天正好遇上了，也是那什么……缘分吧，哥哥，您快说话啊。"

石达开对这个"道长"的本领，现在是半信半疑。要说不相信吧，他每次说的都非常准确，可要是相信吧，他明明又是天地会的人，这"道士"大概也是假冒的。既然怀疑他是假冒的，那自然就对他说的话有所怀疑了。

不过，石达开看着石镇仑一副着急的样子，加上他也对这个"道士"刚刚的一番话感到非常惊异，就躬身对"道士"说："好吧，道长，那就有劳了。"

道长收拾了东西，跟在石达开两人后面。让石达开惊异的是，先前坐在"道士"面前的那个算命的竟然也跟在他们后面。看到石达开有些惊愕，"道士"对石达开一笑，说："噢，他是我师兄。我们是一起的，刚刚没介绍，石相公莫怪。"

石达开又有些后悔让他们来了。

这个"道士"既然是天地会的人，那他的这个"师兄"肯定也是了。他们两人在一起，不知道有什么目的。石达开边走，心里边嘀咕。

本来石达开对天地会还是很有些好感的。现在经过这几次接触，石达开觉得他们有些工于心计，不够光明磊落，对他们的好感大打折扣。更让石达开没有想到的是，叶梅开门后，看到跟在道士身后的这人，竟然跪地便拜，口中喊道："叶梅见过堂主。"

石达开惊愕地看着这个"堂主"。堂主扶起叶梅，说："师妹受苦了。昨天晚上我们已经把叶开救出，请师妹放心。"

看到石达开惊讶的样子，"道士"过来拍了拍石达开的肩膀。石达开虽然猜测叶梅也应该是天地会的人，但是叶梅这种突然的跪拜还是让他感到了震惊。很多人虽然知道天地会，但是那帮村还没人真正跟天地会的人有过来往。现在他们就活生生地站在年少的石达开面前，石达开除了惊讶，还是惊讶。

几个人进屋。"道士"也忘了给石达开看风水这个话茬了。坐定后，叶梅和石达开还未过门的媳妇熊清芬进来倒上茶水。石达开让熊清芬回避，"道士"对石达开说："石相公，这位是我们天地会的徐堂主。堂主今天是特意来拜访石相公的，在我们天地会，这可是第一次啊。"

听"道士"的意思，石达开好像要对这个天地会堂主的光临感恩戴德似的。石达开却只是有些意外。他抱拳，说："不知道徐堂主光临寒舍有何指教？"

徐堂主赞道："兄弟们说得没错，石相公果然处事稳妥，有大丈夫之气。石相公，咱都是堂堂男人，我说话也就不拐弯抹角了。今天我登门拜访石相公，第一，是因为石相公大义相助，让我们顺利救出了落难的叶开兄弟，此乃大恩。第二，是天地会上下觉得石相公是个难得的人才，这种人才不应该埋没，而应该站出来，为民请命，为驱除鞑虏、为我们汉民族的振兴而振臂一呼。我相信，像石相公这样的人加入我们天地会，天地会必定会如虎添翼，石相公有了天地会的庇佑，在周围十里八乡，也会成为一方英雄。"

徐堂主话说得慷慨激昂，石达开也受到一些震撼。石达开年方十六，正是容易冲动的年龄。但是，他又清楚，自己还是石家的户主呢，父亲还盼望他娶妻生子，把石家的香火传承下去。加入了天地会，那就是跟官府作对，要随时做好坐牢砍头的准备。

所以，石达开被徐堂主鼓动起来的热情又凉了大半，他说："我家里还有三十多亩地，我们石家还指望我传宗接代呢。徐堂主，恐怕我暂时还不能答应您。"

徐堂主微微一笑，刚要说话，"道士"抢着说："石相公，我想您是有些误会。加入天地会，并不耽误您耕种田地，也不会耽误您娶妻生子。天地会不是一个军事组织，不需要大家天天聚在一起，只是有行动的时候，大家一起行动就行了。平常该种地种地、该养孩子养孩子，跟普通老百姓一样。不过，如果遭到了欺负，天地会就会出来帮忙，维持正义。叶开兄妹就是这样，平常他们就是卖艺为生，加入天地会后，也是卖艺，这次要不是有天地会出头，叶开恐怕就性命难保了。"

石达开看着徐堂主，说："我早就听说过天地会的英雄故事，很让人佩服。不过，我这里有一个问题，想请教堂主，只是恐怕唐突了堂主，达开不知道当讲不当讲？"

徐堂主是个脸型偏瘦的人，跟圆脸的"道士"不同，他不说话的时候，显得很严肃。"道士"则是笑面佛的样子。

"道士"看了看堂主，替他接话说："石相公有话只管问，不必拘谨。"

石达开看两人的样子，就知道这个"道士"地位虽然比堂主低些，但肯定是个很有势力的人物。石达开对这"道士"终究熟悉些，说话就比较随便了，他说："我就是想知道，天地会的宗旨是什么。还有，听说很多地方闹天地会，但是，都是杀人……或者抢东西。天地会没有什么比较大的行动，倒是听说不少官府抓住了天地会的人，或者发出杀天地会人的通告。堂主，天地会既然这么有势力，为什么总是这么偷偷摸摸，不像李自成那样轰轰烈烈干一番事业呢？"

徐堂主听了石达开的话，猛然睁眼，一双狼一样的眼睛瞪着石达开，看得石达开直发毛。

徐堂主抱拳，说："石相公说得好！其实石相公所想，也正是我所想。石相公说得不错，天地会在明末清初曾经也是轰轰烈烈，可惜没有出现能力挽狂澜的大英雄。清廷坐稳江山后，对天地会进行了血腥镇压。也许石相公有所耳闻，乾隆年间，曾经在广东一次处决天地会骨干一千多人。天地会的口号是永远不会变的，那就是反清复明。清朝一日不亡，天地会就一日不休。现在天地会还没有起义，不是因为怕死，也不是因为没有人，我们只是不能白白送死，我们是在等待机会，时机一到，天下必定到处是天地会的旗帜，灭清者，必天地会！"

徐堂主说得慷慨激昂，石达开听得也是热血沸腾。不过，让他加入天地会，他还是有些犹豫。说不出为什么，天地会总是给他一种婆婆妈妈、难成大器的感觉。并且，这种暗地活动，实在不符合石达开的性格。

因此，石达开还是抱拳，对这个堂主说："堂主，天地会的英雄我石达开非常佩服，不过，入会终究是个大事，我先考虑几天，您看可以否？"

徐堂主很爽快地说："这个当然可以。徐某静待佳音。"

08 堂主的小算盘

让石家人没有想到的是，虽然吴保长把石顺义受伤的情况反映给了熊团董，但是熊团董竟然完全不予理会。

石达开等了两天。第二天，他和石镇仑在奇石墟看到刘欢喜等人陪着熊团董进入一家饭店，就彻底明白，熊团董是不会秉公处理的。

石达开拿着吴保长的证明，带着石镇仑去县衙喊冤。知县接了状子，让他们回家等候，石达开等了十多天，依然看到刘欢喜在四处溜达，就知道告状恐怕是没有希望了。

那帮村的刘家，还有奇石墟的熊团董，加上贵县的知县，有钱的有钱、有权的有权，已经结成了非常牢固的利益关系，底层的老百姓已经成了他们案板上的鱼肉。

石镇仑气不过，要朝上走，去府里告状。石达开却已经对官府完全失去了信心。最让年少的石达开寒心的是，刘家大宴宾客，来客中竟然有熊团董和刘欢喜！

石达开看到刘家把熊团董、刘欢喜等人宝贝一般迎入家中，他的心冷了。石镇仑和石祥祯要去找刘欢喜和熊团董理论，被石达开拦住了。石镇仑非常气愤，喊道："我要杀了他们！"

石达开闭上眼。他知道，现在有能力替他们报仇的，大概只有天地会了。当天晚上，他带着石镇仑就按照那"道士"留下的地址，找到了"道士"和徐堂主。

徐堂主正在教一个小孩武功，看到石达开等人进来，很高兴，把石达开让到里屋坐下。

让石达开没有想到的是，"道士"竟然还是一副道士打扮。

"道士"见石达开有些惊奇地看着他，笑了笑，说："石相公，你是不是认为我是个假道士啊？"

石达开有些不好意思，说："我……真没想到，您还真是个道士。"

徐堂主接话说："邱道长是真道士。不过因为得罪了官府，不得已成了流浪的道士。石相公，邱道长是麻衣一派，他看到您时说的那些，可都是真的。"

石达开拱手，说："邱道长真是高人。邱道长，您能不能算一算，我三叔的事儿会是个什么样的结果？"

邱道长掐指算了算，迟疑了一会儿，说："从卦象来看，您三叔的园子恐怕会另有所属，它不属于这个姓刘的，也不属于您三叔。当然，这只是天意，天意有时候可以改变。"

石达开有些急，忙问："邱道长，那怎么才能保住我三叔的园子呢？那是石家的祖产啊。"

徐堂主接话说："天意虽然不可违，但是我们可以改变自己的命运。只要改变了自己的命运，天意自然就可以改变。比方你们两位，你们的命运可以影响你们的三叔，也自然可以影响到那个园子的命运。"

石镇仑纠正说："达开是我叔伯哥哥，被打的是我父亲。那园子是我家的。"

徐堂主忙抱拳，说："对不起，小兄弟别见怪。既然园子是你家的，如果你能主动改变你的命运，那你自然可以影响到你父亲，影响到园子的命运。邱道长，我说的有没有道理？"

邱道长看了看石达开，迟疑着说："天意不可违。不过，人的命运改变，当然会有……影响……"

徐堂主有些不耐烦地打断他的话，说："所以，只要两位改变自己的命运，自然就能改变那个园子的命运。"

石达开已经猜到这个堂主所说的改变命运是什么了——他想趁机拉石达开和石镇仑加入天地会，这让石达开有种乘人之危的感觉。这种念头一起，石达开就对这个堂主有了些反感。堂主在那儿侃侃而谈，石达开看石镇仑有些动心了，就趁徐堂主喝水的时机，斩断了他的话题，说："堂主，我这次和我兄弟来找您，是想求您帮忙的。我们兄弟这次遇到了难事，希望堂主能路见不平、拔刀相助，让我们石家的祖产别被人家强占了去。"

徐堂主边听石达开的话，边慢悠悠地给两人倒上茶。他放下茶壶，说："石相公开口，按理说我们应该鼎力相助。可是，石相公，我现在无法帮您。天地会有规定，我们除了大龙头的命令外，不能擅自行动。噢，当然……有一点可以例外，那就是入圈者除外。只要有天地会的会宝，无论走到哪里，天地会的人都会以死相助。所以现在这个情况，我实在无能为力，希望石相公海涵。"

石达开有些没听懂："入圈？会宝？堂主……是什么意思啊？"

徐堂主笑了笑，说："入圈，就是加入天地会。会宝，是天地会出具的证明。石相公，您只要加入天地会，成了天地会的一员，走遍中国，都会有人保护。您看，就眼前的情况，如果你们弟兄加入了天地会，还怕什么熊团董？"

石达开明白了，这个徐堂主还是想利用他们这个困境，让他们加入天地会。石达开心里有些恼火。天地会的形象，在他的心里又降了一大截。

来的时候，石达开和兄弟石镇仑说了这些人的真实情况。石镇仑比较年轻冲动，鼓动石达开加入天地会。石达开想了想，对石镇仑说，他们来是求天地会帮忙的，同时也在这件事上看一看天地会的做法，如果天地会真的能像他们宣传的那样，替天行道，为民除害，那他就带着兄弟们加入进去。

而现在，石达开对他们是深深地失望了。徐堂主还在侃侃而谈，说着入会的各种好处，石达开却在心里对这个帮派很有些不屑。

难成大器！石达开心里想。

邱道长大概觉得这个徐堂主有些过分，就插话说："堂主，石相公可是曾经帮助我们救出了叶开，还救了叶梅。像这种大义之人，我们是不是可以破例一回呢？这样，也让百姓……"

徐堂主举起手，示意邱道长闭嘴，他说："没有规矩不成方圆，石相公对天地会的帮助，我永远不会忘记。人情虽然在，但是规矩不能破。石相公是通晓事理的人，我想石相公肯定能理解。"

石达开无奈地点点头，拱手说："既然徐堂主这么说，那我就不为难堂主了。堂主的话有道理，我自己家的事儿，我自己解决就可。达开告辞。"

徐堂主大概没想到石达开会这么快就要走，他有些措手不及："啊……这，就走？"

石达开很利落地说："是。谢谢堂主招待。达开祝愿天地会发扬光大，时候不早了，我们兄弟告辞了。"

石达开和石镇仑告别徐堂主，走出村子。走了一会儿，石达开听到后面有脚步声，他示意石镇仑后面有人，两人赶紧躲在路边的大石头后面。

一会儿，脚步声渐渐清晰，一个人影跑了出来。

石达开和石镇仑一起扑上去，抓住来人。两人没想到是个女人。这女的挣扎了一会儿，看到是石达开，就不动了，有些惊愕："是您?!"

石达开一听，声音熟悉，忙和石镇仑松手，有些尴尬地看着眼前的叶梅，说："叶……叶姑娘……是你，不好意思，没看出是你。"

叶梅笑了笑，说："没事，凭你们两个，还伤不到我。石大哥，你们来找堂主，是来参加天地会的吧？来了也不跟我打个招呼。"

石达开呵呵一笑，说："不是。我们兄弟有事找堂主帮忙。"

叶梅问："什么事？"

石达开就把事情的前后经过都说了。叶梅听了，好长时间不说话。石达开说："叶姑娘，时间已经不早了，您请回吧。我们兄弟也好回家了。"

叶梅说："石大哥，您是个好人。我们的堂主……也许真的是没办法帮您。我们兄妹的命是您救的，石大哥，如果您需要我们兄妹帮忙，您就说一声，别的我不敢说，找十个八个弟兄，杀了那个熊团董的狗命，我们兄妹还是能做到的。"

石达开拱手，说："谢谢姑娘大义。此事不是这么简单，等我回去想好了再说。"

叶梅说："哥哥走好。我哥哥要在这儿养伤，您要是想找我，就到村东头，最里头那家便是。"

09 认识洪秀全

石家人在三叔家聚会，商讨三叔的事情。

石达开等人去县上找了好多次，知县根本不见他们。石达开去找熊团董，熊团董倒是很客气，他也没逼着石达开加入团练，也答应会找吴保长了解此事，不过，熊团董最后提了一个让石达开意想不到的条件，那就是他想要石达开三叔园子的一半。当然，剩下的一半还是石家的，他还可以帮助石家把刘家从那帮村排挤出去，至于刘欢喜那就更好办了，他打人致残，可以直接送进监狱。

然后，他还笑着拍了拍石达开的肩膀说："小兄弟，这园子只给我一半，总比刘家全部弄去要好。还有，我得了这一半园子，我替你们石家收拾了刘家，把刘欢喜送进监狱，算起来，你们根本就没有损失。要是不送我这一半园子，小兄弟，我可以保证，你们不但要花掉这半个园子的钱，你们的院子还保不住，刘家和刘欢喜一个也倒不了。回去算算账吧，要是答应，就赶紧来告诉我，要是不想答应，我可就要刘家的园子了。"

石达开不解："团董，您住在这奇石墟多好，怎么要到那帮村去住呢？"

熊团董笑了笑，说："小兄弟，你大概不知道吧。刘家在那帮村的水田，卖了一百亩给我，那么多的地，我得有地方放农具家什啊，有地方让长工短工住啊。不过说实话，刘家的园子地势不好，比你们石家的园子差多了。哈哈，小兄弟，刘家对我这么好，我还替你们石家着想，我对你够意思吧？"

石达开把熊团董的意思简要跟长辈兄弟说了，大家都不说话。石家的园子，自然不能给姓刘的，也不能给熊团董，但是……现在这些恶棍勾搭官府，欺压百姓，不是一个不给就能解决得了的。

谁也没想到，现在不但姓刘的惦记着石家的园子，熊团董也想伸手了。

性格有些怯弱的二伯说："早知道这样，就卖给刘家算了。到头来，咱没有弄过人家，人被打了，让村里的人看了笑话，园子还是保不住。"

大伯瞪了他一眼，说："哪有你这么说话的？园子是石家的，怎么能被人欺负去？不给就是不给，他打了咱，咱石家就没有人了吗？现在达开不过是在走第一步棋，先找官府解决一下看看，如果官府不管，那咱还有下一步棋呢。我就不信，石家这么多子孙，就干不过一个刘家！"

二伯嗫嚅着说："人家背后有官府……咱背后有什么？"

大伯一拍大腿，说："那咱也有办法！不行咱也参加天地会！听说天地会的人都是好汉，一家有难，天地会的人都去帮忙。天地会一上手，那他熊团董不就完蛋了？熊团董完蛋了，刘家还指望什么跟咱石家对抗？"

二伯说："大哥，您这真是老糊涂了！朝廷对天地会的人，是见一个杀一个，见两个杀一双，您想让我们石家绝后啊？"

大伯一听这个话蔫了，垂下了头，一摊手说："这也怕，那也怕，那怎么办？就梗着脖子等人来砍？把园子拱手送给人家？"

三叔是个倔脾气，他在床上说："这园子是咱石家祖上分给我的，我是这园子的主人，如果连自家的园子都保不住，我还算什么男人？我也听出来了，达开为这事跑腿不少，但是对方想把咱往死路上逼。这事我不想连累各位兄弟和侄子了，都是有口有家的人，咱不能把石家人都搭上。官府现在是向钱不向理，咱闹不过刘家，不过他们刘家也别想得逞。你们都回去吧，回去好好过日子，别跟官府闹，石家得有后人。这事儿就交给我了，等我腿好了，我和镇仑冲进刘家，杀他个鸡犬不留，再去杀了刘欢喜。我们爷们能活下来，就再去杀了那个熊团董。如果老天还不让我们死，我们就跑出去，到老林子里去。如果死了，也不白死，起码灭了刘家和刘欢喜，给石家除了一害。这事我想了好几天了，没别的路子，就只能这样了。反正咱石家不能让人欺负熊了，也不能都赔上。"

大伯骂道："你不光腿被人打瘸了，脑袋这也是不行了呢。这不胡扯吗？园子重要还是人命重要？再说了，现在不还不到这一步吗？我就不信了，咱家有官府发的地契，刘家还敢强占了？要说拼命，咱石家不是没人，还轮不到你个瘸子，更轮不到镇仑。才这么大个孩子，你真说得出口！"

石祥祯吼道："三叔，如果真到了那么一天，咱石家人一起反！把这些东西都杀了，咱跑到大山里去，谁能找到咱？听说藤县天地会的那个什么平地王邓立奇和高山王钟敏和也都跑到了大山里，官府不是也没办法？"

石镇吉吼道："凭什么要跑进大山里？那就直接反了！要不就去找天地会去，总比这么活着让人欺负强多了。"

大伯摆手，示意他们小声，墙外有耳。

石达开站起来，说："三叔，还有众位兄弟，先听我说几句。三叔的话我不同意。即使你和镇仑再厉害，你们能杀了刘家人，杀了刘欢喜，就算你们能再杀了熊团董，那你们还能杀了知县吗？即便能杀了知县，那你们还能杀了老皇帝吗？杀不了皇帝，江山还是人家大清的，你们杀人就得偿命。这还不算，你们人没了，园子、你们的地和家，您以为还能是石家的吗？你们白白送死，还把自己的所有东西都送给了官府。这是图的什么啊！祥祯和镇吉，你们更是胡闹，没有后路，也没有人接应，就这么几个人，你们就造反了？那叫送命！你们几个就能出些馊主意，石家在那帮村是户人家，别说到贵县了，就是到奇石墟，石家算什么？石家能反出去？所以，我觉得……大伯的话还是有些道理，不行咱就多想办法。反正园子不能给刘家，也不能给熊团董，咱也用不着去拼命，实在不行，我……还有一招。"

大家的眼都看向石达开。

石达开笑了笑，说："这一招不到时候我不能说，谁问也没有用。反正我的目的就是不能让石家吃亏，也不用去跟他们拼命。"

虽然石达开不说，但是他既然说还有高招，大家也都放心了。在石家，石达开素以办事稳重周全而为众人称道。别看他岁数小，石家老人有事都让他帮忙出主意。因此，他一说有高招，大家怎么能不放心？

当下大家商定，绝不能退缩。既然熊团董不出面，知县不管，他们就直接去找刘欢喜。

找刘欢喜，不用石达开出面，石镇仑一个人就能打他三个。但是为了安全起见，石达开安排石祥祯和石镇仑、石镇吉三人一起去。

石家这三人都是勇猛异常的汉子。石达开叮嘱他们，不能进刘欢喜家抓人，不能把他打重了，抓住人后，要直接押着回家，找吴保长。下一步怎么办，看吴保长怎么处理。

第二天，石达开送三人走了，刚回到家，未过门的媳妇熊清芬就来给石达开送油饼。

熊清芬刚进门，两人还未说话，外面就有人拍门。熊清芬一脸的不高兴，石达开笑了笑，让她开门。石达开认为进来的不是乡邻就应该是自己石家的兄弟，因此依旧在看书。

没想到，随着一阵脚步声进了屋门，一个陌生的声音说："您就是……石相公吧？"

石达开抬头，看到两个中等身材的陌生人走了进来。其中一个瘦削，骨骼突出，脸型如刀劈斧削，面孔略黑；另一个脸圆些，人也胖。两人都是一袭长衫，看神色不是普通庄稼汉子，倒像是教书的先生。石达开对读书人非常敬重，因此忙站了起来，拱手说："我是石达开，请问您是……"

那个胖些的拱手还礼，说："在下冯云山，这位是我大哥洪秀全。石相公之名如雷贯耳，我两人特来拜访。不知是否打扰了石相公。"

石达开见两人虽然风尘仆仆，却是器宇轩昂，不由得心生欢喜，说："二位客气，只怕我这小地方，怠慢了二位。"

第三章

六王结盟

一

01 石达开入教

两人落座，石达开忙让熊清芬烧水泡茶。

冯云山先跟石达开介绍了他和洪秀全。当他说洪秀全是拜上帝教的"天王"的时候，石达开竟然轻轻叹息着摇头。

石达开的这一不太显眼的举动，却让细心的冯云山看了个仔细。当石达开起身去看水是否烧开的时候，冯云山轻声对洪秀全说："这个石达开，是个很有头脑的人。"

洪秀全点头，说："我也看到了。人虽然年轻，但是眼神很成熟。他对我们的拜上帝教不太感兴趣。"

冯云山说："这正是我们需要的人才。有自己见识的人是不会随便相信这些的。"

石达开一会儿就拎着茶壶回来了。他给冯云山两人倒上茶水，说："这茶是我过年拜访老师的时候，老师给的。老师说应该不错，我也从来没舍得喝过，二位应该是懂茶的人，尝尝如何。"

其实，那时候的洪秀全和冯云山都是穷苦出身，平常能吃饱饭就不错了，喝茶对他们来说也是奢侈之事。因此两人喝了一口之后，都只是含糊说："噢，不错，很香。"

石达开笑笑，说："二位远道而来，达开很是感动。不过，我觉得任何教派，其实都是寻找一种精神寄托。广西这边也有基督教，我老师是很博学的人，他也跟我们讲过基督教和佛教，跟二位实话实说，我这个人尊敬有信仰的人，也很尊敬像你们这样的传教者，但是我觉得现在中国人跟外国人不同。外国人是已经觉醒了，什么都看得比较透彻了，因而需要寄托。中国人却还很愚昧，他们还没有觉醒，因此他们现在需要醒悟，而不是用上帝再去愚弄他们。我这个人，讲究实际，因此很对不起二位，起码我现在没有信奉上帝的打算。"

冯云山听出来了，石达开把他们的"拜上帝教"跟基督教混淆了。虽然他们的拜上帝教的主要教义是从基督教脱胎而来的，但是洪秀全把他对基督教的理解，又用中国老百姓能够接受的方式再次本土化了。

冯云山看石达开对各种宗教都毫无兴趣，知道这是个很有主见的青年人，就不再跟他解释了。

两人不提拜上帝教了，冯云山却突然说："听说石相公最近遇到了一点麻烦事，不知道处理得怎么样了？"

石达开本来以为两人没话说，稍坐一坐就会走了，没想到冯云山竟然说起了这个。他不想在不相干的外人面前说这个事，因此只是含糊地说："噢，正在商讨。"

冯云山笑了笑，喝了口茶，说："好像……不是吧。我在路上听朋友说，跟石相公家族作对的人，背后有奇石墟的熊团董和知县撑腰。石相公，这事您要慎重啊。"

石达开虽然不愿意提这个话茬，但是冯云山一语说中了要害，他不由得叹了口气，说："不瞒二位，这事是比较棘手。不过石家也不是胆小怕事之辈，我们石家是不会把自己祖上传下来的园子让别人抢去的。"

冯云山看得出来，石达开虽然言语激昂，神情却很是疲惫。他说："跟你们抢夺园子的人背后力量是熊团董，熊团董的撑腰者是知县。也就是说你们石家，其实是在跟官府抗衡。石相公，我知道石家人有很多英雄，但是，要想跟官府抗衡，别说是一个石家，就是十个百个石家，恐怕也不是官府的对手。现在的官府已经跟社会上的流氓勾结在一起，欺压良善，无恶不作，天下老百姓只有团结一心，才能跟这些邪恶势力作斗争。石相公，您说我说得对否？"

冯云山的话让石达开一惊。他实在没想到，一个"传教的"嘴里能说出这样的话来。石达开不清楚他们底细，只是含混地点点头。

冯云山自然明白石达开的心情。他说："石相公好像不太相信我的话。"

石达开坦诚地说："两位大哥莫怪。达开虽然对各种宗教不感兴趣，但是我知道宗教都是教人为善，让人有所寄托。基督教应该也是吧，至于怎么跟官府斗……冯大哥说的话很有道理。不过，基督教好像也没有这种教义，达开因此困惑。"

冯云山和洪秀全看着摸不着头脑的石达开，两人互相看了几眼，终于忍不住，哈哈大笑起来。

石达开更是不解，他看看这笑得酣畅淋漓的一胖一瘦，不由得站了起来，摸着头，看着两人。

冯云山过来，拍了拍石达开肩膀，说："好一个石相公，说话干脆利落，真是我辈之兄弟！"

石达开更困惑了。

冯云山停住笑，对石达开拱手，说："见真人不说假话，石兄弟，我们兄弟创立拜上帝教，不过是为了笼络人心，教化众人，我们真正的目的，是团结民众。我们的上面是官官相护，如果我们老百姓不团结，任人宰割，老百姓的日子怎么过？因此只有老百姓团结一心，跟官府斗，我们才能有好日子过。"

石达开还是有些不相信，说："老百姓现在都是散的，不动着自己的利益，很少有人去管别人的死活，要团结老百姓，难啊。"

冯云山说："是啊，但是当官的是都很团结的。不是有句话叫'官官相护'吗？当官的都是聪明人，他们互相维护，就是为了给自己留一条后路。坦白说，从智力上来说，很多老百姓不如当官的聪明。论有钱，老百姓不如当官的；论关系，老百姓还是不如当官的。偶尔有英雄带头造反，正如石相公所说，关系不到自己的利益，老百姓都缩着头，害怕吃亏，英雄势孤，最后的下场不是被捉住杀掉，就是逃亡。藤县的平地王邓立奇和高山王钟敏和都是响当当的汉子，他们造反都是为了自己吗？不是。如果是为了自己的利益，像他们这样的，随便投靠官府，都会有享不尽的荣华富贵。拿你石相公来说，熊团董不是也让你给他当一个小头目吗？但是他们不是为了自己的富贵，而是为了争一口气。他们不想当奴才，而是想当一个正正当当的人，因此他们才造反。可是就是这样的好汉，竟然有老百姓为了几个小钱，去出卖他们！你说老百姓坏吗？不是，如果他们有钱，他们也不至于这样。当然，如果他们有了敬畏心，知道如果惹得上帝不高兴他们会有灾难，他们也不会这样。当他们知道了团结的力量，知道不用缩头，知道堂堂正正做人，也不会有大事发生，他们就会像个真正的人那样迸发力量，那时候的百姓就不是散沙了，而是一股天下无敌的力量！"

石达开点头，说："道理不假，但是……怎么才能让老百姓团结起来呢？"

冯云山说："我刚刚说了，这正是我们创立拜上帝教的目的。通过教化，让民众有了统一的信仰，只要民众的心态统一了，那还怕不团结吗？"

石达开有些明白了，拱手说："二位大哥，真是高人。"

冯云山摇头，说："我们其实都是普通人。没有什么上帝，也没有天父天子，但是百姓混沌，凡事都要看利益，官家有全国的金钱养着官员和士卒，我们只能用上帝的学说来点悟他们。先笼络住他们的心，然后才能成大事。"

"大事？二位大哥说的大事……是什么呢？"石达开有些好奇。

冯云山笑了笑，说："这个暂且不说吧。石兄弟，你就权当我们传教是为了团结民众，保护广大民众的利益。当然，也包括我们。试想一下，如果那帮村甚至奇石墟都是我们教民的天下，是不是比石家会更有力量呢？大家互相帮助，教众互相帮助，谁还敢欺负我们呢？"

石达开点头，说："兄弟明白了！刚刚达开对二位大哥有所不敬，请二位哥哥谅解。"

02 石祥祯出手

当天夜里，洪秀全就为石达开举行了入教仪式。三人促膝长谈，冯云山的见解和学识、洪秀全的气度，让石达开非常钦佩。

第二天，石达开就喊来了石镇仑、石镇吉、石凤魁和熊清芬等人，由洪秀全亲自为他们洗礼，成为那帮村第一批拜上帝教的信众。

洪秀全和冯云山在那帮村住了几天，帮助石达开筹划附近村庄的发展规划。住了几天后，两人看到石达开在那帮村的发展已经像模像样，就告别石达开，回到了桂平。

拜上帝教在那帮村以及周围村子受到民众之欢迎，超出了石达开的预计。不到一个月，拜上帝教发展到了五百多人。每个月的初一十五，会众聚集在石达开大伯家门前——那帮村中间比较宽阔的小广场上——举行庄严的升旗朝拜仪式，称为"拜会"。由石达开宣讲拜上帝教的"天条十款"，并讲解教主所写的经义，特别是《原道觉世训》中的一段：

> 阎罗妖乃是老蛇妖鬼也，最作怪多变，迷惑缠捉凡间人灵魂。天下凡间我们兄弟姊妹所当共击灭之，惟恐不速者也！……

拜上帝教鼓吹，凡入会者都是兄弟姊妹，要互相关心爱护，欺压百姓者都是"妖"，号召百姓听从上帝的号召，团结一致，上帝将是大家的救世主。饱受欺凌的贫困百姓从拜上帝教这里看到了希望，怎么能不踊跃加入？

三叔被打之事却一直没有得到解决。石达开知道熊团董等人都在暗中注视着自己，他也清楚地知道，他们是不会主动给他解决刘欢喜的事情的，他们在等他投怀送抱，或者等他入瓮。石达开跟弟兄们商量，决定以不变应万变，静等他们出招。

让石达开没有想到的是，刘欢喜竟然来找他们了。刘欢喜来的时候，带了一大帮人，不但有团练，还有穿着官服的衙役。他们来的时候是清晨，拜上帝教的会旗刚刚开始升起，会员们仰头看着会旗，在参差不齐地念着《原道救世歌》：开辟真神惟上帝，无分贵贱拜宜虔。天父上帝人人共，天下一家自古传。盘古以下至三代，君民一体敬皇天……

刘欢喜带着几十号人骤然而至。他们跑到石达开面前，刘欢喜手一挥，几十人呈半圆状，把石达开包围了起来。教民们停止吟唱，蠢蠢欲动。石达开挥手，示意大家继续。

大家继续吟唱，石祥祯依旧缓缓地升着会旗。刘欢喜气急败坏，带着几个人过去撕扯石祥祯。石祥祯不得不停止升旗，跟几个地痞扭打在一起。

石镇仑气坏了，他带着几个人冲了过去，先把石祥祯扯出来，对他说："大哥，你忙你的，这几个猫狗的，就交给我了！"

石镇仑扎住马步，挡在几个地痞的面前。清代的贵县人尚武，这些地痞也都年轻，虽然知道石镇仑勇猛，但都还是有些不服气，就一个一个朝上冲。石镇仑还是有些孩子气，对他们说："咱先讲好了，你们一个一个上，我就我自己。是好汉的，咱就按着这规矩来，你们说行不行？"

这些小地痞其实也都是跟着刘欢喜混吃混喝的主，骨子里并没有多坏。他们没有主见，是那种跟着好汉是英雄、跟着流氓是地痞的二混子。很多人平时也跟石家的人有交情，因此现在虽然跟着刘欢喜，也大都是本着看热闹的心态，当下一齐说好，还排好了队。

当头的那个看着石镇仑粗壮异常，并且满脸的愤怒，有些害怕，说："兄弟，咱可说好了。别的咱不管，咱这是点到为止，不许下死手。"

看着他畏畏缩缩的样子，石镇仑不由得笑了，说："就你这么点胆量，还跟着刘欢喜那坏种干什么？大哥，你不如回家老老实实种庄稼。"

这伙计说："别那么多废话，咱这是比武不是拼命，应该就是点到为止。是吧，兄弟？"

石镇仑笑着点头，说："好，那你们就放马过来吧。"

这伙计运了运气，大吼一声，就扑了过来。可是他怎么能是石镇仑的对手？他过来想抱住石镇仑，却被石镇仑抓住了胳膊，石镇仑轻轻一甩，这伙计知道不好，"啊啊"乱叫，石镇仑脸色一变"哼"了一声，说："你既然是跟着刘欢喜那畜生一起来的，就是来欺负我们石家！你们这些欺软怕硬的东西，你给小爷记住，我叫石镇仑，想杀想打就来找小爷。"

石镇仑这话是轻声跟这位兄弟说的，这位兄弟知道不好，想说几句好话。石镇仑飞起一脚，就踹在了他的肚子上，求饶的话还没出口，人就飞了出去。

第二个趁石镇仑未来得及收势，就朝他扑了过来。石镇仑骂了一句："你这是想找便宜啊！"

那脚没落地，收到一半，猛然踹出，刚好踹在这个家伙扑来的脸上。石镇仑怕出人命，没用力，但是那人没防备他会出这么一招，人冲得急，自己的脸就猛然撞到了石镇仑的大脚丫子上。

石镇仑没穿鞋，臭烘烘的脚丫子拍扁了这人的鼻子和嘴唇，直接踹进了人家的嘴里。这人脸部受了重击，"噔噔"倒退几步，摔倒在地上后，哇哇直吐。

后面几个看到这石镇仑勇猛，就不讲规矩了，发一声喊，一齐扑过来。石祥祯已经升旗完毕，转回身，和石镇仑两个，三两下就把几个壮汉打得倒在地上。

刘欢喜一看手下吃亏了，带着人就扑过来。石祥祯打得兴起，让石镇仑靠后，他背着一只手，对那些人说："我就一只手，咱玩玩，我可把话撂下，上来的就算欺负我。我只用这一只手，打死我石祥祯不管；你们打死我，我家人兄弟也不找你们麻烦。不用字据，谁想上就上，来吧！"

周围的人大都知道石祥祯英勇，看他脸色如铁，知道他起了杀心，都朝后退。刘欢喜脸上挂不住了，对身后的一个穿着黑衣服的壮汉喊道："老三，看你的了！"

老三把身上的黑衣服一扔，几步就跳到了石祥祯的面前。大家看了这个老三赤裸的身上的文身，不免倒吸一口凉气：刀条三！

石达开也不由得惊叫了一声。这人过来后一直站在刘欢喜的身后，不言不语，大家就对他有些忽视。现在仔细一看，这人一身的横肉，文身遍布全身，没有耳朵，认识不认识的都知道了：这就是那个横行贵县，号称"打遍天下无敌手"，并且真的至今没有败绩的疯子刀条三。

要说这刀条三，武功并不是怎么厉害，他就是一个超级泼皮。道光二十三年，曾经有个佛山人在贵县开了家武馆，这个刀条三去武馆挑战，佛山来的师傅武功很牛，没用几个回合就把这刀条三打倒在地。

可是这个刀条三就是不认输，数次被打倒都爬起来跟人家打。刀条三有个长处，就是抗打，无论你怎么打，只要人不死，他都能爬起来。拳师功夫厉害，但是心性善良，在无数次把刀条三打倒在地后，看他爬都爬不起来了，就过去扶他，刀条三竟然趁机出手，用两根手指，把拳师的眼珠子抠了出来。

拳师残废。但是比武前请了证人，签字画押，无论是残还是死，都是自家承担，拳师只得含恨回了老家。

这个刀条三在贵县一举成名，成了无人敢惹的老大。

石达开知道刘欢喜这次真是有备而来，是存心来闹事的。他看了看刘欢喜，刘欢喜一脸得意地看着他。石达开转身看了看身后那些瞪着眼看着他的教徒，知道这次面对刘欢喜，他不能服软。好不容易聚集起来的民众，如果他一软，他们就更看不到希望了。

石达开对石祥祯沉声说："哥哥小心了！"

石祥祯明白石达开的意思，那就是让他放开胆打，他点了点头。石祥祯看了看比自己还高出半个头的刀条三，稳稳地站好了，喊了一声："来吧！"

刀条三朝石祥祯走了几步，猛然跳起，朝着石祥祯就扑了过来。

石祥祯看着刀条三冲过来，却猛然朝后退了几步。观看的民众以为是石祥祯害怕了，不由得唏嘘一片。

石达开也有些纳闷，他疑惑地看着石祥祯。

石祥祯对刀条三说："刀老大，听说您比武之前一般都是先签生死文书，今天怎么不签了吗？"

刀条三一愣："怎么？你想找死？"

石祥祯摇头，说："不是。不过刀剑无情，拳脚无眼，无论你我谁有个死伤，对另一方来说都是个麻烦，不如我们也签了生死状，无论死伤，都于对方无碍。刀老大，你敢签否？"

刀条三哼了一声，说："佛山来的拳师我都不怕，我还会怕你个雏儿？

签就签，只要你不怕死就行！"

石达开惊愕地看了看石祥祯，不明白他葫芦里这是卖的什么药。他看得出来，刀条三被石祥祯这么一激，脸上的凶气猛然强烈起来。石达开知道石祥祯功夫厉害，是兄弟们之中功底最扎实的。但是，他能不能完胜刀条三，还真是没有把握。如果不签这生死状，双方还都有些顾忌，生死状一签，就是表明双方要下死手了，石祥祯平时也是比较谨慎的一个人，今天怎么这么莽撞呢？

可是话一出口，改变已无可能，石达开只好找出纸笔，双方签字画押。刘欢喜好像也没有预料到石祥祯能有这么一招，因此也有些惊愕。但是他也没办法，他和石达开各自做了自己一方的担保人。

签字画押完毕，石祥祯和刀条三拿着生死状各自对着周围乡亲父老展示一圈，然后，双方摆开架势，刀条三大叫一声，就冲着石祥祯冲了过去。

石祥祯履行诺言，一只手背在身后，只用一只手跟这个刀条三周旋。刀条三力大，招式凶猛，石祥祯连连后退。石达开的心真是提到了嗓子眼。他非常清楚，如果石祥祯输了，无论对于他自己，还是对于拜上帝教，都有不可估量的损失。石达开暗暗恨石祥祯过于草率，但是他现在没有别的办法，只能暗暗祷告上帝保佑，今天可是绝对输不起的。

石祥祯跟这个刀条三纠缠了一会儿，猛然出招。

刀条三连中两拳，有些摇晃，石祥祯猛然跳起，一脚就踹在了刀条三的头上。

刀条三像条死鱼一样"吧唧"就摔倒在地上，一动不动了。

03 黑夜人影

大家一声惊呼。刘欢喜骂了一句，带着人就围住了石祥祯。

石祥祯笑了笑，说："我跟刀条三可是有生死状的，哪位想上，就要先跟我签生死状！"

围着的人看了看死人一般的刀条三，哪个还敢上啊！石达开拿着生死状走过来，对刘欢喜说："兄弟，有这个东西，就是打官司也没用的。这周围十里八乡的老百姓可都在这儿看着哪，你要是拖延时间长了，耽误治疗，这人死了，熊团董恐怕不能轻饶你吧？"

石达开这话是半吓唬性质的。他猜测能把刀条三请来的应该不是刘欢喜，而是熊团董，刘欢喜没有这个能力。

刘欢喜果然害怕了，也顾不得耍威风，招呼人抬着刀条三，朝奇石墟跑去。

他们人走了，石达开这边继续升旗。

升旗仪式完毕，石达开按照惯例，继续宣读了一会儿《原道救世歌》，大家就散了。

石达开等兄弟回到石达开家。石达开坐下，对石祥祯说："大哥，你今天草率了。"

石祥祯摇头，说："我有把握打败他。我没有草率。"

石祥祯的话让石达开一愣："你……有把握？你没跟他打过，你怎么会有把握？"

石祥祯看了一眼石达开，好像有什么话不方便说，顿了顿，说："这个……你就不用管了。反正，我知道我肯定能打过他。这个刀条三其实就是仗着好勇斗狠，他也就是三脚猫功夫，贵县不是没人能打过他，而是没人敢惹他。我还打算弄死他呢，要不我跟他签生死状干吗？"

石达开有些担忧，说："熊团董本来就想找咱的毛病，这次恐怕麻烦更大了。"

石祥祯说："达开，我算看透了，咱一味地怕，没用。三叔的事儿是个例子，当时如果去揍这个刘欢喜一顿，麻烦也不会大到哪里去。按照你所说的，咱委曲求全，可是咱求到全了吗？他们那些王八蛋不但想吃咱的肉，还想喝咱的汤！咱怎么才能全了？只有把什么东西都给他们，他们才能放过咱。还是拿三叔的事说，三叔白被人打了，现在他们不但不想把打人者抓起来，还要挟我们，要我们把三叔的园子送给他们。兄弟，你谋事周全，但是那些人却都是些不讲道理的人，他们不会按照你想象的做法去做事，他们是一帮欺软怕硬的畜生。我早就听说了，他们害怕老百姓团结起来，早就想来破坏咱的拜上帝教。这次，咱如果再忍气吞声，拜上帝教的人心就散了；散了，你就没有办法再把人聚集起来。所以，不如趁这个机会，来跟他们闹一下。我看熊团董其实就是一个狗仗人势的大地主，这种东西你越怕，他就越嚣张，你真的跟他对着干，豁出去，他就草鸡了。达开，你这次就听我的，咱不能一味忍让，忍让起来没个头。"

石达开沉默了一会儿，说："大哥的话自然有道理。不过忍让的时候，我们的选择余地终究是大些。现在已经是挑明了跟熊团练作对，这个熊团练不会轻易罢休。事已至此，我们要做好准备。"

石祥祯说："这个倒是。熊团练还会想法对付咱，不过，咱光脚的不怕穿鞋的，实在不行，就去找他拼了，我就不信他不害怕。"

石镇仑一干兄弟也附和说："是啊，达开哥，咱不能光让着他们。"

石达开说："以后大家要注意。出门，特别是上奇石墟，不能一个人去。晚上，在房子外布置一些小机关，万一有人想进屋，能弄出动静。大家睡觉要警醒些。特别是三叔家，晚上咱兄弟轮流去三叔家陪镇仑看家。"

石镇仑站起来亮了亮肌肉，说："晚上我在家，哪个敢进来，我就弄死他！"

石达开说："就怕你还不知道，人家就进来。你睡觉跟猪似的，恐怕死都不知道怎么死的。"

石祥祯也觉得大家应该小心，不过他提了一个更进一步的办法，晚上安排人巡逻。从亥时开始，一直到天亮。每天安排两帮。

石镇吉、石凤魁等一干人正是精力旺盛的时候，不怕多事。听说要安排人值班，争相报名。石达开笑了，说："都别争，这个事儿不好玩，要半夜起床，能难受死你们。"

石祥祯安排好了值夜人员。大家又研究了一会儿别的防范细节，又一起吃了顿饭，才散了。

当天晚上，果然有人进入了那帮村！

当时负责巡逻的是石凤魁和石达开。石达开先去看了看三叔和石镇仑。三叔这些天心情不好，常常半夜半夜地睡不着觉，石达开和石凤魁陪着三叔坐了一会儿，才溜达着走了出来。

虽然是值夜，但是在大家的印象中，包括石达开，下意识中都没把这个太当一回事。也就是说，大家都觉得对方一般不会在夜里派人来。所以当他们在淡淡的月光中，看到有人影猛然闪过的时候，都愣住了。

石达开有些将信将疑，对石凤魁说："凤魁，看到人了没有？"

石凤魁说："看到了……妈的，挺快，鬼似的。"

两人手里都只是象征性地拿了一根短木棍。此时看到真的有人，石达开后悔了。看前面那人的身手，他们就知道人家武功不弱，如果前面的人还有帮手，他们两个可就有些麻烦了。

不过当下两人也没时间多想，赶紧加快脚步，追了上去。

那人在村里曲曲转转，最后竟然停在了石达开家门前。他在石达开家门前停了一小会儿，猛然就跃上了墙头，跳进了石达开家的院子。

石达开已经让石凤魁去喊人了。那人跳进他家的院子后，好长时间不出来，石凤魁也没回来，喊的人更是没影子。

石达开家里有一头牛和一匹马，屋子里还有一个长工。石达开担心他出事，躲在一堆大石头后急得转圈。

突然院子里的牛哞哞地叫了起来。然后，石达开听到了长工开门的声音。石达开怕那人害了长工，忙跑了出来，猛拍自己的院门。

长工一边大声喊着"谁啊"，一边走了过来。石达开故意大声喊道："我啊，快开门！"

长工突然惨叫一声，然后那个人影猛然从墙上跳了下来，石达开手中早就准备了几块石头，朝着那人就扔了过去。

石头打了个正着。那人惊叫了一声，石达开挥舞着木棍就冲了过去，边冲边喊："来人啊！村里进贼了！"

石达开这一喊，村里的狗猛然就叫了起来。同时，石凤魁等人也跑了过来，一干人朝着那人就追了过去。

那人脚力非凡。追了一会儿，就只有石祥祯和石达开、石镇仑三人勉强跟着了。

一直追到了村外的小树林旁，突然从树林里跑出一个人，那人牵着两匹马，两人各上了一匹马，打马飞驰而去。

三人累得气喘吁吁，只能看着两匹马越跑越远。

04 土狼

第二天一早，兄弟们齐聚石达开家。石达开家的马和牛都口鼻流血而亡，长工身中飞刀，不过飞刀卡在了胸骨处，没有深入。

兄弟们这才醒悟过来，其实最应该保护的人是石达开。对方清楚石达开是他们的核心，只要灭了他或者把他整垮了，石家兄弟们就会群龙无首、失去主心骨。

一众兄弟有些沮丧，聚在石达开家商量下一步的策略，突然有人在外面喊："石相公在家吗？"

石达开听着声音有些熟悉，却一时想不起是谁，就让石镇仑去开了院门。从外面走进两个人，一个粗壮些，一身道袍；一个纤瘦。石达开一眼看出，穿道袍的是天地会那个邱道长，而瘦弱的这个看着面熟，却怎么也想不起来。

那个瘦的却猛然笑了，说："石大哥，您连我都认不出来了？"

石达开听到声音，才终于明白："叶梅？你怎么……女扮男装了？"

叶梅转了个身，问："石大哥，我穿这身好看不？"

没等石达开开口，石镇仑先说话了："好看。姐姐你穿什么都好看！比……仙女都好看！"

众人大笑。叶梅站在门口，没想到里面坐了那么多人，有些害羞，就站在一边不说话了。邱道长常在奇石塘附近集市上算命，因此不少人都认识他。叶梅在石达开家住了十多天，众兄弟也大都认识。两人进了屋，兄弟们都跟他们打招呼。石达开知道两人来肯定有事，就让兄弟们先散了。

等人走了，石达开关门回来，邱道长抱拳说："又来麻烦石兄弟了。"

石达开回礼，说："道长客气了，不过今天家里出了点事，有点乱，道长别嫌烦就行。"

邱道长说："刚刚我也觉得宅子里气息有些不对。石兄弟，你家里应该发生过凶案。可是……又好像不是。"

石达开听不懂他的话，说："道长，我听不懂你的话。怎么发生过血案，又好像不是？"

邱道长在屋子里转着看了看，说："这里有煞气，却……没有阴气。"

石达开不由得点头，说："道长真神人！确实发生过凶案，不过没人死亡。死的是我家里的两头牲口。"

邱道长一惊："牲口？是不是……下毒？"

石达开让他们坐下，边冲茶边说："正是。昨天晚上有人进了家，用飞刀伤了我家长工，毒死了两头牲口。"

邱道长脸色一变，说："你带我去看看。"

石达开带着邱道长来到牲口棚。看了看倒在地上的牛和马，邱道长脸色凝重，说话声音都有些变了，说："没错……是土狼。他竟然来到了这里。"

石达开一愣："土狼？道长，土狼是谁？"

邱道长站起身，徐徐地说："石兄弟，你先别问这个。你先找两块厚布，把这两个牲口的眼都蒙上。然后，把这两个牲口深埋了，记住，一定要深，千万不能让狗什么的把牲口刨出来，埋了后，在最上面的土层上撒一层生石灰。还有，让接触这两个东西的人必须用烧酒洗手，切记！对了，还有……这事儿不能让太多人知道，知道这件事的人必须保密，切记切记！"

石达开迷惑："道长，这是为什么？"

邱道长说："你先照我说的去做，回来我再跟你细说。石兄弟记住了，一定按照我说的去做！"

石达开把正在照料长工的石祥祯喊来，让他找人，赶紧按照道长说的处理牛和马。邱道长不放心，亲自又跟石祥祯说了一遍，最后他对石祥祯说："兄弟，一定严格按我说的做，最少深埋两丈。否则，全村的牛和马都可能死绝！"

石祥祯一听这么严重，害怕了，问："道长，那按照您说的做了，就没事了吧？"

道长说:"只要按照我说的做,肯定没事。"

石祥祯这才放心地走了。

石达开和邱道长进了屋。

石达开问:"道长,您……为什么要这么做呢?"

邱道长摇了几下头,问:"石兄弟,您听说过怀集马瘟没有?"

石达开摇头:"没……没听说过。"

邱道长叹口气,说:"怀集马瘟是乾隆年间的怪事,是两广天地会损失最大的一次事件。当时,一千多名湖广天地会精英聚集怀集,准备去清远营救从台湾过来被抓的天地会龙头彭凯,结果当天下午就有一匹马中毒死亡。大家刚来,加上马匹在路上吃的是野草,有可能是误吃了有毒的东西,因此没人在意。当时因为太忙,死了的马在马棚里放了一天才埋。结果,第三天,就有不少的马以同样的症状死亡。大家以为是有人投毒,就把剩下的好马集中到了一个马棚里,并派人严加看守,饲料也是由天地会的人亲自操持。但让大家没想到的是,又住了一天,所有的马都病倒了,并很快死亡!他们这才知道中招了。天地会的人知道不好,分批出逃,因为没有马匹,一千多人被清兵两万人包围,几乎全部战死。到现在,我只知道逃出了一个人。"

石达开问道:"逃出的是谁?"

邱道长说:"我师祖。师祖当时在云浮山挂单。他暗中对那次事件进行调查,最后一直追查到了新疆。在新疆,他被人下毒,一直坚持着回到广东,找到了他的师弟和徒弟,把他调查到的真相告诉了他们。原来,给马下毒的是来自印度的巫师,这巫师很少有人看到过,更不知他姓名,知道他的人都称他为土狼。这巫师会巫术,第一匹马被下毒后,这马的毒气会很快传染给别的马。据说,天地会的人离开怀集后,怀集的马在半月内,死了一多半。师祖在西藏找到了那个下毒的巫师,本来想杀了他,没想到却中了人家的道儿,回到广东没几天就死了。他只告诉他的弟子,那下毒的是土狼,是清廷的探子从印度请来的。师祖说,这马死了后,会从眼里飞出一种小虫子,传染毒气的就是这个虫子。而这之前,马的眼会变成青白色。虫子飞出后,马的眼就变成了黑色。要杀死这种小虫子,必须用生石灰,所以,要在填土中间加一层生石灰。"

石达开还是有些害怕："那虫子呢？您不是说传染病的是那虫子吗？"

道长摇头，说："虫子是到了时辰见了光才能飞出来。所以，我让你找布给牲口捂住眼。"

石达开长出一口气，说："那……邱道长，这样就没事了？"

邱道长宽慰他说："只要严格按照我的话做，就没事。土狼的后人既然出现，肯定是跟天地会有关，这个我得出手了。不能让这个东西祸害百姓。"

叶梅轻声说："道长，这个是不是……要报告给堂主？"

邱道长摇头，说："不用。这个不但是天地会的事，更是我师门的大事！想当年，这个土狼的先师杀了我的祖师爷，今天这小子让我遇上了，我邱大峰如果不能替先祖、替那么多天地会的先师们报仇，我就枉为麻衣一派掌门！"

石达开说："道长还是小心些。昨天晚上，我看那人行动，武功很是厉害。"

邱道长说："谢谢兄弟提醒。不过，兄弟，要杀这个土狼，我需要你的帮助。"

石达开说："道长，需要什么，您只管说。"

邱道长说："此人武功倒不是很厉害，我担心的倒是他的那些害人邪术。石兄弟，我需要你带人在出村二里之处路边挖一个深坑，下置干石灰。坑边必须有水，到时候能放水进入坑中。做这些必须保密，起码不能让对方的人看到，你看这有难度否？"

石达开想了想，问："道长，明天行否？"

邱道长摇头，说："如果这个人真的是土狼之后，那他今晚肯定能来，明天晚上……就很难说了。"

石达开点头，说："好，那我这就去安排人。"

邱道长拱手，说："劳累石兄弟了，这个土狼来到这里，应该是这个熊团董所为。此人不除，必成大患，望石兄弟理解。"

石达开慨然说："道长不必多说，我明白。其实您如果不来，我也打算想法除掉这个祸害，也幸亏您来了，否则那帮村的牲口真的全都死亡，我石达开的罪过可就大了！"

05 杀土狼

石达开一顿好忙。一组人去掩埋牲口，另一帮人随着换成便装的道长秘密出村，选择好地方后，开始蓄水挖坑。

一直忙活到傍晚，坑才挖好。一行人又分几批秘密回村。

晚饭后，大家按照邱道长的吩咐在村里村外设了暗哨。石达开和石镇吉跟着道长，随时听候道长吩咐。道长估计土狼前半夜不能进来，因此前半夜大家都是轮流睡觉。到了下半夜，石达开让石镇仓挨个通知，让大家做好准备，看到有人进来，马上报告。从子夜开始，大家就不眨眼地看着自己的监视范围，生怕错过一点蛛丝马迹。

这是个有着淡淡月光的夜晚，那帮村低矮的草房在月光下像是一个个蜷缩着的老人，已经进入了酣畅的梦境中。石达开被这静谧的情境感染，心中感叹，这个世间如果没有欺压、没有弱肉强食该有多好。

比较奇怪的是，一直过了丑时，村里村外还是一点动静都没有。石达开觉得事情有些玄，悄悄说："道长，那个土狼……是不是发现了咱啊？"

邱道长也有些纳闷，犹豫着说："应该……不会吧。村子里跟刘欢喜有勾搭的人，一下午不是都没有出去吗？"

石达开说："是啊。没出去……可是，他怎么还没来？"

邱道长说："如果他是土狼，就一定会来。不来，那就……应该不是土狼。可是……不是土狼，这能是谁呢？"

石达开有些瞌睡，接连打了几个哈欠。哈欠刚打完，就听到身边有轻轻的呼噜声，扭头看，石镇仓已经靠在墙上睡着了。

石达开把他推醒，石镇仓还发愣："来了？那个什么狼来了？"

石达开轻轻呵斥："你呼噜那么大声，他老远就听到了，早就被你吓跑了。"石镇仑呵呵笑了几声，忙抹了几把脸，打起精神。

又等了好长时间，东方已经隐隐发白，石达开都开始盘算应该回家了，他们才看到一条人影，鬼魅一般从村口溜了进来。

邱道长轻轻说："来了！"

石达开和石镇仑早就瞪圆了眼珠子。他们看到那个人影悄无声息地朝石达开家而来。石达开家里已经空无一人。邱道长跟石达开说，这人是来看牲口死没死的，不会伤害人。不过为了小心起见，石达开还是把长工带到了大伯家。

果然，一会儿人影就从石达开家翻墙而出。邱道长估计他应该是去就近的养牲口的人家看情况了。这是绝对不能让他去的。邱道长和石达开、石镇仑一起跳出来，发一声喊，朝着人影就扑了过去。

这人一看有人，忙朝另一边胡同跑。这个邱道长也早就有了预料，从那边胡同跑出了石凤魁等人，这人一看前面被截了，撒开脚丫子就朝后跑。

邱道长等人在后面没命地追，一直追出了村外。

跑到石达开等人挖的坑附近，从路的那头和另一边，猛地又跳出了石祥祯、叶梅等人。这人没办法，只能朝着石达开等人挖的那个土坑附近跑。要命的是，他经过土坑边，直接朝山里跑了。幸亏山里埋伏了石达开的几个叔伯，他们一齐喊着跳出来，这人没法，才朝着伪装得像一条小路似的那个坑跑去。坑上边蒙了一层细树枝和草，这人没注意，"扑通"就摔了下去。

石达开等人在坑底埋了削尖了的竹子和生石灰，那人掉进去，就是一阵惨叫。邱道长冲过来，猛然喊道："快放水！"

石祥祯等人手里的武器就是镐头铁锨，目的就是放水。看着人掉进了坑里，把上面的水坑掘开了一道口子，水"哗哗"地就朝坑里流了下去。

坑里的石灰遇到水，"咕嘟、咕嘟"冒热气，里面的人又哭又叫闹腾了一会儿，就没了动静。土狼变成了熟狼。

邱道长怕他有蹊跷，打着火把朝里看了看，看到人泡在石灰水里，已经仰面朝上了。不过石灰的热气蒸腾，他看不到人的样子。

邱道长看看天色已经微微发亮了，为了不被人发现，他忙喊人填坑。一会儿工夫，这个来自印度的邪恶巫师就被深深地埋在了地下。

石达开让大家陆续回去，他和石祥祯、邱道长、叶梅在后面，把那个地方布置得几乎看不出来了，几个人才回去。

忙活了一夜，石达开等人睡了一上午，一直到日上三竿才起来。吃了点儿饭，石达开装作上山，去看了看一直在那儿监视的两个叔叔。叔叔告诉石达开，他看到刘欢喜带着人在这路上走了两个来回，但是没朝这边走。

石达开在附近看了看，又整理了一下伪装的树枝什么的，让叔叔小心，才回了家。邱道长正在打坐。听到石达开回来，他睁开眼，说："兄弟，熊团练和官府不会就这么罢休，村里要外松内紧，千万不要让官府的人看出什么破绽。"

石达开说："道长放心。昨天晚上的人都是石家人，都知道轻重的。"

邱道长点头，说："特别要注意村里的内奸。刘欢喜在那帮村有内线，天地会有惨痛的教训，内线祸害不浅啊。天地会的内线可以铲除，那帮村不同，你们即使知道了内线，也只能装作不知道，兄弟，你千万小心。"

石达开笑了笑，说："这个我早就有了安排。我有专人'透露'消息给那个内奸。他知道的，都是我想告诉他的。"

邱道长不由得钦佩地说："石兄弟如此年纪，凡事考量如此周全，日后前途不可限量。"

石达开笑着摇头，说："道长千万别这么说。我觉得这个土狼就这么没了，熊团董肯定不会善罢甘休。道长，除了这些，下一步我们怎么做呢？"

邱道长想了想，说："也没有什么特别好的办法。我觉得那帮村可能要跟官府长久地斗下去了。石兄弟，你赶紧从村里找一牛一马，拴在马棚里。如果我没猜错，这两天会有人来看你的这两个牲口。这个土狼应该把他的计划都跟找他的人说了，你家的牲口中毒，他们也肯定知道。土狼不见了，他们除了四处找人之外，还会顺着土狼的行动路线去找原因。土狼先给你家的牛马下毒，他们也肯定知道。如果他们派来的人看到你家的牛马都好好的，他们就会对土狼产生怀疑，那土狼失踪，就会让他们怀疑这个土狼是因为行动失败而畏罪潜逃。当然，这只是让他们多了一种想法而已。噢，找牛和马的时候，一定要跟原先的相像，否则就会弄巧成拙。

"还有，别的要保持不变，无论是你的拜上帝教还是村民平常生活。刘欢喜如果带人来，还是像以前一样，别露怯。"

06 不打不相识

刘欢喜自己没敢来，别的团练带着人以"捐款买马"的名义，挨家挨户乱窜，自然也有人进了石达开家。

两个人一起来的，其中一个跟石达开说话，另一个借着上茅房的名义，跑到石达开的牲口棚看了看。

他们走后，村子里安静了几天。那几天，团练们也不来了，拜上帝教也没人捣乱。但是，石达开知道他们不会就这么老实了，因此按照邱道长说的，依然外松内紧，防备熊团董再次出招。

邱道长和叶梅这次出来，是有新的任务。熊团董抓了天地会的两个人，他们出来打听消息。石达开他们对此事一无所知。邱道长也不敢多耽误时间，看看那帮村暂且没什么大事，就和叶梅又打扮成师徒二人，朝奇石墟走去。

当天下午，石达开正在地里查看庄稼长势，石镇吉突然从村里方向跑了过来，对他招手。

石达开知道应该是有事了，赶紧朝地头跑去。

石镇吉跑得上气不接下气，说："达……达开哥，赶紧回家吧……"

石达开一愣："怎么了？家里怎么了？你慢慢说啊。"

石镇吉说："洪……洪先生来了。"

石达开听说是洪秀全来了，心下一喜，上了石镇吉的马，两人打马疾驰，跑回村里。

因为长工这几天回了老家，石达开未过门的媳妇熊清芬正在收拾家里。她已经泡上了茶，洪秀全正在喝茶。

两人互相问候，石达开看出，洪秀全很疲惫。石达开要行大礼，被洪秀全拦住，他说："石兄弟，不要拘礼。赶紧坐下，我有话说。"

石达开也看出洪秀全一脸的凝重，知道应该是有重要的事情，就给洪秀全添了茶，坐下，问："二哥，出什么事了？"

按照拜上帝教的说法，洪秀全是天父的第二子，是耶稣的弟弟，因此石达开称呼洪秀全为"二哥"。

洪秀全喝了一口茶，闭上眼，说："冯云山……被抓了！"

石达开一愣："什么？云山哥？他怎么被抓了？被哪里抓去了？"

广西的拜上帝教，功臣是冯云山。

两年前，洪秀全和冯云山从广东来到广西传教，住在赐谷村表哥家。但是辗转两年，入教的很少，前景黯淡，洪秀全泄了气，就返回了广东。冯云山却意志坚定，以打短工甚至给人家挑粪维持生活，继续传教。后来冯云山听朋友说，有处山区叫作紫荆山，那里的人主要以烧炭为生，很偏僻很贫穷，冯云山觉得这里应该有发展的基础，就不辞劳苦来到了紫荆山的平在山地区，发展贫穷的烧炭人信教。

在这里，冯云山发展了杨秀清、萧朝贵等骨干，拜上帝教也在这里发展得轰轰烈烈。

当地官府和地主团练对这帮团结起来的老百姓非常恐慌，多次捉拿冯云山等人未果。这次，紫荆山石人村地主王作新带着大批人马把洪秀全、冯云山等人一起捉住，幸亏一贫如洗的烧炭工们捐款把洪秀全等人先解救出来。但是官府眼中的头号传教分子冯云山却被解往所属的桂平县衙关了起来。

当地团练头目王作新以"阳为拜会，阴图谋叛"的罪名，起诉冯云山和一起被关押的教民卢六。如果冯云山罪名成立，不但他自己性命难保，按照大清律例，家属还要连坐。

石达开看着颓唐的洪秀全，问："二哥，怎样才能救出冯先生呢？"

洪秀全缓缓地说："紫荆山大冲村的曾玉珍先生是冯云山的好朋友，他是当地大户，和县衙里的人说得上话，现在他正在找人想办法。我此番前来，一是嘱咐你们要小心，二是看看兄弟这边有没有人能帮忙说上话，救出云山兄弟。"

石达开突然想到了天地会，他说："对了，二哥，这边的天地会倒是很有势力。上次天地会的人被熊团董的人抓了去，他们直接冲进熊团董的监牢把人救了出来。要不，找找他们？不过……他们有条件，要先加入他们的天地会，他们才肯帮忙。"

洪秀全坚决地摇头，说："万万不可。天地会如今目光短浅，为了发展人入会，唯利是图，不择手段。拜上帝教是团结老百姓、为老百姓谋福的宗教，我们与之结交，会坏了拜上帝教的名声，兄弟，切记！"

石达开只好说："好的，二哥。"

洪秀全说："现在紫荆山的拜上帝教正在筹款，营救云山兄弟。石兄弟，如果方便的话，你在附近也略微凑些银两，以救云山早日出狱。"

石达开眼前一亮，说："这没有问题。我发动一下大伙，没有多还有少啊，大家能凑多少是多少！"

吃了午饭后，石达开喊来几个兄弟，让他们分头去找各村头儿，想法凑钱。大家听石达开说明了情况，各自领命而去。

傍晚，大家就都回来了，把凑得的银钱上缴给了石达开，石达开和兄弟们又凑了些。洪秀全在石达开处住了一天，第二天，两人就启程，先到了贵县赐谷村洪秀全的表哥家。石达开在那儿吃了饭，洪秀全为了安全，只能暂时住在这里。石达开启程，单身前往紫荆山大冲村找曾玉珍。

因为路途不熟，石达开走了两天，才在第二天下午到达桂平紫荆山。可他在山里迷路了，一直走到太阳将要落山，也没有找到大冲村。

石达开筋疲力尽，又饥又渴，看看好像没有希望找到村子了，就想找个地方先歇息一下。

就在他下了马，爬到一个高处、四下观察的时候，他看到从坡下小路上走来一群人。这群人有二十多个，好像背着重物，因此走路缓慢。石达开不清楚底细，就拉着马，藏在路边小树林子里。

等了一会儿，那些人爬上山坡歇息，石达开听他们说话，才知道他们是下山送炭的，就从藏身处走出来，牵着马来到他们面前。石达开对为首的一个粗壮大汉抱拳："这位大哥，请问到大冲村怎么走啊？"

那个壮汉面色黧黑，胡子拉碴，粗布衣裤多处破烂。他坐在一块山石上，一只脚蹬着一块矮些的石头。

他上下打量了一眼石达开，问："你到大冲村干什么？"

石达开看这些人虽然是贫苦人，却也不清楚底细，因此没说出曾玉珍的名字，只是说："走……亲戚。"

石达开的回答很随意，壮汉却显得很警惕。他站了起来，上前几步，走到石达开面前。跟在他后面的那些背着竹篓的人，也都放下竹篓，围拢了过来。

石达开看着这群衣冠不整、面目粗糙的壮汉，害怕他们打劫，朝后退了退。黑面壮汉一使眼色，就有两三个跑到石达开的后面，断了他的后路。

石达开一愣："兄弟，你们……这是要干什么？"

壮汉好像暂时没有抢劫的打算，他只是两眼瞪着石达开，很蛮横地说："说，你到大冲村找谁？"

石达开下意识地又朝后退了退，瞄了一眼放在马背上的盛着银钱的口袋。这壮汉眼尖，一眼就看到了这口袋，扒拉了一下石达开，朝着那口袋走了过去。

石达开朝后猛退几步，挡在马前面，喝问："你们想干什么？"

石达开的声音很高，吓得这黑汉子一跳。他勃然大怒，飞起一脚就朝着石达开踹过来。石达开一跳，躲开。这黑汉子趁机就来拽马背上的布袋。

石达开拔出短刀，朝他就扑了过去。黑汉子理都不理，只管往下拽包袱。后面早就涌上了几个人，这些人力气奇大，一拥而上，竟然把很有些武功的石达开摁在地上，一动也不得动弹。

黑汉子嘿嘿笑了几声，说："我看你小子不是好东西，细皮嫩肉的，你要是不是官府里的人，你萧爷爷就是你养的！"

石达开虽然被摁住，说话还是没问题的，他喊道："我真不是官府里的！我是到大冲村找曾玉珍先生的！"

黑汉子不理睬石达开，兀自把包袱解下来，一看里面是满满的银两，两只眼睛瞪得比牛眼都大，他喊道："兄弟们，有钱了！有钱救冯先生啦！"

那些穷汉听说包袱里是银钱，都凑了过去，只有两个人还拽着石达开。石达开因此抬起头，他听到一个岁数大些的在说："终于有钱送给曾先生了，刚刚我还害愁呢。这次冯先生是有救了，这么多的钱啊。"

石达开听他们说救冯先生，就问："诸位大哥，你们说的冯先生是不是冯云山大哥啊？"

那些人听到石达开提到了冯云山，都愣住了。有的看着那个黑汉，有的看着石达开，不言语。

黑汉子把包袱让身边的人拎着，他走过来，凶狠地瞪着石达开，说："你敢说你不是奸细？不是奸细你怎么知道冯云山？"

石达开说："这位大哥，您能不能让他们先放了我啊。我这样怎么跟你们说话啊？我不是奸细，放了我，我跟你细说。"

黑汉子摆手，示意扭着石达开的两人放手，说："咱这么多兄弟，他跑不了。说吧，你要是说漏了，可别怪爷爷我把你撕碎了煮着吃了！"

两人松手，石达开活动了一下双肩和胳膊，对着黑汉子拱手，说："这位大哥就是大名鼎鼎的萧朝贵大哥吧？"

石达开的话吓了萧朝贵一跳，他仔细看了看石达开，狐疑地说："我不认识你娃啊，你怎么知道我的名字？"

石达开呵呵一笑，说："我听云山哥说起过您。他曾和二哥在我家住过几天。"

听石达开这么一说，萧朝贵可就有些摸不着头脑了，他问："你……到底是谁？别跟我兜圈子，先说你名字。"

石达开早就听冯云山说起过这个萧朝贵的粗鲁，因此对他的无礼并不生气，笑嘻嘻地说："在下石达开。这次来是奉了洪二哥的命令，来大冲村送银子解救云山哥的。"

听说是石达开，这个萧朝贵惊喜万分："啊呀呀，没想到，石相公竟然……这么细皮嫩肉！呵呵，误会，真是大误会。这银子……真的是送给曾先生救人的？"

石达开说："当然！"

萧朝贵大喜，对身后的众人喊道："我背的炭，你们分了吧，我带石相公去见曾先生！"

萧朝贵和杨秀清是紫荆山一带拜上帝教的两个骨干。萧朝贵在这里遇到了石达开，真是又惊又喜。

石达开让萧朝贵上马，骑马快些。萧朝贵不上，他对石达开说："兄弟，你上马，在这里，你骑马也不能比我快。"说完，就在前面先撒开了脚丫子。

石达开看着他的背影，觉得自己上马跟在他后面有些不恭，只得牵着

石达开·天国悲歌

马，跟在他后面。

萧朝贵常年在山里行走，走山路如履平川，石达开虽然也是个练武之人，可是脚力实在没法跟人家比，一会儿就累得气喘吁吁了。

萧朝贵也不等他，在前面疾步如飞，石达开一开始有些不服气，咬着牙挺着，跑了一会儿，就不大行了。但是，上马吧，显得不礼貌，只能慢慢吞吞在后面跟着。

萧朝贵走一会儿，就等他一会儿。看到石达开累得那个样子，就逼他上马。石达开邀他一起上，萧朝贵死活不答应，说他骑不惯这东西。

当然，直到后来，石达开才知道，萧朝贵不会骑马。

就这样，萧朝贵也不上马，石达开也不骑，两人一前一后一快一慢，萧朝贵走一会儿就等石达开一会儿，不知道走了多长时间，一直到天完全黑透了，才看到一个小村子依稀透出的灯光。

石达开知道，终于到了。

萧朝贵带着他来到一户人家的大门前，按照某种节奏拍了几下门，等了一会儿，大门"吱呀"一声开了，萧朝贵朝后站了一步，对里面的人问："管家，曾老爷在家吗？"管家说："在。"

石达开看得出来，这个萧朝贵刚刚还器宇轩昂的样子，人家的大门一开，他人就蔫了。

管家认出他来了，说："噢，朝贵啊，进来吧？"

萧朝贵呵呵笑了笑，说："不了，我是来送一个贵客的，我走了。谢谢您。"石达开有些不敢相信，说："萧大哥，天这么晚了，那么崎岖的山路……您还敢回去？"

萧朝贵笑了笑，说："兄弟，你进去吧，这点山路没啥，我常走。"

石达开以为那管家能挽留，管家只是对石达开说："客人，请进吧。"

石达开看着萧朝贵一溜烟儿消失在黑暗中，才转身进了曾家大院。

07 悲情天地会

一直到第二年五月份，冯云山才被放出来。

这一期间，石达开三次去紫荆山的曾家送钱。

因为冯云山被抓，洪秀全回了广东，团练们趁机包抄拜上帝教。

熊团董亲自带人来说，拜上帝教已经被官府取缔了，再参加拜上帝教就是犯法。石达开知道现在不能与他们硬碰硬，只能委曲求全，在暗中多做教民的工作。

在这期间，还发生了一次大事件。

首先，那帮村传开了熊团董的爪牙刘欢喜被砍死的消息。这消息像阳光一样在那帮村传开。石达开是听石凤魁说的。石凤魁去奇石墟赶集，看到了一大堆被拉回来的尸体。

尸体是从县城拉回来的，各团练都有。不过因为熊团董的团练格外英勇，死的人就多。

各种消息越听越多，石达开终于理出了一些头绪。原来，各地团练把抓的天地会的人送到了贵县监狱，并在监狱暗中埋伏人马，等待天地会的人来劫狱。

天地会有一条很让人佩服，就是会里的人吃了亏，他们绝对会报复。官兵抓了会员，天地会的堂主肯定会去救人。

天地会两百多人去劫狱，跟埋伏在那里的六百多团练狠狠地干了一仗。结果自然是天地会的人被打败。据说天地会的两百多人，活着跑出去的没几个。但他们也够狠，六百多个团练和县里的衙役士卒，死了近四百。

天地会的这次死拼，应该说对当地的团练是个非常大的打击。熊团董很多日子都团在老窝里不敢出来。偶尔出来，只要一听说有天地会的人，就跑得比狗都快。

当地的天地会几乎绝迹。石达开担心邱道长和叶梅，特地去他们当初住的地方看了看，那里已经人去屋空，窗户破烂，一片破败景象。

石达开想到了叶梅住在他家的那些日子，她像一只受到惊吓的小鹿，安静而小心。

难道叶梅也被那帮流氓杀了吗？

出乎他意料的是，叶梅突然来到了他家。

那天，石达开正在和几个弟兄商量一些琐事，因为这些日子里，团练都自动解散了，石达开家里也就没有关门，突然一阵脚步声，从外面走进了一个一身青衣的青年男子。

但是，石达开一眼就看出来，进来的人是叶梅。石达开忙让人关门，派出几个兄弟在村里和村路上查看是否有"尾巴"，他让长工给叶梅端了饭，让她吃。

叶梅虽然极力想文雅些，但是石达开一看她那大口吞咽的样子，就知道，这姑娘实在是饿坏了。

石达开先出去，约莫她吃完了饭，才走回来。

叶梅在厨房收拾碗筷，一会儿她就收拾完毕，洗了脸，走了过来。看到石达开，她的眼泪突然就流了出来。

石达开看她伤心至极的样子，就没问她二哥和邱道长以及徐堂主的去向。叶梅坐在石达开的对面，抽抽搭搭哭了一会儿，才说："达开哥，我……没地方可去了。"

其实叶梅比石达开大一岁。开始的时候，石达开不知道，喊她"妹妹"，后来知道了她的年龄，对她说他不喜欢当弟弟，叫妹妹叫习惯了，还是这么叫着吧。

石达开安慰她说："叶梅妹妹，没事，这里就是你的家。"

住了十多天，叶梅渐渐缓过劲来了，才跟石达开说了他们那次的遭遇。

其实，对天地会造成重大伤害的，不是那六百个团练。天地会中有真正的武林高手，那些地痞出身的团练，根本不是他们的对手。

他们是败在了自己人的手中。

天地会的高手们有一个专门以少对多的杀阵，叫天地大阵。天地大阵可以阵阵相套，环环相连，互相保护，且杀气很重，利于突围和杀敌。不过，跟别的阵法一样，天地大阵有自己的阵眼。阵眼其实就是这个阵的弱点，假如对方知道了此阵的阵眼所在，这个阵也就废了。

天地会的天地大阵是当初的南少林和尚所创，阵法变化多端，布局严密，几百年来，还没人能破得了。因此，天地会的人看到这几百团练，并不慌张，以为大阵足以杀得他们人仰马翻。

让他们万万没有想到的是，这些团练竟然非常利落地用天地会的十字阵法，破了他们的天地大阵。

十字阵法极凌厉，稍加变化，就是攻破天地大阵的利器。

不过，若非天地会的高层，没人知道这个秘密。

天地会的两百人因此陷入了层层包围，两百人没几个活着跑出来的。叶梅知道的只有她和邱道长跑了出来，二哥叶开为了保护她，被团练的火铳打烂了肚子。

"那，邱道长呢？"石达开不由得同情起这个在民间也算是很有威望的古老的反清组织。天地会的宗旨和纲领都是很好的，可惜下面也有一些无赖，因此现在的天地会跟以前相比，口碑差了很多。但是即便这样，这个老得几乎腐朽了的组织，在对抗官府方面依然不惧生死，实在是让人钦佩。

叶梅摇头，说："我们逃出来后，邱道长过了几天，也回来了。他说是回来找叛徒的，十多天了，他也没回去，不知道是不是有什么危险，我这次来就是找邱道长的。他是天地会里最有威望的好人……"

叶梅就在石达开家里住下了。石达开考虑一个女孩子不方便，就让熊清芬过来跟她一起住。两人关系处得不错，都是十几岁正值活泼的年龄，聊些日子后，叶梅的脸上就有了笑容。

石达开秘密去奇石墟打听过几次，也没有打听到邱道长的行踪。前些年，邱道长常在奇石墟赶集算命，石达开也去集市上找过，没有找到。

冯云山出狱后，回到广东住了一段时间，又和洪秀全一起回到了广西。

此时，石达开已经结婚。

冯云山和洪秀全看到那帮村以及周围的拜上帝教发展得如火如荼，很是高兴。一向谨慎的洪秀全和冯云山，晚上在石达开家里喝酒，一直喝到半宿。少年石达开谈到了一直困扰他的问题。拜上帝教现在似乎进入了停滞不前的阶段。熊团董的人表面不来捣乱，但是暗地里却派了不少的暗探，加入拜上帝教，目的是刺探消息。官府虽然表面上看起来不太在意了，其实暗地更加关注。最近常有不明身份的生意人进入那帮村以及周围的村子，拜上帝教的教民们都开始有些害怕了。现在的情况虽然看起来还算平稳，但是前程堪忧。

冯云山听了石达开的忧虑，笑了笑，说："兄弟，我和洪教主这次回来，就是解决这些困难的。"

石达开摇头，说："不那么容易了。官府已经把附近的天地会打散了，现在他们正在想法对付拜上帝教。我只知道，现在我们这边略微有活动，附近就会有很多陌生人，比当年刘欢喜的团练还让老百姓害怕。"

洪秀全一口把一杯米酒喝光，说："这次，我们不会害怕了。我们应该让他们害怕了！"

08 杨秀清下山

洪秀全叫着石达开一起去紫荆山。

第二天，石达开和洪秀全、冯云山等准备启程，赶赴紫荆山。叶梅昨天晚上大概是听说了他们的谈话，一大早就起来了，跑到正在准备马匹的石达开面前。石达开有些诧异，上下看了一眼打扮整齐的叶梅，问："你……这是要干什么？"

叶梅低头，说："达开哥，你们要走……我也想跟你们一起去。"

石达开有些惊讶："一起去？我只是去看看啊，我还要回来的。你跟着去干什么？"

叶梅有些不信："你真的……回来？"

石达开笑笑："当然。你在家里好好陪着你嫂子，我去住几天就回来。那帮村的拜上帝教还离不开我呢，我怎么能不回来？"

叶梅走了几步，不放心，又转身回来，叮嘱说："达开哥，你一定记着，如果你们去杀清妖，一定不能扔下我，我要去给我哥哥、给徐堂主报仇！"

石达开一行人到了紫荆山，住在了山下金田村的大地主韦昌辉家中。

石达开之前已经认识了萧朝贵和韦昌辉。跟萧朝贵不同，韦昌辉是紫荆山下的富户，但是韦家虽然富甲一方，却没有势力，常受当地官府和富户欺凌。韦昌辉因此痛恨官府，早就有了反清的思想。加入拜上帝教后，韦昌辉尽献家财，在家里开了铁匠炉，已经开始暗中打造兵器。

韦昌辉带着全家人加入拜上帝教，洪秀全来到，他自然非常高兴。

当天晚上，韦昌辉和洪秀全等人喝酒，说起了平在山的杨秀清和萧朝贵降僮之事。

应该说，杨、萧二人的初衷是好的。

冯云山被团练抓去之后，县衙和团练派人不断下来骚扰，说天地会是邪教，意图谋反，官府审完了冯云山之后，就会下来抓教民。一时间人心惶惶。在教民的心中，洪秀全和冯云山是代表着圣主耶稣的。现在两人一个锒铛入狱，一个远在广东，常年不见人影，民众失去了依托。眼看着教众一天天没了信心，杨秀清和萧朝贵无奈之下，才想到了以"天父附体"的办法，号召众人。

在平在山的烧窑工里，杨秀清稳重富于心机，在这些出苦力的人中，是个比较有头脑的人，因此大家都比较相信他。杨秀清为了这些穷人的希望，不得不利用他们的信任，以"天王附体"解救民众的办法来笼络教民。

人心很怪，一开始杨秀清想法单纯，只是为了笼住人心，但是在获得了人们的充分信任并顶礼膜拜之后，杨秀清的心里感受到了一种前所未有的满足感。时间长了，这种令人陶醉的满足感成了他不可或缺的精神享受。洪秀全和冯云山重返紫荆山，杨秀清不知道出于一种什么心理，竟然使用"天父"附身的办法捉弄洪秀全，让他"叩见天父"。

洪秀全如果拆穿他的把戏，无疑会起内讧，并让教众怀疑。但是，洪秀全如果对他下跪，那他以后得寸进尺，一有不满，就"天父"附身，就要洪秀全"叩见"，这成何体统？

冯云山问韦昌辉："这个杨秀清平日提到二哥的时候，言语是否恭敬？"

韦昌辉愤愤，说："他眼里根本就没有什么二哥大哥的！我们这些人，他根本不放在眼里，平常提到冯先生，他倒是有些惧怕。我看，这个杨秀清必定是拜上帝教的祸害！"

洪秀全性格比较孤僻，不善言语。冯云山看了一眼大家，说："现在拜上帝教刚刚走出困境，我们兄弟还是应该和睦，应该同舟共济。杨秀清是个有韬略的人，这种人恃才傲物可以……原谅。何况，拜上帝教有昌辉和石兄弟这样的忠诚之士，即便一个两个有点外心，也成不了气候。现在最重要的是兄弟齐心，为下一步行动做好准备。"

石达开拱手，说："各位哥哥，按说我年龄最小，没有发言权，但是我觉得对于杨大哥……我们还是要有所牵制为好。杨大哥虽然是为了拜上帝教，但是对教主不敬，显然说明其心术不正，如果娇宠下去，不知道还会闹出什么荒唐事来。教主是拜上帝教的真神，是拜上帝教众人心中的至尊，如果教主受到侮辱，恐怕对民心也有所损伤。因此，希望二哥和云山哥三思。"

冯云山摇头，说："这个我们都想过多次。二哥甚至都想放弃紫荆山，但是现在紫荆山地区是拜上帝教的主力，当年我们是费了九牛二虎之力，才有了现在这个局面。另寻地方谈何容易？达开兄弟顾虑的是，可惜没有两全其美之策。"

石达开想了想，说："这个……我倒是有个牵制的办法。本来教主是二哥，是耶稣的弟弟，这给了杨秀清可乘之机，他因此在降僮时自称天父，那个萧朝贵自称天兄。因此在教会上，教主没有良策对之。但是，如果从年龄上来说，他必定排在教主和云山兄之下，因此……"

冯云山一拍桌子，喊道："好主意！石兄弟，是不是说我们结拜兄弟？"

石达开说："我还没有想到这里。我只是从年龄上来说，咱中国人向来是敬奉兄长的。教主是兄长，必定是兄弟们的头领……对，云山兄说得好，我们结拜！教主是兄长，莫非他能自称是自己的父亲不成？"

冯云山竖起大拇指，说："达开兄弟不愧是四乡闻名的石相公！你这一说，解决了大问题。就这么定了，明天我让人叫杨秀清下山，咱们兄弟结义，共谋大事！"

第二天一早，韦昌辉就派一个仆人带着洪秀全的亲笔信，让杨秀清下山，说"有要事商量"。

为了表示器重，洪秀全亲自到村头迎接。

中午时分，杨秀清和萧朝贵带着六个壮汉出现在了村头的小路上。杨秀清骑的是韦昌辉家人带上去的一匹枣红马。石达开能看出来，这个紫荆山拜上帝教的头面人物不会骑马。他坐在马上的样子很僵硬，很紧张。

但是这个杨秀清脸上却尽量装出一副镇定自若的样子。跟萧朝贵相比，他显得白净许多，重眉，鼻直口方，眼神机警内敛，举手投足却是稳重有力，整个人看起来气场很足。

旁边跟着走的萧朝贵，看起来就莽撞率直，有些可笑亦可爱。

石达开看着杨秀清，心里暗自佩服：没想到这山中竟然有如此气概之人！

09 兄弟结义

杨秀清看到洪秀全等人，打马快走几步，下马。洪秀全也走过来，杨秀清要行大礼，被洪秀全拦住，说："兄弟辛苦！大街上不必拘礼，来，我给你介绍一个新兄弟。"

洪秀全把石达开拉过来，说："这位是那帮村的石达开兄弟。别看他年纪小，却很有胆略，贵县的拜上帝教，都是他一手发展起来的，力量堪比紫荆山，以后你们两个要像兄弟那样互相协助。"

杨秀清飞快地上下打量了一下石达开。石达开知道论实力，贵县现在没法跟紫荆山相比，洪秀全这么说，是有意用自己制衡杨秀清。

石达开拱手，说："石达开见过秀清大哥。以后还请大哥多多指教。"

杨秀清还礼，说："早就听萧兄弟说起过石相公，果然是少年英雄！拜上帝教有像你这样的少年英才，怎么能不兴旺？"

杨秀清还是故意托大，以拜上帝教的"大哥"口气说话。这意思石达开听得清楚，洪秀全和冯云山自然也听得清楚。

冯云山呵呵一笑，说："各位就别在这大街上客气了，韦兄弟家备了好茶，秀清兄弟也该累了，走，边喝茶边说。"

一行人进了韦家。韦昌辉早就收拾了房间，泡好了茶，等着他们。看到杨秀清等人进来，韦昌辉恭顺地站在一边，对着杨秀清打招呼："秀清大哥辛苦了。"

石达开看到这个杨秀清只是点了一下头，很傲慢的样子，不由得皱了皱眉。在他的意识里，和"二哥"洪秀全等人的宣传里，拜上帝教的教民都是平等的。在贵港，石达开见到年龄比自己大的，都是老远就打招呼；无论穷富贵贱。而在紫荆山，这个拜上帝教的"圣地"，却如此的钩心斗角，实在是让他有些失望。

石达开是个理想主义者，他的理想就是推翻清廷的统治，建立一个他想象中的平等的团结的国家。至于这个国家具体是什么样子，现在他还没有能力去想象。他只是觉得洪秀全等人的口号跟他的理想非常符合。而通过这几天的观察，他发现这些人也都是各有各的小算盘。韦昌辉尽献家财，却善于察言观色，工于逢迎，颇有心计。这样的人，是投机主义者。他参加拜上帝教，是因为觉得这个拜上帝教，应该是个有利可图的"大生意"。

杨秀清和萧朝贵把紫荆山的拜上帝教当成了自己的私有财产，虽然不是图谋不轨，却已经在利用这"私有财产"要挟洪秀全。洪秀全名义上为教主，却在紫荆山的发展中毫无功劳，因此几乎没有话语权。他把石达开拉来，就是借助石达开，来为自己找一个说话的权利。

唯有冯云山，才有能力平衡各方的力量。而冯云山的最大优势，却是因为有"教主"洪秀全，有了洪秀全，冯云山才显得自己更"正宗"一些。

况且，在石达开看来，这些人中，只有冯云山才是真正拥护洪秀全的。

众人喝茶叙旧，却也是暗中较劲，表白功劳。

杨秀清先讲述了最近发生的一件大事。

天地会的大头羊（首领）彭发辉带人起义，攻打桂平县城不下，被清兵一路追逃到了风门坳。彭发辉派人来找拜上帝教的人，想进入风门坳。杨秀清一边布置防卫，一边跟彭发辉谈。他说他同情天地会，但是住在风门坳里的人都是烧炭的穷人，都是拖家带口老婆孩子一大堆的；如果天地会进来，势必会引进清兵，住在这里的上千口人就会遭殃。

他让人给天地会的人送了点儿粮食，天地会的人就走了。

洪秀全赞扬他做得好。石达开却想起了他认识的天地会的人，想起了邱道长和叶开，想起了叶梅。在他的心里，如果天地会的人真的无路可逃，都是反清的中国人，他肯定会帮助他们。

石达开没说话，只是看着杨秀清在那里得意扬扬地自我吹嘘。

冯云山也说："秀清做得极对。天地会虽然是反清组织，但已经是强弩之末。起来反清的都是些莽撞之辈，难成大器。我们拜上帝教绝不能与他们为伍。当然，如果他们脱离天地会，参加拜上帝教，那另当别论。现在我们的当务之急是发展力量，积蓄实力，等待时机。"

石达开问："云山哥，那如果我们遇到了天地会的人被追杀，我们……可不可以帮助他们呢？"

冯云山说："按理说，我们应该帮助他们。但是，如果为了我们自己的安全，为了拜上帝教，我们不能帮。这个没办法，我们要想有所成，必须有所守；要想有所为，必须有所不为。"

石达开有些不解，说："可是，如果他们曾经帮助过我们呢？比方贵县的天地会的人，就曾经帮助过我们。"

冯云山有些讶异："他们帮助过你们？怎么帮助的？"

石达开把邱道长帮助杀土狼的事跟冯云山等人说了。

洪秀全听了，说："这个邱道长是个高人，如果能参加我们拜上帝教就好了。"

冯云山点头，说："拜上帝教的最大缺点是没有江湖高手参加。以后像这样的高手，一定要想办法说服他们加入。只要他们加入，我们就帮助他们。"

石达开有些惊讶地看着冯云山。他心里有些别扭：云山哥的话怎么跟天地会的徐堂主一样的口气啊？

石达开没再说话。冯云山说："拜上帝教下一步的任务，就是想法多吸收一些江湖人士和豪绅加入。这样一是从声势上来说有影响，二是这些江湖人士都有一定的江湖经验，我们以后起义，会遇到各种怪异的对手，需要这些江湖人士的帮助。"

杨秀清问："二位哥哥，定下起义的时间了吗？"

冯云山闭着眼，点点头，说："基本上定在明年的五六月份。还有几个月，大家回去多做一些准备。主要是网罗各种人才，别等打仗的时候无人可用。"

萧朝贵有些发急，说："那还得等半年多啊。我看不如现在就起义，很多地方的天地会都开始闹腾了，现在造反，官兵顾不过来，我看正是好时候。"

冯云山摇头，说："不行。现在为时尚早，咱的兵器还没有打造出来，人马也没有布置。还有，天地会的闹腾不是个机会。因为广西天地会这一闹，别的地方的清兵马上就要过来清剿，咱们现在造反，正好能碰上。要等着这些清兵从这儿撤走，本地的清兵元气大伤，那时候才是举事的好时候。"

杨秀清说:"云山哥说得有道理。天地会虽然能对官兵造成骚扰,却也能招来大批的清兵。对于我们来说,最好的时机就是我们做好了充分准备的时候。不知道诸位觉得如何?"

冯云山说:"秀清兄弟说得是。现在天地会无法对清兵造成很大的损失,对我们的帮助就几乎可以忽略。所以,我们现在要做的就是大家齐心,像亲兄弟那样为起义做准备。"

石达开说:"对了,各位大哥,小弟有个提议:我们既然是一起举事,同生共死,大家结拜为兄弟如何?古人云:兄弟同心,其利断金。同心之言,其臭如兰。歃血结盟,义结金兰,效仿古人,才能显出兄弟情义。"

萧朝贵大为赞叹,喊道:"石兄弟这话好!拜了把子就是兄弟了。"

冯云山也说:"这主意不错,只是不知二哥和别的兄弟意下如何?"

韦昌辉抢着说:"兄弟同心,拜了把子就是一家人了,我自然赞成!"

石达开：天国悲歌

杨秀清却有些顾虑,说:"结拜兄弟我自然同意,不过我得向二哥进一言,兄弟是按年龄论大小的,以后封官封王,可得按功绩,否则会有失公平。"

冯云山点头:"这是自然。拜兄弟是为了共同杀敌,而不是平分功绩。"

当下,韦昌辉令下人摆上香案,杀了公鸡,摆了六大碗血酒。大家报了年龄,洪秀全最大,被称为二哥,冯云山行三,杨秀清行四,萧朝贵行五,韦昌辉行六,石达开行七。

洪秀全带头起誓:"今有我洪秀全……"

冯云山:"冯云山……"

杨秀清:"杨秀清……"

萧朝贵:"萧朝贵……"

韦昌辉:"韦昌辉……"

石达开:"石达开……"

洪秀全继续起誓:"我们兄弟六人,今天以天地为证,歃血为誓:兄弟同心,永不背叛,若违誓言,愿受天谴!"

第四章

永安封王

01 赶往金田

　　结义之后，大家在金田住了两天，讨论了一些起义之前需要做的各种准备，大家各自领了任务，就都回去准备。

　　石达开回到那帮村，召集了一干兄弟，先小范围宣布了准备起义的事情。大家计划了一番，家里有老人的，准备送往亲戚家。虽然一直盼望着这一天，但是想到要骨肉分离，家人不知道何时能见面，大家的情绪还是有些压抑。石达开没跟媳妇说要起义的事。他每天还是跟往常一样起居，到地里干活，暗地里却搜集各种人才，为起义做准备。

　　叶梅出去了几天，还是没找到邱道长，却找到了两个天地会的弟兄。这两人没有参加那次战役，是那天晚上留守在天地会驻地的十人中的两个。天地会在贵县遭到毁灭性打击后，第二天就有部分清兵杀进了驻地，大家都没有防备，十人中只有这两个死命逃了出来。

　　两人这些日子四处躲藏，顺便打听到了一些消息。徐堂主那天晚上也逃了出来，不过他后来装扮成一个卖糖球的，在奇石墟赶集，被天地会的叛徒认了出来，当时就被砍烂了脑袋。

　　两人也见过邱道长。邱道长在奇石墟出现了两次，都是很神秘地出现，然后不知道什么时候就消失了。两人都觉得邱道长还会出现，却不知道他会在什么时候出现。

　　贵县周围不断有小股的天地会起义。这些起义水泡一般迅速出现，又水泡一般快速地消失了。这让那些团练和官府忙活起来，石达开倒得以从容地处理各种事务，为起义做准备。

　　这年的腊月，也就是历史上的道光三十年年底，石达开接到了洪秀全的密令，让他带领贵县的拜上帝教所有会员在十日前赶往金田，准备起义。

因为之前做了一些准备，石达开对命令并不感到突兀。他已经变卖了部分土地，把钱藏在了家里，打算临走的时候，告诉媳妇熊清芬。

熊清芬已经怀孕，石达开知道，她是不方便随着他去金田村的。因此，他特意去找了大姐，让她们多来看望熊清芬。

石达开正在收拾东西，熊清芬走了过来，静静地看着石达开。石达开收拾了几下，停下了，他抬起头，对着熊清芬笑了笑。

石达开明白，他现在走了，最对不起的，就是这个结婚刚半年多的女人，因此他一直没有勇气把要走的事跟她说清楚。他其实已经感觉到了，熊清芬知道了他们要走的事，但是她也不说。两人就这样，都守护着这个不是秘密的秘密，没人说破。

熊清芬是个贤惠温柔的女人。石达开在十六年后的紫打地面对绝境的时候，刚好是三十二岁，离开熊清芬刚好十六年，他曾经对叶梅说："现在是我第二个十六年。在第一个十六年的时候，我离开了熊清芬，那种痛苦，跟今天差不多。"

熊清芬看着石达开一直不说话，眼泪却哗哗地流了下来。

两行眼泪，像两条清亮的小溪，顺着她细嫩的脸蛋，噗噗地朝下淖。石达开看到她的眼泪，就像突然有人在他脑子里放了一炮，他的脑子不旦烟气蒸腾、轰轰作响，而且就像这一炮打在了棉花垛上，他的脑子里被乱腾腾的这些棉花糊得严严实实，一点缝儿都不显。

不过石达开知道，这一关是他必须过的。

他放下东西，走到熊清芬身边，抱住了她的肩膀。

熊清芬依然僵硬地站立着，任泪水一直流。

十六岁的石达开没有哄女人的经验，只是劝她别哭了，还找手绢擦她的脸。熊清芬的泪水却越流越多，后来她干脆趴在石达开的肩膀上抽泣起来。石达开只得说："清芬，别哭，等过些日子，你把孩子生下来了，我就想法来接你。"

石达开的话还是有些效果的。熊清芬抽泣了一会儿，停止了哭泣，幽怨地说："你怎么舍得就这么扔下我……"

石达开抱住熊清芬。现在他心里想的，依然是会把她接走。等起义军打下了地方，有了自己的固定地盘，他一定会把媳妇熊清芬接走。但是，当时的石达开没有想到，这一别，就是他和熊清芬的永别。石达开一走多年，毫无音信，等他有能力来接熊清芬的时候，熊清芬已经另嫁他人，远走他乡。

石达开也知道，自己离开这个温暖的家，离开这个美丽温柔的人，是走上了一条不归路。自己也许能随着洪秀全打下一片江山，也许会落入官府的手中，把自己的脑袋送掉。

石达开只能欺骗着自己，也欺骗着熊清芬，说："清芬，你放心，等我们打下了地方，你把孩子也生下来了，我就来接你和孩子。你应该相信，我不是那种无情无义的男人啊。"

熊清芬虽然无法接受石达开就要离开自己，从此生死两茫茫，但是她是个通情达理的女子。她知道自己不应该拦着自己的男人去开天辟地创事业。在广西客家，男人当兵打仗闯天下，是很正常的行为。不过让熊清芬和石达开都非常难过的是，石达开父母双亡，也没有亲兄弟，这次一走，石家的兄弟几乎都走光了，能动弹的叔叔大伯，甚至连瘸着的三叔都要跟着去，姐姐家又比较远，留下的熊清芬是真正的孤家寡人了。

熊清芬柔肠寸断，石达开也是百般无奈。兄弟们有的劝石达开带着熊清芬一起，石达开的婶婶却知道这种情况是不能远行的，就过来劝慰熊清芬。好在这次有不少兄弟撇下了媳妇，那些媳妇天天在一起说话，熊清芬的情绪终于有所好转。

经过了生离死别的几天，石达开带着贵县的两千多人终于告别了家人，乘船前往金田。这次，叶梅非要跟着石达开等人一起。石达开给她做工作，让她陪陪熊清芬。叶梅虽然非常想跟着石达开一起去杀清兵，却知道熊清芬需要人帮忙，只得留了下来，眼巴巴地看着石达开带着众人，带着那两个天地会的兄弟，走出了她们的视线。

石达开他们一路乘船，前往金田，没想到在桂平城外的江边，就遭到大地主王作新带领的团练的炮击和围攻。

石达开看到情况危急，忙令人从旱路飞报冯云山。

冯云山派了萧朝贵和韦昌辉带人，从旱路对团练进行攻击，石达开带人从水路进攻，王作新大败，狼狈逃窜。

02 走出山区

道光三十年腊月初十（1851 年 1 月 11 日），是天王洪秀全的生日，也是太平天国诞生的日子。

洪秀全率领上万拜上帝教教徒，在金田村升旗，宣布太平天国成立，并宣布四弟杨秀清为中军主将，五弟萧朝贵为前军主将，三弟冯云山为后军主将，六弟韦昌辉为右军主将，七弟石达开为左军主将。

让石达开意外的是，叶梅竟然只身赶到了金田村。原来熊清芬的娘家人把熊清芬接回了娘家，叶梅就马不停蹄地赶了过来。石达开把叶梅编进了女兵营中，听从洪秀全的妹妹洪宣娇调遣。

太平天国的将士们只欢乐了三天，就不断有派出的哨探回来报告：已经有大批的清兵，分别从三个方向压了过来。

这三个方向的清兵分别是原派出镇压天地会的钦差大臣李星沅、广西巡抚周天爵、广西提督向荣。三路人马急匆匆奔赴金田村，而金田村却依旧沉浸在"国家"成立的欢乐海洋中。

石达开知道情况紧急，请求迅速从金田村撤出，想法在路上引诱伏击敌人，先打一个开门红。

洪秀全却不着急。因为哨探得到的消息是清兵离这里还远，金田村山路难行，清兵来到尚需时日，小股的团练和州县军队不足为惧，而原先制定的庆祝仪式尚未结束，现在提前结束，恐于天国不利。因此洪秀全一直等到仪式圆满结束，才开始准备迎敌。

让大家没有预料到的是，这些广西清兵常年在各处讨伐不断起义的天地会，行动迅速，战斗力强，他们从哨探的眼中消失了一天，等哨探再次发现的时候，他们已经到了太平天国的跟前。

洪秀全一面分兵迎战，一面进行战略转移，带领将士由金田江口墟突围至武宣东乡。

清军尾随而至，摆阵合围。杨秀清怕被战斗力颇强的清军包了饺子，带着大家继续突围，一直从武宣东乡突围至象州东部的中平、百丈一带。此处为象州与永安、武宣、桂平、平南、修仁五县的交界处，离广西省城桂林只有三四百里。而此时的省城桂林兵力虚弱，眼看就要落到了太平天国的手里，因此震动了广西。

广西巡抚周天爵眼看省城危急，忙以四百里加急上报朝廷。

朝廷震动，刚刚龙袍加身的咸丰皇帝大怒，下旨革去周天爵广西巡抚之职，由邹鸣鹤继任，向荣拔去三眼花翎，戴罪立功。同时派军机大臣赛尚阿带援兵日夜兼程，奔赴广西，督战太平军。

洪秀全等在象州的大山中待了两个多月，却一直没有找到好的去路，一直处于被动挨打之中。

太平军出师不利，粮草越来越少，军心开始浮动。这些没经过训练、没经过杀戮、洗脚上田的农民们看到势头不好，开始害怕了。不少拖家带口的开始带着老婆孩子，趁着夜色就跑了。

就在这时候，洪秀全得知清兵又组织了几万军马，从西、北、南三路包抄过来。他知道，现在这支疲惫之师已经失去了作战的信心，只能带着他们又退回紫荆山地区。

返回的途中，他们在半路又遭遇当地团练王作新的埋伏，杨秀清和韦昌辉仓皇迎战，几千人竟然无法从不到一千人的阻挡中突围。幸亏石达开带着那帮村一干兄弟杀到，尖刀一般杀进敌群，太平军军心大振，冲破了团练的封锁，安全地退回了紫荆山地区。

清军没有给这支新成立的起义军喘息之机，他们依旧兵分三路，向荣一部从紫荆山西口双髻山区域猛攻。当时，石达开、杨秀清等人在东部对付清军乌兰泰的进攻，西山口兵力薄弱，主要守兵是洪宣娇带领的女兵。女兵虽然英勇，但是跟男人们相比，更是没有作战经验，苦战十多天，还是没有守住西山的这个关口，被清军攻破。

洪宣娇和冯云山带领女兵及留在山中的家属等从紫荆山中撤出，又回到了金田村。

这次回到金田村的起义军，已经跟几个月前在这里宣布起义的起义军大相径庭了。起义军不但人马少了很多，而且疲惫不堪，缺医少药，衣服又脏又破，简直像一大群乞丐。

石达开在原先升旗的地方重新升起了太平天国旗帜。

石达开刚开始升旗的时候，还有几个老百姓在老远看着他们，等升旗完毕，那些人一个也不见了。石达开看着偌大的广场，想到了太平天国成立的那天，周围几个村的百姓都来观礼，广场周围的墙上树上都是看热闹的群众。而现在，广场上只有垂头丧气的太平天国士兵偶尔经过，看起来很是苍凉。

叶梅从广场经过，看到石达开，就折了过来。

石达开也看着满面疲惫的叶梅。叶梅在紫荆山一战中不慎失足，跌伤了腰，因此走起来比较慢。不过，叶梅老远就对他笑，让石达开有种看到了阳光的感觉。

石达开朝她走过去。

看到叶梅脸上被树枝划破的伤口，看到叶梅瘦削了的脸，石达开叹了一口气。叶梅看看四周无人，突然从随身背着的一个包袱里掏出一个纸包，递给石达开，说："快拿着。"

石达开很有些意外，问："什么……东西？"

叶梅把纸包放在他手里，笑了，轻声说："野鸡肉，可好吃了。昨天晚上落落姐带我们偷偷去捉了两只野鸡，烧着吃了。"

石达开皱紧眉头，说："叶梅，你们这样是违反纪律的！以后不许这样，听到没有？"

石达开把野鸡肉又放到叶梅手里，叶梅没想到一向和蔼的达开哥会变得这样，拿着野鸡肉发呆。石达开小声说："快放进包袱里吧。万一让人看到就麻烦了。"

叶梅不情愿地把纸包放进包袱里，嘟囔说："天地会就不管这个。我们饿了的时候，怎么弄都行。"

石达开毫不客气，说："正因为天地会纪律松弛，所以老吃败仗！我们是太平天国的将士，怎么能跟天地会的相比？"

叶梅白了他一眼，说："我看这太平天国也不比天地会好多少。当年天地会也不是被追得到处跑。"

石达开想反驳叶梅，却找不到合适的理由。叶梅看着瞪着眼、气咻咻的石达开，不由得笑了笑，突然把那块野鸡肉塞给了石达开，艰难地扭着腰，慢慢从他眼前走开。

清军继续朝起义军发起攻击。以金田村为中心的太平军即将被包围，太平军应该何去何从，在太平天国内部引发了激烈的争辩。

在军事会议上，杨秀清还是主张在桂平、贵县这一带山区打转转。因为太平军现在兵力薄弱，在这些山里跟清军兜圈子，太平军有熟悉地形、利于隐蔽的优势。如果现在就拉出去跟清兵对决，太平军根本不是他们的对手。

洪秀全对杨秀清的话不置可否，问萧朝贵的意见。萧朝贵摇了摇头，说："别的我不知道，我就知道一点，清军的这些兵也是本地人多，他们在山里的速度，不比太平军差。咱老是在这里打转，外面的人越围越多，我看，这不是个好事。"

石达开也说："我很同意五哥的意见。虽然山地利于躲避，却不利于发展。我们在这里打转，虽然看起来有连绵的大山可供我们跟清军周旋，可是，这样更是给了清军更多的集结时间。历来起义的天地会失败后，马上就躲进山里，可是往往这就是进了死胡同。山里没人没粮食，没有发展队伍的可能。清军却可以调集大批部队围剿，最后失败的往往是起义军。我们这半年就是个例子。我们在这里没有人员和粮食医药补给，人员越来越少。我觉得，躲进山里，只是权宜之计，现在我们应该走出去。外面唯一的风险在于敌人的围剿，而现在大批的清军正往这里集结，外面反而空虚。这正是我们突围出去、开辟新战场的大好时机。诸位大哥应该知道，外面有粮食有兵员补充，我们有希望。而在这里，我们只能继续被困下去，时间久了，军心涣散，到那时候悔之晚矣。"

杨秀清还是不同意，说："达开兄弟的话也有道理。不过，现在太平军没有什么战斗力，万一让清军包围了，就有可能全军覆没，外面的情况终究是不熟悉，这是关系到太平天国生死存亡的大事，我们不能不万分小心。"

石达开拱手，说："四哥说得是。不过，我前些日子跟罗大纲叙谈，他说从大王墟直奔大同江边，有一个小集镇，集镇叫大黎，从大黎有一条隐秘的山路，可直插永安洲，一路绝无守兵。永安洲兵马不多，我们可以轻取永安，得些粮草救济，养精蓄锐，补充兵员，然后可北上一路招兵，攻打桂林。现在清廷腐败，民怨甚多，天地会会众遍布南方各省，起义不断，可惜的是没有成气候，只要我们攻下永安，打出旗号，一路招兵买马，等人马多了，可以分兵三路，互为掎角，互相支援。如此下去，我们的人马必定越来越多，那才有力量跟清廷主力部队作战。否则，窝在这里，不等他们的主力部队过来，我们早就灭亡了。"

杨秀清很有兴趣："果有此事？七弟，你说的那个罗大纲现在在否？我想亲自问问他。"

石达开说："在，我马上派人喊他。"

一会儿，罗大纲就从外面走了进来，躬身施礼："罗大纲见过大王，见过诸位元帅。"

杨秀清说："听说你很熟悉从这儿去永安的路途，我想问问你，永安可取否？一路上防卫如何？"

罗大纲说："回禀主帅，我当年带领天地会的弟兄就在永安一带活动，对周围情况非常熟悉。从这儿去永安，小路比较难走，但是没有防卫。我曾经多次被官府追赶，都是从这条小路逃脱。永安知州吴江是个平庸之人，将军只要给我三千人马，我愿为先锋，拿下永安！"

洪秀全、杨秀清等人仔细研究了进军路线，觉得罗大纲的办法可以一试。就派他和萧朝贵带一千精锐先行，直取永安；石达开带两千人随后，作为后援；其后是洪宣娇和叶梅等人带领的女兵队伍，保护着太平军的家眷老小；杨秀清作为后军，在后面阻击敌人，同时也是为万一打不下永安留一条后路。

罗大纲、萧朝贵和石达开等先后拜别天王，直奔永安洲。

天王洪秀全看着石达开的队伍渐渐远去，不由得轻声祷告：愿天父护佑！

03 杨秀清强封九千岁

罗大纲和萧朝贵到了永安城外，兵分两路，由萧朝贵带三百人从南门攻打，吸引兵力。罗大纲带着剩下的七百人跑到北门，看到永安城的兵力基本被吸引过去了，就带人在东门和北门之间搭上梯子，罗大纲身先士卒，带着人爬上城墙，竟然没被发现。他们偷偷地摸到城门，看守城门的士兵过来盘问，被罗大纲等人砍死，开了城门，七百人蜂拥而入。

石达开在后面也带人杀到，顷刻之间，永安城就落入了太平军的手中。

此时，天刚刚放亮。萧朝贵和石达开一面派人飞报天王洪秀全，一面迅速着手布防并贴告示安民等各种杂事。

洪秀全等接到哨报，听说罗大纲等拿下了永安，非常高兴。这个自起义以来的第一个真正的大胜仗鼓舞了太平军上下，大家收拾东西，翻过大瑶山，直奔永安。

永安城不大，却是处于大山环绕的一片平坝之中，有险可守，物产丰富。穷苦的太平军进入永安，在这里得到了休养生息，是太平军由弱变强的一个转折点。

原先的永安府衙经一番收拾，成了天王"宫殿"。经过一番计议，洪秀全在宫殿里封王建制。

杨秀清为左辅正军师，封东王；萧朝贵为右弼又正军师，封西王；冯云山为前导副军师，封南王；韦昌辉为后护又副军师，封北王；石达开为翼王，羽翼天朝。

御前会议又定了官制，军师和主将之下设丞相、检点、指挥、将军、总制、监军、军帅、师帅、旅帅、卒长、两司马等十三级。胡以晃、黄玉昆、蒙得恩、林凤祥、秦日纲、罗大纲等人任殿前检点、指挥和将军等职。

冯云山还主持修改历法，废除大清历制，启用天制，并建立"圣库"制度，不许有私产，财产统一管理，按时分配。

永安城内一片欢腾，城外的清军却加紧了包围的速度。石达开每次从外面巡查回来，都要提醒洪秀全，清军正在调兵遣将，再不突围，永安城就会成为一块死地。

众人却都不以为然。

更让石达开意想不到的是，杨秀清竟然又"降僮"，以天父的名义让洪秀全封他为"九千岁"。

本来是几个王爷在开军事会议，杨秀清刚刚还好好的，突然就瘟症起来，胡乱摇晃，嘴里"叽里咕噜"一阵后就猛然睁开双眼，变腔变调地喊道："吾儿洪秀全在否？"

大家目瞪口呆，知道这个杨秀清又要玩天王附体的把戏了。但是因为在紫荆山的时候，杨秀清常用这个手段忽悠拜上帝教的会员，洪秀全为了笼络人心，只能表示认可，并在公开场合，也接受过杨秀清的"天王附体"。

现在杨秀清又要玩这个把戏，一干人等有些惊愕。包括洪秀全和冯云山，显然没想到这个杨秀清突然又玩起了这个把戏，都愣住了，洪秀全只顾惊愕，也没有回应。

"天父"恼了，厉声喊道："洪秀全，你既然是我的二子，为何不回答父亲的话？你也算是一个读书人，你想不尊不孝否？"

天王洪秀全无奈，只得答道："儿在！"

"天父"还是不高兴，怒道："吾儿，古人见父尚知要双膝跪地、双手伏地，以示恭敬，你还这样站着，是何道理？"

洪秀全侧脸看看冯云山，冯云山朝洪秀全轻轻点头，洪秀全只得跪下，双手伏地，说："儿洪秀全拜见父亲，不知父亲降临，有何指示？"

"天父"说："吾儿自从奉命传教至今，从紫荆山三千教民，到现在打下永安城，谁的功劳最大？"

洪秀全知道杨秀清的意思，为了不自取其辱，只得回答："东王杨秀清功劳最大。"

"天父"说道:"很好。你既然知道,就应该论功行赏。况且,据我看来,以后太平天国也要指望这个杨秀清来开拓疆土,为了拜上帝教,也为了太平天国。吾儿,我命你封东王为九千岁,并有节制以下各王的权力,西王为八千岁,南王为七千岁,北王为六千岁,翼王为五千岁。只有这样,各王才能为你尽心尽力,你也才能对得起你的这些结拜兄弟!"

为了太平天国,洪秀全能接受杨秀清叫自己为"吾儿",却实在不能接受封他为九千岁,还要有"节制诸王"的权力。如果那样,岂不是一人之下、万人之上了?况且,洪秀全很明白,杨秀清这是在剥夺以自己和冯云山为中心的指挥权,想把自己和冯云山架空。

况且,若论功劳,杨秀清怎么也不如冯云山功劳大。没有冯云山,怎么会有紫荆山的拜上帝教?怎么会有他杨秀清?在封王时,冯云山为了安抚杨秀清和萧朝贵,就特意把自己落在了他们两人的后面,现在看来,他真是错了。这样反而让杨秀清变本加厉,更加为所欲为了。

看到洪秀全似乎不想答应自己,把自己封为"九千岁","天父"喝道:"洪秀全,我是你的天父,你想不听我的话,那他们作为你的兄弟,是否也可以不听你的话?你敢如此大逆不道,就不怕报应吗?"

洪秀全跪在地上,汗都下来了。

石达开不由得插话,说:"天父,天王带着我们造反,就是因为大清官员腐败、民不聊生,我们尚未成功,却竟然自封什么九千岁、八千岁,如此居功自大,似乎大清的三爷都没有这样的排场,我们如此作为,老百姓怎么会相信我们?他们既然不肯相信我们,那我们的太平天国……未来堪忧!"

"天父"愤怒了:"你是什么人?你凭什么跟我讲话?我告诉你,在这里,我只跟我儿子讲话,你再插话,别怪我天父不客气!"

石达开愤愤退后。冯云山看着暴躁的杨秀清,知道此时如若违逆,必会造成分裂,因此只得对洪秀全点头。

石达开听到洪秀全声音嘶哑地说:"秀全听从天父所言,即封东王为九千岁,节制以下诸王。西王为八千岁,南王为七千岁,北王为六千岁,翼王为五千岁。秀全感谢天父教诲。"

当天晚上,冯云山请石达开吃饭。

入驻永安后,各王都开始讲起了排场。唯有石达开和冯云山坚持一贯朴素的生活作风。因此冯云山准备的下酒小菜只有两样：青菜小炒和两条鲫鱼，冯云山自己做的，两人吃得高兴，酒也喝得不少。

在一干兄弟中，石达开最敬重的人就是冯云山。在他的心中，冯云山是当之无愧的大哥，也是他的为人处世的老师。冯云山单独请他喝酒，这还是第一次。当然，石达开以后才知道，这也是最后一次。

酒过三巡，石达开有些沉不住气，说道："三哥，我石达开有句话，不知当讲不当讲？"

冯云山放下筷子，给石达开添了一杯茶水，说："兄弟，我今天请你来，就是咱兄弟两个说说话，没什么当讲不当讲，有什么话，你就说。"

石达开抱拳，说："如果我说的有不当之处，就先请三哥原谅了。三哥，我说话直来直去，我觉得你们不可以如此纵容四哥。长此以往，必会出大问题。"

冯云山轻轻点头，端起酒杯，对石达开说："来，兄弟，先干了这杯，三哥再跟你细说。"

石达开端起酒杯，跟冯云山碰杯，然后一饮而尽。

冯云山放下酒杯，叹了口气，说："秀清是一只虎。当初他这只虎为紫荆山守住了拜上帝教这块地盘，现在他的胃口越来越大了，等他真正张开大口的那一天，恐怕……会对太平天国造成非常大的危害。兄弟，拜上帝教能到今天，不容易啊。想当年我为了能在紫荆山站住脚，给人挑粪维持生计，就是为了有一天能够有力量推翻清廷，让穷苦老百姓都过上富足的好日子。拜上帝教如果毁在这种人手里，我于心不甘啊！"

石达开问："不知三哥有什么好的主意？"

冯云山想了想，说："现在太平军正在用人之际，太平军中紫荆山的士卒最多，打仗也勇猛，这些人可都是最听东王的。如果忤逆了东王，太平军肯定会分裂。对于力量还如此薄弱的太平天国，这会是个灭顶之灾。我们暂且容忍一下，看日后如何。待他真的想张开大口之时，我们再做主张。兄弟以为如何？"

石达开点头，说："还是三哥考虑周全。"

冯云山叹气，说："芸芸众生，皆为利亡。有人把私利当作自己的利，有人把公利当作自己的利。其实人若太自私，不但会害了别人，并且会害了自己。这一干兄弟中，秀清私欲太重，必会害了自己。萧朝贵倒是不错，可惜莽撞了些。韦昌辉势力差些，但是心计最重，杨秀清是明火执仗地要利益，韦昌辉却不声不响。所以，这些人中，一定要小心韦昌辉。我最放心的，除了我自己，就是兄弟你了。你为人光明磊落，不计较私利，处事也周到。兄弟，日后这太平天国恐怕就靠你我从中周旋了。"

石达开忙起身拱手，说："三哥言重了。达开得遇二哥三哥，才有今天，此生必不负二哥和三哥！"

冯云山摆手，让他坐下，端起酒杯，说："达开兄弟，为了你这话，咱哥们干一杯！"

04 夜袭

石达开带兵巡逻在永安城外，走在前面的军士给石达开带来一个衣衫褴褛还掉了一只鞋的汉子。那人一看到石达开，纳头便拜，喊道："周锡能拜见石将军。周锡能无能，请将军降罪处罚。"

石达开一愣："周锡能？你是……周锡能？怎么这个样子了？"

周锡能不敢抬头，说："将军，我带着拜上帝教一干兄弟姊妹返回途中，遭到清军追杀。我们……都跑散了，我找了一大圈儿，只找到了两个兄弟，我们听说太平军已经到了永安，就追随而来，没想到，在这儿遇到了将军。"

石达开仔细端量了几眼，没错，是周锡能。这个周锡能原任太平军军帅，在象州时，他说他家乡有一众信拜上帝教的兄弟姐妹，他可以回去把他们都带来，洪秀全就让他回去带人了。

石达开问："你不是说你还有两个兄弟吗？他们在哪里？"

周锡能跑到不远处的小树林旁喊了一声，就从里面跑出两人。周锡能带着他们来到石达开面前，对他们说："快拜见石将军。"

两人躬身施礼。石达开看了看两人。这两人也是破衣烂衫，一身脏污。石达开让人拿了点食物给三人吃了，就带着三人进城。

进了城后，因为要跟九千岁汇报军情，石达开就把周锡能的事给忘了。

回到家，石镇吉在家里等着他，看到石达开回来，石镇吉起身，说："大哥，我觉得这个周锡能不太对劲儿。"

石达开还一愣："周锡能？哪个周锡能？"

石镇吉说："就是你在城外带回来的那个。我觉得这个家伙不地道。"

石达开摇头，说："这话少说，他是九千岁的人。"

石镇吉说："我就是这么一说。反正我觉得他挺让人怀疑。你不想听就算了，我还怪累呢，那我回去了。"

石达开脱下外套，坐在椅子上，对他招手说："别忙。你过来说说，他怎么不地道了？"

石镇吉无奈，只好回来，坐在石达开对面，给石达开倒了一杯水，说："今天晚上，他们几个在我们那边吃的饭。这个周锡能拐弯抹角地打听天王住在哪里。我就觉得奇怪，按说他回来，应该去找东王汇报，他要找天王干什么？我就把他的话引到另一边。嘿，过会儿，他就把话引了回去。还有一样，他的那两个兄弟虽然不说话，但是那眼神很怪，很警惕，不像是来投军的。"

石镇吉的这话让石达开一愣："他打听天王的住处？"

石镇吉点头，说："是。问了好多遍，很心急的样子。他如果真的就是一个普通的军帅，我觉得不会这样关心这些。"

石达开喝了一口水，问："他问没问别的？比方我和云山哥？"

石镇吉想了想，说："好像问过南王。问了一句半句的，别的没问。"

石达开想了想，说："镇吉，我交给你一个任务，你叫着石祥祯、石镇仑，你们三个密切监视这三人，他们稍有举动，就来报告我。如果他们夜里私自朝天王府活动，马上把他们抓起来。"

石镇吉答应一声，转身走了出去。

等石镇仑走出去，他才想起来，石祥祯带着两个人去家里看望自己老婆去了。躺在床上，石达开好一会儿没睡着觉。

最近听到一些从老家传回来的消息，很多人家遭到清军的搜捕，有些太平军留在村里的家属被清军抓走，有的逃跑，有的甚至被清军杀害。石达开担心妻子熊清芬和应该有四五个月了的孩子，因此派石祥祯回去看看情况，如果情况允许，就把他们母子带出来。

这些日子，看到很多带着家属的太平军将士一家人团聚，石达开就总是想起熊清芬。想到这个对自己百依百顺的温顺女人，现在独自在家里担惊受怕，石达开心里就不是滋味。

他刚要蒙蒙胧胧睡着，却听到外面似乎有人轻声走路的声音。石达开轻轻翻身下床，操武器在手，侧耳细听。

外面又响起一阵略有些清晰的脚步声，这人有些心急，似乎怕人听到又担心石达开的危险，小声在后窗喊："达开哥，达开哥……"

石达开听着是叶梅的声音，就应了一声，说："是叶梅吗？有事吗？"

叶梅长出一口气，说："没事。你的护卫呢？"

石达开喊了一声，护卫们在门前答应。几乎在同时，石达开听到叶梅轻轻喝叫一声："站住！……"

然后，石达开听到一前一后两阵急促的脚步声越来越远。前面的那些卫兵这才听到，也吆喝着追了上去。

石达开穿好衣服，正待起身，突然听到身后有声音，他忙转身，看到一个人影朝他扑了过来。

石达开猝不及防，眼看人影扑到了眼前，房门突然被人撞开，有个人影喝了一声，就冲了进来。

扑向石达开的这人跳起来，一头撞开窗户，跳到了院子里。石达开和后来进来的这人跑出去，人家已经没有影子了。

石达开赞叹："好功夫！"

进来的人是叶梅，她愣愣地看着那人消失的身影，好长时间都一动不动。

石达开看了看她，问："叶梅，你怎么了？"

叶梅这才醒悟过来，说："没……没什么。就是觉得这身影……有些熟悉。达开哥，你受伤没？"

石达开呵呵一笑，说："没事。我好歹也是一员武将，没有那么弱不禁风。对了，刚刚我明明听到你追人去了，怎么又……在这里？"

叶梅说："这是江湖人常用的招数。他们出来，都是两个人一起。第一个把外面的人引走，这叫调虎离山，还有一个藏在更暗处，就等着人走了好下手。这个还瞒不过我。"

石达开由衷赞道："不愧是混过江湖的人，懂的就是多。今天幸亏了你，要不还真是有点小麻烦。"

叶梅问："达开哥，你知道要偷袭你的人是谁吗？"

石达开摇头，说："两军交战，这种事太多了。咱的队伍里肯定有对方的奸细，在紫荆山的时候，我们都遇到过这种事，人也没抓着，怎么能知道是谁？"

叶梅摇头，说："达开哥，凭我的感觉，这两个刺客不是一般的小奸细。他们都是高手，是那种大官才能养得起的高手，你得注意。"

"高手？那你的意思是，这些人是特意来刺杀我们的？"

叶梅摇头，说："我不知道他们是来干什么的，但是今天晚上不是来刺杀你的。今天他们是来探路。如果真是刺杀，即便我和你的护卫都在，我们也对付不了这两个人。"

石达开这才觉得事情严重："他们这么厉害？"

叶梅说："是。所以我说这是一次有预谋的行动。"

几个护卫也都回来了。叶梅问他们："没追上人吗？"

其中一个护卫说："没有。我们眼看快要追上了，那人突然加速，一下子就没影了。我们知道有诈，就赶紧回来了。"

石达开跟叶梅进了屋子，问叶梅是怎么发现这些人的。叶梅说她闲着没事，出来溜达，看到一个人有些不对劲就跟了过来，没想到会跟到这里来。

石达开问了问位置，心里就有了数。

05 石达开突袭玉龙关

石达开去见杨秀清，杨秀清喝醉了，不见人。

石达开知道哪些人还能活动，只得调动人马，严密监视，同时让各处严加防范。

过了几天，他再次求见杨秀清，杨秀清才让他进了屋。

石达开把他对周锡能的怀疑和那天晚上发生的事对杨秀清说了，杨秀清还不太相信。周锡能是他的手下，已经回到军中，杨秀清仔细询问了一些情况，就让石达开先回去，说他自有主张。

又过了五天，杨秀清突然把石达开和冯云山等兄弟叫到他家中，让他们藏于偏房，看一出好戏。

石达开和冯云山等人有些纳闷，不过看着杨秀清兴致勃勃的样子，知道应该不是什么坏事，就藏于一个小房间内，静观其变。

等了一会儿，有人把周锡能带了上来。这周锡能现在换了衣服，人也洗干净了，也算一白净书生，有些风采。

杨秀清从另一间房子走出来，周锡能看到东王，忙拜伏在地。杨秀清很和气，询问了他回去招人的一些情况。周锡能对答如流，看不出丝毫的破绽。连石达开都觉得，也许是自己误会了这个周锡能。

说了一会儿，杨秀清突然又浑身痉挛起来。接着口中胡言乱语，在地上乱跳乱舞。蹦跶了一会儿，他的声音猛然就变了，喊道："我是天父，下面何人？"

周锡能是在紫荆山参加的拜上帝教，自然多次见过杨秀清的"天父附身"。他吓得浑身哆嗦，回答说："回禀天父，我是周锡能。"

天父猛然喝道："周锡能！好一个周锡能，你竟敢蒙骗吾儿杨秀清！也幸亏我天父无所不知、无所不能，你以为你骗过了其他人，还能骗过我天父不成？周锡能，我现在给你个机会，你把你所做的事在天父我的面前一一坦白，并将功补过，把你带来的人捉来，我自然会设法保你无事，否则，我天父降罪，不但你周锡能身首异处，你周家也将株连九族，斩草除根！"

别说是周锡能了，石达开等人也被杨秀清的做法吓了一跳。周锡能本来就是个没有骨头的人，在紫荆山时也见到"天父"的威力，因此对"天父"是天神深信不疑。"天父"的几句话早就把他吓得屁滚尿流，大小便失禁，石达开等人听到一阵声响，然后闻到了一股难闻的骚臭味儿。这个周锡能便把他怎么回家，广西巡抚向荣怎么派人去他家找他，他带着人怎么投奔了向荣，向荣怎么给他找了两个高手让他带着到了永安，在永安城又怎么迎进了十多个人，这十几个人都住在哪里，他们怎么打算袭击洪秀全和冯云山等人，详详细细、清清楚楚都交代了出来。

石达开他们听得目瞪口呆。如果不是周锡能亲自说出来，谁也没想到，他们身边竟然住着十多个清军的高手！

"天父"又把经过详细询问了一遍，才猛然顿住，抽搐了一会儿，醒悟了过来，问周锡能："周锡能，你怎么还跪在下面？咦，怎么这么臭啊？"

周锡能还不敢起来。石达开等人从小屋里走出来，周锡能一看到石达开众人，惊叫了一声，差点昏死过去。

石达开等人马上调集人马，把周锡能带进来的人抓捕。这些人显然没有想到事情会这么快败露，十二人中，当场被抓住十个，逃跑的两人也在第二天被捉住，杨秀清对他们稍微进行了讯问，马上就地正法。

应该说，杨秀清审问周锡能，确实干净利索，让石达开等人见识了他的手段。

捉住了周锡能等人的当天傍晚，石祥祯回到了永安。他脸也没洗，饭也没顾上吃，先来找石达开汇报情况。

石达开带人走后，熊团董和县衙的人去了那帮村无数次，确实有太平军家属被抓。石凤魁的老父亲跟牵他们家牛的团练动了手，被团练砍了两刀，不治身亡。

所有家里有人参加太平军的人家都几乎被抢劫一空，不过石达开的媳妇却幸免于难。据邻居说，团练上那帮村之前，石达开媳妇就不见了，家门也上了锁。

团练来了后，砸开了石达开家的门锁，把家里的东西劫掠精光。熊清芬一直不见踪影。石祥祯以为熊清芬是回了娘家，还悄悄去了她娘家一趟。熊清芬家里父母都在，还有一个哥哥。他们都说，不知道熊清芬去哪里了，还想找石达开要人呢。

不过，石祥祯说，他看得出来，熊家人应该是知道熊清芬的下落。弄不好，是他们把熊清芬藏了起来。

石祥祯还去了一趟石达开的姐姐家。他姐姐也说熊清芬是回了娘家，但是躲在哪里，她也不知道。

听说熊清芬安全没事，石达开的心稍微平静了些。但是没找到人，那就无法把她接来团聚，石达开还是有些遗憾。

太平军在永安城住了半年。在这期间，由南王做媒，石达开迎娶了桂平黄玉昆的女儿。

石达开觉得熊清芬下落不明，自己不应娶妾。南王却说："大丈夫三妻四妾不算为过，何况贵为王爷？以后家里的妻子能找到，就把她接出来，万一找不到，还是早些娶妻生子为好。不孝有三，无后为大，我们为人子孙，到了年龄，就应该娶妻生子。"

石达开正值青春年华，看黄家闺女也水灵，不禁动了心，就听了南王的话，把喜事办了。

在这半年时间里，清军也完成了对永安城的包围，并开始逐步缩小包围圈，试图在永安城困死太平军。

太平军的粮草供给越来越困难，眼看再等下去就会坐吃山空，加上外围局势越来越吃紧，没办法，杨秀清只得宣布突围，从永安向北进攻桂林。

永安城外遍布清军。从永安城向北突围，有一处险要地段——玉龙关。

玉龙关易守难攻，清军为了保险，在这里布下重兵，想把太平军困死在永安城。要突围，必先拿下玉龙关。玉龙关在永安城北，是进出永安的必经之地。

石达开向东王请缨，要拿下玉龙关。

杨秀清叮嘱他务必小心，此役可关系着上万名太平军的安危。

石达开临行前，叶梅突然跑来，说她跟洪宣娇说好了，协助石达开袭取玉龙关。石达开本不想让她去，说女孩子打打杀杀的不好。叶梅高低不肯，说她本来就是喜欢打打杀杀的，天生一个粗丫头，二不愣，什么好不好的，自己就想着杀清狗给兄长和天地会的弟兄报仇，又不想赚什么人的好。

石达开听着这话，知道自己的话惹着人家了，不敢再多说话，只是嘱咐石祥祯和石凤魁两人负责保护叶梅，就带着一百人的小队出发了。

这一百人都是精挑细选的高手，大家在傍晚动身，在玉龙关附近下马，留下十个人照料马匹，剩下的跟着向导，直扑玉龙关。

玉龙关依山而建，关隘险峻，守关的有三百多人。石达开先选了十个勇士，从他先前派人侦探好的山侧小路攀爬而上。然后，悄悄朝着关隘靠近。

石达开和罗大纲带人走在前面，两人手握短刀，小心翼翼朝前走。他们走得有些快，跟后面几个人拉开了距离。当他们走到一块大石头一侧的时候，突然从石头上跃下两个人，朝二人直扑上来。

罗大纲闪过对方的刀，手一挥，短刀就划破了对方的喉咙。石达开也不示弱，一把抓过对方的胳膊，顺手一拧，另一只手的短刀也刺进了敌人的喉咙。后面的人也跟了上来。走了一会儿，他们发现前面有一处很高的台阶。石达开挥手，让大家先蹲下，观察了一会儿，看看没有动静，才带着大家朝台阶走去。

走到台阶下，石达开刚要抬脚登上，突然从他们的一侧出现一个人影，是叶梅。叶梅过来，拉着石达开等人蹲下，观察了一会儿，然后示意他们跟她走。石达开看她放着好好的台阶不走，却走一侧非常难爬的小山坡，有些不解。

叶梅轻声说："那台阶是个陷阱，不能走！"

石达开不解："你怎么知道？"

叶梅说："没看到台阶周围有木头？如果台阶常有人走，怎么能在下面放着那么多木头？记住，搞暗袭，不是人常走的地方一定要注意。"

石达开虽然还是不理解，但是知道这个叶梅是江湖中人，懂的肯定比自己多，就乖乖听了她的话，跟着她轻轻爬上关隘。

关隘上面的城墙上，一溜挂着十多个大灯笼，灯笼下都有人拿着刀枪在站岗。叶梅没等石达开吩咐，自己就悄悄摸了上去。石达开怕她有失，忙让罗大纲和后来赶过来的石祥祯随后跟上。

顺利收拾了这几个人，他们又埋伏袭击了六个巡逻的士兵。但是，这次因为对方人多，其中有一个猛然喊了一嗓子："救命啊……有人……"

事情暴露，石达开等人也不必小心前行了，跑下关隘，冲向大门。

守大门的大概有二十人，石达开让石祥祯等人抵住冲过来的这二十人，自己带着叶梅和罗大纲继续朝前跑。在靠近大门的时候，从黑影里又冲出三五个人，石达开让罗大纲和叶梅招呼他们，自己冲到大门边，拔开门闩，拉开大门。

外面等着的弟兄们呼啸着冲了进来。没有值班的兵卒听得杀声阵阵，也看不到有多少人进来，只听到黑夜里惨叫声、号叫声、求饶声不断，以为是大队人马杀了进来，赶紧穿了衣服，逃命要紧。

石达开等顺利拿下玉龙关，烧了关上的木头亭子给洪秀全等人报信。早就准备好的大队人马浩浩荡荡出了永安城，直奔玉龙关。

在关隘上，叶梅叫着石达开，一块儿来到他们刚刚要上的台阶旁边。叶梅找了一根木棍，在台阶最上层的石板上捅了一会儿，一块石板猛然朝下翻了下去，吓了石达开一跳。

叶梅指着下面的黑洞，说："这下面必定有朝上的尖刀，说不定还涂了毒药。哼，我这种喜欢打打杀杀的女人，也就这点儿用处。"

石达开吐着舌头，暗暗后怕。如果他们真的顺着台阶上来，无疑会掉进这个陷阱。那样他们的行踪就会暴露，敌人会加强关隘的防务，突围可就是功亏一篑了。

石达开给叶梅作揖："妹妹救了太平军，达开惭愧！"

06 蓑衣渡南王殉难

出了玉龙关，太平军又遭到蜂拥而至的清军围剿。

石达开和萧朝贵带着罗大纲作为前军，在前面冲破敌军的包围；杨秀清和洪秀全等中枢作为中军；后军由韦昌辉、秦日纲率领，大家几次遭遇包围。杨秀清和石达开等人认为光跑不行，不教训一下这些清军，他们恐怕跑不利索。

经过周密部署，石达开和萧朝贵在龙寮口大洞山设下埋伏，让叶梅带着一众女兵引着清军主力乌兰泰部进入了包围圈。

石达开和萧朝贵带着太平军对进入圈子的清兵进行剿杀。五千多名清兵和四名总兵亡命大洞山山谷，清军主力被剿，终于无力追杀太平军。

永安成功突围后，杨秀清下令进攻桂林。

此时的桂林可不是一开始太平军临近桂林时的桂林城了。清军在桂林城内外布置了大量的枪炮和兵力，太平军围攻桂林一个月，桂林城仍坚不可摧，太平军却损兵折将，多次遭遇清军偷袭。

桂林久攻不下，杨秀清只得转而朝湖南进军。

当时，湖南的清军部队大都已经调到广西对付太平军，湖南省内空虚，且湖南巡抚骆秉章卸任，新任巡抚尚未赴任，省内没有长官，正是混乱的时候。

桂林虽然久攻不下，但是太平军损失也不大，太平军内部依然士气高涨。太平军舟船三百余艘，经过湘江城外的全州，全州守兵只是零星地放了几炮，并且几乎都打在了没有船只的水面上。杨秀清大笑，说："全州知府曹燮培这是在为我们送行呢。"

全州城士卒不过七八百人，大家估计他们是惧怕太平军势力强大，因此不敢对太平军进行堵截。

然而让太平军将士们没有想到的是，太平军大半都已经过去，只剩下后军的时候，全州城的大炮突然发威了。大炮怒吼着，朝着江面上的太平军舟船猛烈开火，太平军没有防备，一时间伤亡严重。

更让太平军上下愤怒的是，统领后军的南王冯云山竟然受到炮击，身受重伤。石达开和天王洪秀全以及东王杨秀清等异常愤怒，他们调回头，弃舟上岸，包围了全州城。

让太平军上下没有想到的是，小小的全州城竟然异常顽固。太平军攻打了十多天，才在把全州城墙轰塌十多处的情况下，攻进了全州，杀了全部的守军和知府曹燮培。

让洪秀全下令务必拿下全州的原因，是冯云山的重伤。应该说，这种强烈的复仇做法，是没有全局观念的。

当时的湘江涨水，太平军可以乘船在三日之内到达长沙。当时的湘江两岸清军没有布防，长沙城更是年久失修，太平军进攻长沙，必然是手到擒来。这对于当时的清军来说，是一个致命的打击。而对于太平军来说，则完全可以改写太平军的历史。

可惜他们在全州耽误了十多天。

这十多天，不仅让长沙完成了布守，而且让一个本来无名的破烂举人一战成名。

却说冯云山虽然重伤，但知道孰重孰轻，他派人喊来石达开，让他务必劝说天王和东王，劝他们放弃一个毫无意义的全州，全速直取长沙。取下长沙，则湖南皆为太平军所得。

被仇恨蒙蔽了双眼的洪秀全和杨秀清都不听冯云山的话。在拜上帝教的这些兄弟中，杨秀清最怕冯云山，也最敬重冯云山。应该说，冯云山的死亡，对于当时的杨秀清来说，也是不可接受的。

也许，要是冯云山不死，杨秀清有所忌惮，行事不那么乖张，也就不会有天京事变，那太平天国的历史必定要重写。

可是，冯云山受了重伤，并且伤势一直在恶化中，眼看性命难保。杨秀清指挥军队全力攻打全州。而此时，湖南举人江忠源则趁机在蓑衣渡打桩设伏，准备拦截顺江而下的太平军。

太平军攻下全州后，只待了两天，就兵分水陆两路，直取长沙。

顺水而下十二里，就是蓑衣渡。蓑衣渡渡口江面辽阔，水平浪静。太平军的水军顺水直下，顷刻之间，就到了蓑衣渡的水塘湾。

江面在这里陡然收缩，罗大纲老远看到前面江面上似乎有一排东西，知道不好，可是已经晚了。

湖南举人江忠源原本在全州一侧的新宁县组织团练镇压天地会，后来太平军围攻桂林的时候，江忠源被调往协防桂林，因为作战有功，被保举为候补知府。江忠源从这乱世中找到了自己的进身之道，更加卖力地对太平军进行镇压。

当杨秀清指挥太平军全力进攻全州的时候，江忠源带着一千二百名团练，在这水塘湾打木桩，然后从容地在西岸架起大炮，静等太平军朝袋子里钻。

骄傲自大的太平军没有哨探，也没有先锋部队，大队人马乘着两三百艘大小战船，蜂拥而至。布满狭窄江面的木桩阻挡了小船的前进，几百艘船一下子拥挤在这狭窄的河道里。同时，岸边的火炮火枪一起朝着江中的船轰击。江面霎时乱成一团。

没有任何准备的太平军乱成了一锅粥。

萧朝贵一面指挥人马还击，一面让罗大纲组织人马清理障碍物。

岸边的人也发现了他们的企图，集中炮火朝着清障的人群轰击，下去了几帮人，几乎全都被炮火打死。罗大纲红了眼，亲自带人下去，几炮打来，除了死的，都受了伤。罗大纲大腿插进了一块三菱铁，血流如注。

鏖战了两昼夜，东王看无法从水路突破，只得命令太平军弃船上岸。于是，连舟为桥，太平军拼死冲上东岸。太平军的大部分家属因为行动缓慢，被杀死或者淹死在江中。太平军把从永安所带的粮草辎重全部丢弃。

此役太平军将士死伤两千多人，幸亏东岸只有不多的团练，太平军才有了落脚之地。而江中，被炮火击中的战船在燃烧，还有许多未来得及上船的家属在哭号。惊魂甫定的太平军却顾不得自己的妻儿老小了。

杨秀清知道东岸的天地会降将张国梁（原名张嘉祥）的军队正在飞速围拢过来，因此他下令不得对家属进行救援，火速前行，摆脱敌人的围攻。

石达开等人虽然不忍看那么多人陷入危机，却也知道此时的情况紧急，只得含泪顺江岸急速前行。

在蓑衣渡激战的这两天里，石达开一边指挥战斗，一边坚持陪在冯云山身边。石达开很清楚，太平天国不能没有冯云山，没有了冯云山的太平天国恐怕不会太平。

被困在水塘湾的第二天晚上，冯云山突然精神了起来。他从床上爬起来，洗了脸，还吃了点儿东西。

年轻的石达开以为冯云山有了好转，大为高兴，要派人报告给洪秀全。

冯云山拦住了他，说："兄弟，现在生死存亡的时刻，别分了天王和东王的心。我只想跟石兄弟坐一会儿，说几句话。"

船中无茶，石达开只能给冯云山倒了一杯白开水，冯云山倚靠在床上，石达开坐在他的面前。冯云山笑了笑，说："达开兄弟，我时日无多了。前些日子咱在永安城长谈过一次，这次是第二次，也是最后一次了……"

石达开有些不相信，猛然站起来："云山哥，您……这不是好多了吗？"

冯云山摇头，说："先不说这个。也许会好，也许不会好。我有几件事要拜托兄弟，望兄弟勿辞。"

石达开拱手，说："三哥只管吩咐。"

冯云山说："二哥是个性情中人，心胸阔达，但是性情有时候比较软弱。杨秀清就是掐住了他的这一点，一再进逼。日后，东王肯定还会有无理的要求，石兄弟，你们现在都得受东王节制，我知道，你肯定会顾全大局，不予理会。但是韦昌辉是个很有城府之人，假以时日，如果有机会，这个北王如果不与东王对抗，也肯定会做出对太平天国不利之事。兄弟，我希望你能够无论在任何时候，都要与天王一起把握大局，不逞一时之快而危及全局。"

冯云山的话有些笼统，石达开听得有些糊涂，他问："云山哥，您……什么意思啊？"

冯云山严肃地说："这话也许现在你还不明白，但是兄弟，你千万记住我这句话。到时候你就知道了。"

石达开只得躬身，说："记住了，三哥。"

坐了这么一会儿，冯云山就有些累了，他打起精神，咬牙坐直身子，说："以前我说过，杨秀清虽然跋扈，但是他不会暗地使坏，所以对于杨秀清，倒不必过于提防，要提防北王；西王萧朝贵虽然是东王的人，却是个直爽汉子。兄弟，你一定要记住，以后一定要团结西王，加上天王，这样……就可以制衡东王，防备北王。"

石达开看着冯云山脸上的汗水都出来了，就找毛巾给他擦汗。冯云山抓住他的手，说："兄、兄弟，我的话，你一定要记住……千万，千万……"

此时，外面炮声依旧隆隆作响。江忠源为了防备太平军清除水中的木桩和大树等障碍物，日夜不停地进行炮击。

冯云山喃喃地说："还有……要劝告东王，快速北上，攻取长沙……"

冯云山再次昏迷过去。这时有兵卒报告，江面上好像有小股船队正靠过来。石达开忙离开南王大船，调了十艘小船，逆水而上，离开大队船只，迎击敌人。那几艘小船大概只是来试探一下太平军的反应能力，看到有船迎击，掉头就跑。

石达开也不敢孤军深入，在原地等待了一会儿之后，派了几艘船继续监视，自己带着一部分回到大队。

他再次来到南王的船上，看到冯云山似乎还在熟睡。但是石达开觉得冯云山的样子有些奇怪，他喊了几声："云山哥，云山哥……"

冯云山毫无反应。他试着摸了一下冯云山的脸，感觉已经有些发凉了。石达开大骇，忙喊随军郎中。

随军郎中其实就是金田村的郎中。他过来，扒了扒冯云山的眼皮，说："死了，人已经死了。没用了。"

07 西王亡命长沙

杨秀清率领太平军北上，攻占了道州城。疲乏至极的太平军在道州进行了休整，又取道向东，占领了郴州。

太平军在这几处，不但得到了粮草和兵员补充，还利用郴州大量参军的矿工，建立了"土营"。

"土营"是太平军在中国军史上的一个创举，类似于现在的工兵营。专事埋设炸药、挖地洞、修路筑桥等工程，为太平军在后来的攻城战中发挥了极大的作用。

西王萧朝贵听说长沙防守不甚牢固，跟东王杨秀清商量，要带兵去打长沙。杨秀清不是很同意。他觉得还没有做好准备，不管怎么说，长沙也是一个省城，跟道州、郴州这些小城市不一样。

萧朝贵却按捺不住。他听说长沙老城年久失修，根本不堪一击。这几次战斗，石达开和北王功劳都不少，唯独自己没有大的功劳，心里就有些不舒服。这个长沙，在他的眼中，就是在那儿等着他的一块肥肉。

杨秀清想了想，觉得反正要打长沙，让萧朝贵做先锋也不错，就让他带了林凤祥、秦日纲等大将领兵两千，前去攻打长沙。

这个萧朝贵是个急性子，到了长沙后，在长沙城外妙高峰上架起大炮，亲自指挥轰城。他没有想到的是，此时的长沙城里已经聚集了大量的清军，城外清军也开始云集。

萧朝贵指挥大炮轰了五六天，好不容易轰出一个缺口，急红了眼的萧朝贵亲自带人朝上冲，却中了对方的炮击，一块大铁片洞穿了他的肚子。抬出来的时候，肠子胃什么的都哗哗掉了出来，人已经断气了。

太平军没了主将，一面派人飞报杨秀清，一面停止了进攻，等待后援。

洪宣娇早就由兄长洪秀全做主，嫁给了萧朝贵，称西王妃。此时洪宣娇已经怀孕，听说西王阵亡，她哭晕多次。杨秀清和洪秀全又发了脾气，带着太平军主力赶到长沙城下，发誓为西王报仇。

清军见太平军聚集到了长沙，惊慌之外又订立了在长沙歼灭太平军的作战计划。长沙城内外聚集了大批的清军，计有五万之多。新上任的湖南巡抚张亮基带着湘阴举人左宗棠，安排调度。长沙城虽然拥挤不堪，却也是井井有条。

城外有向荣和原天地会的叛将张国梁，还有太平军的死敌江忠源。太平军和清军摆开了阵势，开始了你死我活的拼杀。

向荣想分割太平军，带三千人突袭太平军，被石达开获知消息，带将士埋伏在橘子洲，大败向荣。向荣三千人马全军覆灭，只有向荣一人逃出。

但是，太平军依旧没有获胜的希望。清军反而越聚越多，几乎对太平军形成了反包围之势。

是打下去，还是撤军，在太平军内部引起了激烈的争论。杨秀清觉得自己打不下长沙城，实现不了为西王报仇的誓言，面子上过不去，因此还是主张打下去。石达开和韦昌辉都已经看到了危机，力主撤退。天王洪秀全则不置可否。

杨秀清组织土营的人，从地下挖地道进入长沙城，进入的兵将却都被对方杀死，地道也被对方用水泥灌死。

经过几次较量，石达开知道城内有高人。现在无论在兵力上，还是在粮食供给方面，长沙城内丝毫不比太平军差。如此相持下去，太平军肯定没有好处。

石达开再赴杨秀清住处，劝其退兵。

杨秀清现在有种两手捧刺猬的感觉。长沙城眼看是无法打下去了，可是如此丢下，实在是丢人。

石达开看着杨秀清如此沮丧，就安慰他说："古人说，胜败乃兵家常事，何况我们还没有失败。现在敌强我弱，我们自动放弃长沙，其实是明智之举，否则等敌人援兵再至，对我们发起总攻，我们不敌而逃，那不但损失更大，对于士气也是很大的影响。"

杨秀清叹气，说："石兄弟说得是，可是西王惨死，我做兄弟的没给他报仇，心里总觉得不是个事儿。还有西王妃，她怀孕了，天天大着个肚子哭，唉，天天让天王给她报仇……我怎么开口撤军啊？"

石达开说："四哥，西王惨死，太平军上下都想给他报仇。但是如果这个仇没报成，太平军将士反而陷入危险，我想西王也是不同意的。君子报仇，十年不晚，太平军的目标是推翻清王朝，报西王的仇还不容易吗？至于西王妃……我去找找天王，西王妃也是个通情达理的人，不会为了一己之仇让太平军涉险。"

杨秀清想了想，说："如此最好。那就劳烦兄弟了。"

石达开告别东王，求见天王。洪秀全也是愁眉不展，心事重重。

行过君臣大礼后，石达开站着，洪秀全稳稳地坐着。

洪秀全叹了一口气，问："翼王，你那边战况如何？"

石达开躬身，回说："我奉命在湘江西岸开辟大营，为军队征运粮草，粮草供应倒是没有问题。天王，我……觉得长沙不可以打下去了。现在清兵军队越来越多，假如他们对我们里外夹击，对我们发起进攻，那太平军就危险了。"

天王抬起头，看着石达开，问："翼王，东王的意思呢？"

石达开说："东王也觉得打下去恐有危险。但是不打……又觉得对不起西王。"

石达开知道洪秀全对萧朝贵是比较有感情的。自从萧朝贵跟洪宣娇结婚后，危机感很重的天王就把萧朝贵看成了自己人。洪宣娇肯定也在西王跟前吹过枕头风，因此西王在很多时候明显帮着天王，对东王非常不满。

正如冯云山说的那样，天王有了萧朝贵和自己，基本可以勉强平衡东王的跋扈。现在对天王最忠诚的南王和西王接连而去，天王受到的打击可想而知。

洪秀全长叹一口气，说："南王和西王都死得很惨，这对于太平天国是无法挽回的损失。但是，我们重任在肩，不能因之葬送天国大业。既然你和东王都这么认为，那就撤吧。全州之战使得我们在蓑衣渡损失惨重，教训我们不能忘记。"

石达开看着洪秀全似乎几天之中老了很多，不由得说："天国大业未竟，天王要保重。"

洪秀全点头，说："谢谢兄弟。"

石达开又说："天王，还有一事，东王比较为难。西王妃一心想报仇，如果就此撤军，恐怕王妃……"

洪秀全说："这倒不必顾虑。西王妃是个通情达理的人，她的问题，包在我身上。只要对太平天国有利的，西王妃不会反对。"

石达开从天府出来，又去见了杨秀清，把天王的意思说了。杨秀清如释重负，说："既然天王同意，那就准备撤军吧。七弟，你对我们下一步行动，有什么建议？"

石达开拱手说："东王，我觉得我们还是应该取水路，经益阳向东经洞庭湖攻岳州。取了岳州，则可顺江而下，直取武昌。攻下武昌，则江宁翘首可待。江宁是江南首富之地，更是六朝古都，太平天国进了江宁，则名正言顺，可以整饬军队，分封官吏，养精蓄锐，与北京对峙。假以时日，再北上北京，则大业可行。"

杨秀清摇头，说："话虽然有几分道理，但是万事变化不是可以预测的。岳州……不知道是不是又一个全州。"

石达开拱手，说："四哥，岳州不足虑。如果四哥同意，我愿意带一支人马，先取岳州。"

杨秀清抬头看着石达开，说："七弟，你的勇气四哥一向钦佩。只是太平军连失两王，长沙又没有得手，岳州之役若胜，则可以鼓舞士气，如若再败，士气会更低落。七弟，你若想去岳州，则岳州须一举拿下，你有决心否？"

石达开说："请四哥放心，不克岳州，我提头来见！"

第五章

翼王展翅

01 武昌拒援

石达开兵发岳州，岳州水营整兵来战。

岳州水营在南方也算是训练有素的水军，石达开这方由罗大纲率领将士，一马当先，朝着对方水营就冲了过去。

对方水营刚开始调动人马，突然水营中大乱，好像有人造反。罗大纲有些纳闷，转身看着石达开。

石达开似乎早就料到此事，带着人马就杀了过去。

水营已经乱套了。对方的水营也有七八百人，可是不知道有多少人造反，石达开率部杀到，大喊："岳州水营的弟兄们听着！你们当中有汉人，有苗人，但是肯定没有满人当兵！满人当年血洗中华，我们为什么还要给他们卖命？你们水营中已经有部分兄弟觉悟，加入了推翻满清的阵营，今天你们如若还要为满清卖命，那你们就尽管杀过来；如果不想再给满清当狗，那就放下武器，更欢迎兄弟加入我们太平军。下一步我们要攻打武昌，正需要你们这样的勇士！"

水营的人看看满江面杀气腾腾的太平军，知道再反抗下去就是个死，都乖乖地放下了武器。

从水营中划出一只小船，船上一人，到了石达开面前，拱手说："晏仲武见过翼王。"

石达开赞赏道："好一个晏仲武！水营的兄弟们就交给你了。他们要是想回家，就放他们回家，应该发的饷银，你也给我报个数来。愿意参加太平军的，你也把名额报给罗大纲，听到没有？"

晏仲武躬身答："晏仲武听到！"

水营即下，石达开带兵直取岳州城。岳州知县听闻水营投敌，知道小小的岳州城根本无法与太平军抗衡，心肝直颤，最后实在是草鸡了，带着家小闻风而逃。

岳州是富庶之地，岳州府库不但有大量的粮食，还有三十门吴三桂留下的大炮。大炮都是崭新的，从未用过。石达开命人擦去上面的灰尘，灰尘下竟然还有一层黄油。石达开让人拉出一门大炮试炮，炮声响亮干脆，他不由得喜上眉梢。

更让石达开惊喜的是，他得到了停泊在洞庭湖的一千多艘湖船。除了原先岳州的水营，很多船夫也都参加了太平军，太平天国的水军正式组建。这支水军在以后攻打武昌和九江等战役中，起到了非常重要的作用。

在其后的武昌之战中，杨秀清命令石达开带兵担任拒援任务，与向荣援军对峙。向荣数次引兵来救武昌，都被石达开带兵打退，武昌因之成为一座空城。

这虽然也算是一项艰巨任务，但是在年轻好胜的石达开看来，终究不是主要战场，因此很有些郁闷。向荣是太平军的老对手，从紫荆山起义始，就一直试图消灭太平军，跟太平军打了大大小小二十多仗，也算是互相了解，因此他一看是太平军中最勇武的石达开带兵来对付他，就知道自己没戏了。

所以，后来的向荣也不退，也不进，摆开了阵势跟石达开对峙。

石达开接到的命令是"拒援"而不是攻打，但是石达开听着武昌城传来的隆隆炮声，实在是有些憋得难受。罗大纲和石祥祯等一干兄弟更是像一群热锅上的蚂蚁，天天来找石达开。石达开说他们都是贱骨头，没仗打就浑身不舒服。

罗大纲同意，说："贱啊，就是贱，没听到人家打仗还好，听到人家在打，自己闲着晒屁股，浑身就是不得劲儿。"

石达开很了解自己的对手向荣。向荣知道打不过太平军，因此只是摆摆样子，做给皇帝看看。所以，向荣偶尔拉出个进攻的架势，没等石达开迎战，他就撒欢跑回去了。

杨秀清攻进武昌后，石达开去拜见他。看到石达开郁郁寡欢，杨秀清说："七弟，是不是因为没打武昌心里憋屈啊？如果憋屈，我就把下一个任务交给你。"

石达开拱手，说："四哥，如何打仗您比我们懂，我倒是不憋屈，就是我的那些手下觉得这次任务也太闲了，他们天天闹腾。如果四哥有新任务，正好堵住他们的嘴。"

杨秀清哈哈大笑，说："任务肯定是有的，还是一个最艰巨的任务。七弟，从今日起，你就要整备船只，训练军队，最多一个月，你就要率部远征，只是希望七弟不要嫌辛苦。"

石达开喜出望外："多谢四哥！"

02 曾国藩出山

咸丰二年（1852年），钦差大臣赛尚阿因为御敌不力，被革职查办，三堂会审判了死刑，就等着绑到菜市口砍头了。可是咸丰帝也犯愁了，满朝的文武大臣没人敢在这时候挺身而出去消灭太平军，也没人敢举保贤才良将，堂堂的大清王朝，竟然没人敢领兵去对付这一帮逆贼。

皇帝奕詝也算倒霉，刚刚当上皇帝，就遇到了太平军起义，闹腾了两年，这么多的都督、巡抚带着漫天的清军到处拦截追杀，他们竟然没有消灭这帮从小山村蹿出来的"长毛"，让他们不但越来越壮大，还连下城池。武昌失守，巡抚常大淳以下文武全数殉难，让咸丰帝连发脾气的人都找不到了。咸丰皇帝实在是觉得恐慌，如此下去，难保这些悍匪不会打到天津、打到北京！

咸丰帝越想越害怕，他让兵部尚书彭蕴章安排，在养心殿密会赛尚阿。

赛尚阿是罪臣，因此是被蒙着双眼走进来的。当他被揭开蒙面，看到皇帝奕詝满面疲惫地坐在他的面前时，异常恐慌，磕头如捣蒜："罪臣叩见，万岁，万岁，万万岁！"

皇帝挥手，说："赛尚阿，我叫你来，不是来让你喊万岁的。我心里烦，有事想跟你聊聊，你可愿意？"

赛尚阿叩头："罪臣愿意！"

皇帝坐正身子，看着赛尚阿："赛尚阿，三堂会审判你死罪，你服不服？"

赛尚阿没想到皇帝会跟他聊这个，愣了会儿，才说："臣……服。"

奕詝笑了笑，叹口气，说："我知道你心里其实不服。我知道你不服，因此才没立刻处斩，才把你找来，想听听你不服的理由。"

赛尚阿虽然是皇帝宠臣，但他是蒙古人，知道自古满蒙不合，因此一向是谨慎小心。皇上钦封他为钦差大臣，让他率众阻击太平军，他是尽心尽力、恪尽职守，无奈这个大清早已经没了当初的锐气和坚硬，变得腐朽不堪，从上到下，从官至民，怎么能是上下齐心的太平军的对手？说起来，为此杀了他，他真是不服。

但是赛尚阿不敢说啊。他能说我赛尚阿就是不服，你给我一帮朽烂之众，怎么能敌过太平军？

所以，赛尚阿匍匐着，嘴里一直说："罪臣没有不服。罪臣有负皇恩，贻误军机，罪该万死！"

奕䜣对赛尚阿说了好几遍，这个赛尚阿一直就这么几句话，把这个年轻的小皇帝叽歪恼了。小皇帝拍了一下龙椅，喝道："好！既然你服，那你就等死吧！"

赛尚阿一听不对，好像皇帝这话里有话，就不说话了，匍匐着一动不动，两只老耳朵却似狼耳朵一般竖立起来，仔细倾听皇帝的下句话。

皇帝见他不说话了，看他一头苍发，浑身发抖，着实可怜，就叹了一口气，说："赛尚阿，我叫你来，是想听听你的意见。你受命去阻击太平军，亲临一线，应该知道为什么堂堂清军却不敌那些个草寇。你不必拘谨，把你看到的想到的，如实说来。"

赛尚阿听了这话，比听到要斩了他还惊讶，他抬头看了一眼皇帝，又叩头说："罪臣……实不敢讲。"

奕䜣说："赛尚阿，今天你不管说什么，我都恕你无罪。我知道下面的官府肯定有些阳奉阴违之事，也有些王公大臣于国法不顾，我就想知道为什么这么多的总兵、巡抚、都督，这么多的大清士卒，打不过一群乌合之众；我更想知道，怎么才能打过这些草寇。堂堂大清，总不能就这么葬送在这些人手里吧？"

赛尚阿看皇帝说得这么真切，心里感动了，叩头说："皇上既然能这么想，大清有救了！皇上……罪臣的话，可能是您听过的最不爱听的话，恐怕您……"

皇帝摆手，说："我天天听的都是我爱听的话，见到的却是我最不爱见到的事。你们这些大臣天天想着怎么讨好我，却不肯说真话给我听。好听的我都听腻了，今天，我就是想听你说不好听的！"

赛尚阿两手伏地，说："那罪臣就直说了。皇上，其实这话罪臣一直就想说，却一直没说。大清立国至今两百多年了，您知道，很多军政大权还都是八旗子弟把持着。这两百多年，把勇猛的八旗子弟养成了世袭贵族，现在的八旗子弟只会玩鸟、赏古，想的都是怎么升官发财，哪里还有人想着保家卫国冲锋陷阵？这是其一。大清上下，结党营私，能升官发财的，都是有靠山的，或者是懂得为官经营之道的，忠勇之士反而因为不懂献媚之道遭受排挤。所以，大小官员为的都是利益，一级一级的官员不是互相提携为国效力，而是互相倾轧排挤，这样的一群官员都恨不得对方赶紧死，在面临强敌的时候怎么能上下一心、共御外敌？这是其二。官不爱兵，当兵的哪怕想升个最小的官，都得倾家荡产地送礼。皇上，这样的官带着他的兵上战场，当兵的能听他指挥吗？您听到很多总兵被杀，可是死的当兵的却不多。为什么？因为有的总兵是被当兵的暗地杀了，有的就是当兵的投了敌人。这样的官兵，怎么能打过人家？当然，也有忠勇正直之士，但是太少，形不成气候。这就是为什么清军不敌毛贼的原因。皇上，这些话也许您不爱听，但是都是罪臣的真实感受。皇上，如果不想办法，大清……真的危险！"

皇帝奕詝显然有些震惊，喃喃地说："我早就知道大清积弊严重，没想到竟然也危及了军队！赛尚阿，那依你所说，大清就没救了吗？"

赛尚阿说："回皇上，大清自然有救，不过不能依靠原先的军队。湖南蓑衣渡之战，敌军大败，丢下了所有的粮草辎重，杀贼近三千。如此勇猛的不是清军军队，而是一个只有一千三百人的地方团练。组织这个团练的江忠源也带着他的人参加了长沙保卫战，可以说，如果没有这一千多人参加长沙保卫战，长沙必定也会葬送在官兵的手中。还有当初广西桂平的王作新，他多次自己带团练剿匪，但桂平知县却一动都不敢动。如果当初桂平的王作新势力再大些，恐怕这些毛贼也不会像如今成了气候。"

皇帝不解："这些乡勇，真有这么大的威力？"

赛尚阿说："不是他们有多大的威力，而是相比之下，官兵太不堪一击。还有一样，参加团练的都是本地乡民。太平军所到之处，必劫掠富户以充军饷，被劫掠的还有害怕他们劫掠的都愿意参加团练，保卫家乡。因此，他们参加团练是想保卫自己的家乡。而今之计，想有效遏制太平军，罪臣认为，应该速速派人在湖北湖南兴办团练，朝廷和地方都适当拨一部分饷银，让团练协助官兵，必能制服长毛，大清方能安定。"

奕䜣让人把赛尚阿押解下去，马上召见首席军机大臣祁寯藻，商量兴办团练之事。

祁寯藻对下面军队的了解自然比皇帝多些，听说赛尚阿主张用团练协助阻击太平军，非常赞同，并保举丁忧在家的曾国藩出任团练大臣，负责湖北团练事宜。

03 又见邱道长

正在积极准备东取江宁的时候，石达开自己却病倒了。原因是有从老家来投军的，带了话来，说熊清芬被当地官府抓了去，关了些日子，熊家凑了一笔钱上去，把人放了。放出来后的熊清芬回那帮村住了些日子，儿子却突然失踪了。熊清芬每日哭泣，被熊家又接回去。熊家本来还想把石达开家的房子和剩下的几亩地卖了，熊清芬不让，说万一达开回来呢？

熊家就把房子给石家的一个老人住着，地也租了出去。据说，熊家给熊清芬另找了婆家，但是熊清芬不嫁。

听到这个消息，石达开两天两夜没有睡觉。虽然远隔千里，但是他似乎能听到熊清芬伤心欲绝的哭泣。男人离开了自己，不知归期，相依为命的儿子又没了，她怎么能受得了这么严重的打击？

女人嫁男人，都是把这个男人当作自己一辈子的依靠、一辈子的家，可是男人没了，儿子不在了，这个家对于女人来说，除了凄凉还有什么？

想到妻子的温柔，想到临走的那天，她肝肠寸断却还安慰着自己的样子，石达开真想跳上战马，立刻回家。

但是他清楚，即便他没有作战重任，现在他也没法回家了。不但他自己没法回去，他派的石凤魁带人回去，多次都被人追了出来，险些丧命。

石达开因此忧虑成疾，加上风寒，竟然发起了高烧。不过他害怕影响士气，让兄弟们和叶梅封锁消息，除了随军郎中，没人知道。

叶梅衣不解带地伺候石达开，让他的一干兄弟都非常敬佩。洪秀全一直想给石达开寻一个王妃，石镇仑等人劝说石达开干脆娶叶梅算了。叶梅漂亮，心肠好，武功又厉害，以后肯定是石达开的助手。

石达开在病中，不愿意听他们的唠叨，就把他们都撵了出去。不过，这话被叶梅听到了，她来到石达开的房间，边给他熬药，边说："达开哥，我伺候你，可不是为了当你的王妃。"

石达开笑了笑。他现在心情苦闷，也没有心情谈这个。他对叶梅说："我知道。我现在什么都不想，你嫂子对我太好了。我真对不起她！"

叶梅点头，说："可惜，要是带着她就好了。"

石达开叹气，说："可是当时前途未卜，她又怀着身孕。唉，蓑衣渡一战，多少太平军家属遇难。也许这就是她的命吧。"

叶梅安慰他说："现在嫂子不是回到娘家了吗？也许她住些天，就会好些。达开哥，你不要小看女人，女人的适应能力也是很强的。我的两个哥哥都死得那么惨，我一个人东躲西藏，也差点没活出来，现在不是也好了吗？你也别光想着她了，如果嫂子知道你为了她病成这样，不知道要急成什么样子呢。"

石达开眼里流出了眼泪，说："千万别找我这样的男人，这是祸害了人家一辈子啊。现在倒希望她能找个疼她的好男人，替我好好照顾她，我的心还能好受些。"

叶梅安慰他，说："达开哥，你倒是要快快好起来。等我们推翻了清妖，你接回清芬姐，好好让她享享福。"

石达开感激地看着叶梅，说："但愿有这么一天。"

五六天后，石达开的病情终于有所好转，叶梅等人长出了一口气。

石镇仑等一干兄弟觉得天王、东王和北王都有了王妃，很多起义军将士在这两年陆续结婚，石达开也应该有个人贴身照顾他，这次看叶梅这么照顾他，现在病又好转，就都来劝他娶了叶梅姑娘。叶梅姑娘要才有才、要貌有貌，等人家让别人抢去了，后悔也晚了。

石达开虽然觉得叶梅不错，但是自己现在真是没有这个心思，就推托说，等打下江宁再说吧。

病情稍好，石达开就开始巡查各部的准备情况，并对东进做最后的准备。就要出发的最后一天晚上，石达开刚吃完饭，叶梅就来了。她后面还跟了一个人，这人一身青衣，一顶大黑帽子，盖住了半个脸。

石达开有些诧异，叶梅到这儿来，从来都是自己一人来，今天怎么还带了一个人？这人是谁呢？要知道，现在的翼王府可不是那帮村的石家了，不是谁都可以随便进出的。叶梅也知道这点，所以到翼王府从来都是连卫兵都不带。

叶梅显然没注意石达开的诧异，兴奋地说："达开哥，你看是谁来了！"

那人摘下帽子，深深鞠躬，说："贫道见过翼王。"

一旁的石镇仑首先大叫起来："是邱道长！"

邱道长虽然看起来瘦多了，但是精神尚好，他呵呵一笑，说："翼王今非昔比啊。我当时就知道拜上帝教会成气候，只是没料到会如此了得。早知如此，我早就参加拜上帝教了。"

石达开握着邱道长的手，说："道长，真没想到能见到你。当初我的兄弟们还有叶梅，找你都找疯了，你怎么到了武昌啊？"

邱道长说："说来，我可比你来得早。我来武昌，是为天地会死去的兄弟们……没想到，我刚来了不到一个月，你翼王也就来了。"

石达开惊讶："这三年，你一直在找人？还没找到吗？"

叶梅搬过一把椅子，邱道长坐下，说："没。三年，好几次差点抓到人，可又跑了。从广西到贵州、湖南、湖北，他参加过团练，当过兵，还在天门山当过和尚，我每次都能找到他，他也总是能躲过我的追杀。这次，我听人说他逃向了九江，我正要去，却听说翼王也要去九江，因此来搭翼王的便船，不知方便否？"

石达开还没说话，叶梅说："达开哥，你就允许道长跟我们一起走吧。如果你的战船不方便，就让他跟我一起好了。"

石镇仑说："你们一船的女人，道长去了恐怕更不方便，达开哥，让道长跟我和镇吉一起吧。我们路上也好请教道长。"

行军打仗，其实是不可以带着外人的。石达开知道叶梅和石镇仑都是怕他为难。他笑了笑，说："你们都别争了，邱道长是我的恩人和老师，他自然得坐我的船。邱道长，您就打算这么一直追杀下去吗？三年了，就为了杀一个人……这个代价实在有些大。如果你到了九江还找不到人呢？"

邱道长轻轻点头，说："如果找不到人……我只能继续找。他出卖了天地会那么多的兄弟，我无法让自己放过他。天地会虽然有很多毛病，但是在我心里，天地会的兄弟就是我家里的兄弟。我家里的兄弟都死了，我现在只想替他们报仇，别的什么也不想。"

石达开惋惜地说："这真……有些可惜。邱道长，我觉得您不应该只想到杀了这个人才是报仇。叛徒虽然可憎，可是他不过是官府的一条狗，推翻官府，灭了大清，我们才算是彻底报了仇。道长，您说呢？"

道长苦笑着说："翼王说的自然有道理。不过，凡事可以从小处着眼，也可以从大处着眼。大处着眼就是把小事朝大里想，小处着眼就是把所有的事情朝细处想。其实世间万事，都可大可小，就看你怎么想了，所以没有对错。翼王说的是大道理，是做大事的应该说的道理。但是并不是所有的事都适用于这个道理。我认为，假如推翻了大清，这个叛徒依然活着，那就依然没有给我的兄弟们报仇。人活着，有时候得有大道理，有的时候，也要讲讲小道理。不过说起来，我大约应该是没有大出息的人。报仇之前，我不再去想什么反清复明。假如把大清推翻了，我们身边有很多这种的卑鄙小人，那这个世界依然是肮脏无比。所以，我得先杀了这小人，才能有信心去做别的。"

石达开听了道长的话，似乎触动了心事，说："道长说的也有道理。身边有了小人，其实就是功亏一篑。费心打下的江山，可能……就很危险。"

道长摇头："岂止是危险，身边有小人，即便暂时能成事，最后也不会有好结果。所以，我觉得要先清小人，再打江山。现在天地会很多分会都在清理内奸。以前，只要是有人加入，不管你是什么人，哪怕是官府里的人，天地会也毫不在意。结果翼王想必是知道的，天地会起义几乎都是毁在了内奸的手里。现在天地会上下都在想，怎么才能在招兵买马的同时不被内奸所害，而不是急着去反清复明。因为天地会现在知道：遇人不淑，无论你怎么强大，也是没有前途的，会被对手吃掉。"

石达开想到了现在的太平天国，不由得嘟囔说："遇人不淑……会被对手吃掉……道长，那您看，我们太平天国前景如何？"

道长摇头，说："翼王，你现在是太平天国的三王爷之一，今非昔比，贫道可不敢胡言乱语。"

石达开拱手，说："请道长指点，就像当年在那帮村道长指点达开一样即可。"

道长点头，问："东王……还'天父附身'吗？"

石达开一愣："您怎么知道……这个？"

道长笑了笑，说："当初他还是个烧炭工的时候，我就认识他了。应该说，'天父附体'这个办法，是天地会的人帮他想出来的。在紫荆山，他用'天父附身'给天王洪秀全一个下马威，很多天地会的兄弟都看到过。你大概知道，现在的太平军里有很多天地会的兄弟。"

石达开说："这个我当然知道。道长请继续说。"

道长脸色有些严肃，说："杨秀清是个有些本事的人。应该说，当初冯云山被抓，拜上帝教在紫荆山能发展下来，也多亏了这个杨秀清。这个杨秀清有个缺点，就是太居功自傲。他总觉得自己是太平天国第一大功臣，连天王他也没看在眼里。冯云山在紫荆山的时候，就应该压下这个东王。永安封王，更不该把他列在冯云山之上！冯云山和洪天王那是挖肉补疮，自取其辱啊。至于那个九千岁……更是荒唐至极。冯云山在的时候，尚还有人能压着他，现在冯云山不在了，东王一手遮天，他人本来就很霸道，我觉得……东王假如能在外带兵打仗，肯定是个帅才。假如他居功不出，恐怕没有天王的好日子过。"

石达开鞠躬："道长说得极是。南王在的时候，就很顾虑这个东王。求道长指点迷津。"

邱道长说："也没什么好办法。杨秀清虽然跋扈，却是个将才。在紫荆山的时候，官府就很惧怕他。现在太平天国少不了他，只是以后要想法压制他。否则，此人也是个祸害。"

石达开叹气："东王一手遮天，没人能够压制得了他。"

邱道长也叹气，说："所以，很多事都是两难选择，只能看情况再说。"

04 邱道长辞别石达开

第二天，正是咸丰三年二月初九，石达开率领战船五千艘，以及南北两路陆地军马，在长江边辞别东王杨秀清和北王韦昌辉。

一大早，石达开已经去见了洪秀全，洪秀全因为有些风寒，因此没有来长江边送行。

杨秀清虽然来送行，身后依然跟着上百名彪悍的东王府侍卫。石达开看着志得意满的杨秀清和小心翼翼的韦昌辉，心情复杂。

杨秀清虽然跛脚，但是行军打仗勇猛果断，喜欢出其不意、猛下杀手，可以说，太平军实在太需要这么一位强势的领导者。每次石达开出征，看着不可一世的东王送行，他就会受到感染，浑身上下就会充满一种舍我其谁的霸气。

如果东王能够循规蹈矩，不像邱道长说的那么犯上作乱，太平天国上下一心，该有多好！

杨秀清对石达开说："七弟，今天我把太平天国的精锐全都给了你，千斤重担都在你的肩上了。四哥祝你旗开得胜、马到成功！"

石达开拱手，说："石达开必不负东王所托，今番一定为太平天国拿下江宁！"

石达开最后这句话是话里有话。他特别强调是为"太平天国"拿下江宁，意思是他们兄弟都是为太平天国做事，有警醒的意思。杨秀清果然笑了笑，石达开看得出来，杨秀清应该明白他的意思。

韦昌辉却说："七弟之言差矣，现在的太平天国就是九千岁在掌握大局，天王高高在上，只知钻研经文，九千岁统领国家万事，已经实际成为太平天国的象征了。"

石达开知道，杨秀清平日最看不起这个韦昌辉，韦昌辉挨打挨骂是常事。但是，这个韦昌辉竟然打不还手、骂不还口，还对外称"四哥骂我们是爱我们，打我们也是爱我们，即便是杀了我们也是爱我们"。石达开每每想到这句话，就感到恶心。

因此石达开理都没理他，而是对杨秀清鞠躬："东王和北王请回，达开启程了！"

杨秀清一招手，岸上鼓乐齐鸣，船上也打起了得胜鼓，石达开上船，朝东王等人抱拳，然后大喊一声："开拔！"

两岸的陆路部队率先启程，然后是罗大纲率领部分船只作为先锋部队先行，石达开率领中军将士，紧随其后。

长江一线，诸如黄州、九江、安庆、芜湖等大小城市的守军，听闻石达开率太平天国大军来到，大都闻风而逃。途中有个总兵摆了摆样子，架了几门大炮对着长江中的太平军开炮，刚好春官正丞相胡以晃带的陆路部队赶到，从他们的后面架起大炮，一炮就把那个总兵给轰上了天，剩下活着的清兵转身就跑。

有一队清兵慌不择路，跑到了山上，从山上下来，刚好遇到胡以晃的大批部队，清兵们缴了武器，乖乖投降。

胡以晃看他们都是些穷当兵的，稍加审问，就放了他们。有愿意当太平军的，就编进了部队，利用他们对地形熟悉的优势，一路长驱直入。

南路军首领天官副丞相林凤祥带领南路太平军，一路势如破竹，偶有拦阻，也如以卵击石。

邱道长随着石达开行动，看到太平军气势如虹，不由得赞叹："将军果真是威风。势力如此，如果太平军上下一心，霸业不说，跟大清划江而治，确是指日可待。"

石达开正是志得意满的时候，他看了看浩浩长江水，不由得有些慷慨激昂，说："道长的志向有些小气了。太平天国的理想是推翻大清，创建一个人人平等的大同中华。"

邱道长呵呵一笑，说："太平天国的志向让人钦佩。但愿如此。"

到了九江后，邱道长告别石达开。

石达开挽留，说："达开自组织拜上帝教，所遇可为师者就两个人。一是三哥冯云山，二是道长。你们两人的目光都比我长远，虑事周密，现在三哥已成天人，道长却要远去。达开恳请道长留下，道长没做完的事，我抽调人马替你完成。实在不行，我在九江多住几日，全城搜捕，找到那人。希望道长答应。"

邱道长拱手，说："翼王谬赞了。现在的太平天国兵强马壮、人才济济，贫道留下也不会有什么作用。况且，我的主张跟天国的主张现在不在一条路线，留下不但不能对翼王有什么辅助，反而会徒增烦恼。"

石达开说："道长此言差矣。道长的话，达开都是洗耳恭听，怎么会徒增烦恼？"

邱道长想了想，说："既然如此，贫道有一言，翼王想想是否愿意按此行事。翼王继续东下，取江宁不远。取下江宁之后，翼王应该为自己想想退路了。依我观察，天王和东王都不是翼王可以效力终生之人。翼王迎接天王进入南京，已经为太平天国打下了可安身立命之所。翼王应该激流勇退，寻找自己可作为终生养老之地，比如效仿当年魏蜀吴鼎立之势。此为翼王计，也是为天王计，可互为掎角，牵制大清，可守可攻，翼王肯听否？"

石达开一愣，说："这……道长，这是跟天王分裂啊，我们拜把子时，是有誓言的……"

邱道长笑了笑："翼王如果做不到，就不要勉强贫道了。等什么时候翼王明白了我话的用意，贫道再来不迟。"

石达开看着邱道长的背影远去，思索着他的话，久久没有转过神来。

叶梅叹了口气，说："达开哥，回屋吧。"

石达开看了看叶梅，突然觉得叶梅和邱道长都是对他很重要的人。杨秀清和北王甚至天王，都离他那么遥远。邱道长的离开，让他有种孤独，有种被遗弃的感觉。他觉得奇怪，怎么会有这种感觉呢？

当然，石达开没有预料到的是，后来他们攻下江宁，天王等人好像到了安乐窝，一众人等骄奢淫逸，他的这种感觉会越来越强烈。

石达开心中还有个疑问，就问："叶梅，邱道长去为天地会的人报仇，你怎么不跟着去帮忙呢？"

叶梅惊讶地看着他，质问："达开哥，你是想撵我走吗？"

石达开忙解释，说："不是，我没有这个意思啊。你第二次住到我家的时候，你找不到你二哥和邱道长，你很伤心。你说等找到邱道长，你就走啊，我虽然没有听邱道长的话，可是我知道邱道长是个高人，是个好人。你……"

叶梅恨恨地用手指着石达开，突然跺脚说："好！你赶我走，那我就走！"说完，叶梅就从石达开身旁跑开了。石达开一下子意识到自己说错话了，忙拔腿就追，跑了几步，想到他们刚进九江城，将士们还有那么多的事等着定夺呢，只好伸手拍了自己几巴掌，骂自己："猪头！猪头！死猪头！"

石祥祯和石镇仑等兄弟抬着一个大箱子走过来，石达开走过去。石祥祯等人要行大礼，被石达开拦住，他喊："你们快去找叶梅！"

几个人一愣："叶梅？她不是好好的在吗？"

石达开沮丧地喊道："刚赌气跑了。我说话不好，得罪人了。你们快找啊，多带些人去。"

石祥祯等人问了方向，招呼了一帮军士，追叶梅去了。石达开看着他们一路小跑而去，无奈地摇摇头。

他刚刚真的说错话了。他没有体会到叶梅的心思，却只是好奇她怎么不随着邱道长走了。却没想到，这么大的一个女孩子，怎么能老跟着一个老道士闯荡江湖呢？

石达开第一次觉得，自己应该好好想想他和叶梅的事了。自从金田起义以来，叶梅一直跟着他，默默地照顾他。虽然有兄弟提议让他把叶梅娶了，石达开心里却总是想着熊清芬。刚刚看到叶梅的眼神，石达开再笨，乜明白她的心意了。

唉，一个可怜的女子。现在她身边一个亲人都没有了，如果自己不照顾她，谁还会去照顾她呢？

石祥祯没能将叶梅带回石达开的身边，他向石达开汇报说，叶梅没跑远，她回了女兵营，说估计她这几天赌气，不会来见石达开。石达开听了，苦笑着摇了摇头。

05 定都之争

在九江住了五天，石达开率众开始继续东下，连下安庆、芜湖等城市，于三月初抵达江宁城外。

三月的江宁已经春风和煦。石达开让众将领军士在城外安营扎寨休息两天，开始研究攻城。

与安庆等中小城市不同，江宁是六朝古都，城墙高大结实，两江总督陆建瀛和江宁将军祥厚负责守城。

陆建瀛是进士出身，没有作战经验，太平军开始攻城后，他就失去了守城的信心。祥厚和陆建瀛不和，觉得这个两江总督自私贪婪，没有作战能力。因此，仪凤门多次差点被攻破，陆建瀛多次派人求祥厚救援，这个江宁将军也只是带兵严守他负责守卫的原明朝都城，拒不增援。

石达开的土营，在这次战斗中又建奇功。他们从地下打通地洞，一百勇士通过地洞杀进了仪凤门。

勇士们迅速打开了大门，城外的太平军将士蜂拥而入。陆建瀛看到大势已去，带着几个心腹去投奔祥厚。

祥厚是满洲镶红旗人，是八旗子弟中少有的忠勇之士。他瞧不起陆建瀛丧家犬一般的样子，对他吼道："守城将军应该城在人在、城陷人亡。现在城还没有被攻破，你就想逃跑，你怎么配称两江总督？"

陆建瀛是个胆小的人，哀求数次，祥厚依旧不开城门，他只好带人回去。没想到此时的江宁外城数处被攻破，大批太平军将士杀进城来。陆建瀛看看不好，不敢回仪凤门，只得绕巷而走，没想到，他刚好遇到了石祥祯。

石祥祯带着一拨勇士从另一处杀进来，看到那豪华的绿呢小轿，就知道是个大官。勇士们杀将过来，轿夫四散逃走，陆建瀛手下护卫背起陆建瀛就跑。跑了没几步，就被石祥祯追上，这护卫拔刀反抗，石祥祯手起刀落，护卫就被砍倒在地。

陆建瀛还想跑，一个军士冲上去，一刀就要了他的命。

石祥祯本来不想杀这个看起来胆小如鼠的当官的，但是要拦阻已经晚了。当然，他没想到这人就是大清的两江总督。

祥厚却比陆建瀛勇武得多。

太平军将士冲进城来，祥厚带兵守卫原明故宫的防城，血战三天。城破后，祥厚依然挥刀阻击太平军，连杀七八人，身受二十多处重伤，直至倒地而亡。

石达开率大军入城，安排人搜寻各处遗漏清兵，又经过一天，才完全占领了江宁。

过了六天，天王和东王才带后军进入江宁。

为了协防江宁，东王派罗大纲、林凤祥带军各攻打镇江、扬州，并在此驻守。天王等入城后，开始论功行赏。然后，洪秀全和东王杨秀清、北王韦昌辉、翼王石达开，为示尊重，还请了春官丞相胡以晃等商量在江宁建都事宜。

杨秀清不同意。他的理由很简单，应该厉兵秣马，直捣北京，推翻大清后直接定都北京。

天王说："清弟的话自然也有道理，不过凡事都要稳扎稳打，太平天国虽然一路过关斩将，但是满清的主力并没有被消灭。直捣北京，恐怕不是那么容易。本王的意思，我们定都天京后，先平定南方，积蓄力量，然后稳扎稳打一路推进。这样进能攻、退可守，南方作为天国稳固的大后方，我们方能有备无患，有力量跟清廷对抗。"

石达开也说："天王言之有理。我们这一路攻城掠寨，虽然没有遇到大的对手，但是打下的城池都没有派驻兵马。我们这点儿兵力，没法分兵驻守，何况我觉得，即便是分兵驻守，恐怕也很难守住。这就说明，我们并不比清军强多少。何况这一路我们是用我们天国的精锐之师去对付地方守军，并没有遇到清廷的主力部队。这就像两个家庭打仗，一方用精壮男子去对付对方家庭的孩子，即便是胜利了，也并不代表双方家庭的真正实力。但是如果获胜的这个家庭就此以为自己天下无敌了……噢，四哥，我的意思是说……"

杨秀清铁青着脸，打断石达开的话，说："我明白七弟的意思。七弟熟读兵书，自然比我们这些烧炭的强得多。不过，七弟，你应该知道兵贵神速吧？何况，这一路来，我们是边打边招兵，刚起义时，兵力不到一万，现在已经拥有了十万之众。一开始我们不敢从紫荆山走出来，害怕出去会没有退路，后来我们出来了，发现其实外面的天地更广阔。我们没有被打散，人越打越多，越打越能打。现在趁刚拿下江宁的余威，我们应该分两路北上，一路经河南河北，阻止西部各省的援军，一路经山东直取北京。打下北京后，清廷群龙无首，自然就失去了战斗力，太平天国大业方成。如果迁延久了，让清廷有时间调兵遣将，以全国兵力之重，围攻江宁，恐怕江宁也难保。"

天王看了看畏缩不言的韦昌辉，问："北王有何高见？"

韦昌辉见天王亲自征求他的意见，胆子才壮了，拱手说："回天王，我也觉得应该先定都江宁，在南方扎下根基。有了根基才能发展壮大，壮大后才有力量跟清廷抗衡。一旦受挫，还有根据地可以休养生息，此为守势。攻守兼备才能克敌制胜，如果只知进攻，一旦受挫，没有根据地的救援，后果将不堪设想。"

胡以晃也说："北王的话有道理。自古说，胜败乃兵家常事。带兵打仗不可能永远取胜，能在失败后重新战胜敌人，是战争之基本。有后备力量和退守之地，是一旦失败后转败为胜的滋养之地，巩固南方是太平天国立国之根本。"

胡以晃虽然只是个春官正丞相，跟诸王无法相比，但是当初冯云山在紫荆山传教时，胡以晃是平南县的头目，论资历不比杨秀清差。在金田起义之初，他还曾带领教民营救过洪秀全和冯云山，加上年龄比杨秀清要大几岁，两人是老相识，因此，他虽然官职比杨秀清低得多，却是唯一敢跟杨秀清说话的人。

天王满意地点头，转头看着杨秀清，问："东王意下如何？"

杨秀清自然懂得天王的意思。他虽然不同意石达开等人的说法，但是想一想，觉得他们的话也颇有几分道理。从理论上讲，他同意他们的意见，先巩固南方根据地，毕竟也是比较稳妥的做法。但是，今天让他有失颜面的是，北王和翼王，还有个小小的春官正丞相竟然都反驳了自己。

应该说，跟着天王这么集体反驳自己，这还是第一次。杨秀清差点用天父附身法来对付他们。但是，又想了想，杨秀清还是选择吞下了这口气。

来日方长。

杨秀清拱手说："既然各位兄弟都同意建都江宁，先在江宁建都也未尝不可。不过我还是觉得应该马上派兵北上，直取北京。"

终于让东王听了自己一次话，天王也很兴奋，他知道做人不可强逼，也须得卖东王几分面子，因此说："东王的话自然很有道理，北上之事就有劳东王费心了。"

06 惆怅天京

太平天国在江宁定都，并将之改名为天京。

林凤祥等从扬州战场得胜归来后，在天京逗留十几天，就奉命带两万兵马北伐，直取北京。

石达开不同意北伐。他觉得派区区两万人孤军深入，是兵家大忌。杨秀清还是他那套"仗越打兵越多"的理论，丝毫不理会石达开等人的反对。

林凤祥在临行前一天，到翼王府辞行。林凤祥虽然对东王的作战部署有所怀疑，但却只字未提。石达开看林凤祥的情绪不是很高，就说："每片树叶都是有正反两面的，事情也是如此。东王作战喜欢迅猛，喜欢在不断的战争中壮大队伍，他的话也是有一定道理的。记住，无论到了什么地方，到了哪个城市，一定要知己知彼，才能保证胜利。太平军在情报和哨探方面不如清军，这个一定要想法弥补，否则会吃大亏。"

林凤祥说："多谢翼王教诲，林凤祥有一事相托。"

石达开一怔："噢，你请说。"

林凤祥说："此次北上，孤军深入，路途险恶遥远，我和开芳都觉得翼王温厚，家里人就拜托翼王了。假如我们兄弟能侥幸回来，再报答翼王之恩。"

石达开默然。林凤祥和李开芳也算身经百战，自然知道孤军深入的危险。他不知道说什么好了。

林凤祥倒是笑了笑，说："翼王放心，我带着太平天国军士必定奋力杀敌，杀出我们太平天国的威风。假如老天作美，说不定真能打下北京。"

石达开叹口气，说："既然上了战场，就要尽力。记住，一路上要严守军纪，不许叨扰百姓，才能得民心，才能招兵买马扩充大军。"

林凤祥说："林凤祥谨记翼王教诲。"

说了一会儿话，林凤祥告辞。石达开把他送出王府。

石达开说："兄弟，一定要小心。"

林凤祥说："多谢翼王。"

看着林凤祥的背影，石达开心情非常沉重。现在他有一种预感，太平天国会葬送在这个跋扈勇猛却不懂兵法的东王手里。他的那套猛打猛冲的作战方式，虽然有时候会出奇制胜，有时候却会白白葬送军士的性命。

林凤祥和李开芳带区区二万人北伐，这不是送死是什么？

石达开脑子里突然蹦出了邱道长跟自己说的那几句话。当时他觉得邱道长的言外之意是万万不可能实现的。现在，他隐隐觉得邱道长的话里好像很有玄机，值得自己去琢磨。

仅仅一个月后，东王又派胡以晃、赖汉英等率兵西征，顺原路重新打下安庆、武昌等城市。

几乎同时，天京城里张灯结彩，大兴土木。

东王嫌东王府太小，命令重建。天王府作为皇宫，自然也需修整得有些模样，因此也需扩建。天京城里，百官喧哗，太平天国的文武百官，也开始大肆修建各级办公场所。

东王让石达开协助处理天国政务，而东王和天王则每日沉溺于笙歌艳舞之中。天王为了充实后宫，专门让人负责挑选美女，每天有专门的马车朝宫里运送美女。

东王也不示弱，短短的几个月时间，王府已经有四十多个王妃。其奢靡程度，不亚于大清的王爷。天王还把挑选剩下的几个女人送给了石达开，石达开不想违逆天王的意愿，只好也纳了几个王妃。

但让石达开郁闷的是，同为太平天国将士，除了他们几个王爷外，所有家庭都是男女分开的。女人住在女营里，跟丈夫见面还需要通报。两人说几句话，必须大声，否则就有可能得到"私通"的罪名。有的军士忍受不了相思之苦，夫妻偷偷约会，被发现后，就以"私通"罪名处死。

石达开觉得这个制度实在是不合理，曾经向东王和天王都反映过，结果两人难得的一致，都认为这个制度是保持军队战斗力的最有效的办法。

最让石达开错愕的是，东王竟然看中了叶梅，要纳她为妃子。

那天，东王和翼王到军营中视察，遇到了陪同石达开王妃外出的叶梅。东王看到了英气逼人的叶梅，不由得目瞪口呆，喃喃说："好一个美人！"

叶梅自然很漂亮。但是她一贯是一身短打扮，穿着跟男人没什么两样。更兼其人行事干脆利落，走起路来也是迅疾如风，跟东王府中的一干王妃比起来，自然有一种别样的美。

东王当即让翼王做媒，他要娶叶梅为妃子。

石达开惊讶，说："四哥，这个叶梅可是军中女将啊……"

石达开的意思是，天下那么多的女人，为什么非要一干女兵啊？没想到东王大笑，说："兄弟，女将好。那些软绵绵的女人把四哥的骨头都泡酥了，这个女将肯定风味不同。哈哈，七弟，这个事儿可交给你了。"

石达开头上都急出汗来，说："东王，这个叶梅……好像有了婚配，只是还没结婚而已。"

杨秀清惊讶地看着石达开："七弟，你好没意思！你如果想要哪个女人，四哥肯定给你办来，我才不管她婚配不婚配的。我堂堂东王，九千岁，想要个女人，还要管她是否婚配吗？"

石达开不敢再说什么，只好说："既然四哥喜欢，我就尽力而为。"

杨秀清的脸上这才有了笑意，说："如此才是兄弟。"

晚上，石达开回家，让人喊来了叶梅。

叶梅平时跟石达开都是兄妹相称，人也大大咧咧的，见了石达开从来不行大礼。今天看到石达开坐在椅子上，她却一本正经地行跪拜大礼，口中说："见过翼王五千岁。"

石达开很不习惯："叶梅，你……这是做什么？"

叶梅的话酸溜溜的，说："太平天国人人平等啊。这不是太平天国规定的吗？"

石达开有些尴尬，说："快起来吧。这些规矩都跟我无关。唉，现在的太平天国我看也不比满清好。要是三哥在就好了，可惜啊。现在东王大权在握，天王也不敢说什么，我们在东王的眼里，都是他的跟班而已，没说话的份儿啊。"

叶梅站起来，说："翼王，按说这些话我不应该说，也不干我什么事。

不过，你看看这个太平天国，天王几个月就找了好几百个妃子。你刚刚还说天王管不着东王，那他管好自己也好啊，天天选美女，女兵都不放过。而普通将士夫妻，偷偷见个面都要被杀。这是什么'平等富足'？巫溪里打仗那么勇猛的一个人，就是因为偷了一块牛肉送给他老婆，就被砍掉了一条腿一只胳膊，最后又处死了。翼王爷，你说说，这是平等富足吗？太平天国当初说的是不是骗人的？"

石达开心里说，当然是骗人的。但是他嘴里没说，而是说："分营制度是天国上下商量制定的，是为了不让夫妻一起离开太平天国。你知道，起义初期在紫荆山被围困的时候，很多军士就带着全家人跑了。分营制度，能保住军队人员，也能加强战斗力。不过，等再稳定些，分营制度我会奏请东王取消的。"

"好，那就不说这个，巫溪里死了就死了，那你们这些王爷呢？天王几个月纳妃四百多，东王四十，北王也有二十多个吧？翼王您呢？只有五六个，这不符合您翼王爷的身份吧？干脆，江宁城里的女人都跟你们这些王爷算了。这多好，让那些女人跟着你们吃香的喝辣的，这才叫天下太平呢。"

石达开苦笑，说："妹妹不知，我这几个王妃都是天王送给我的，我不得不要。太平天国上下至此，我也真是没有料到。妹妹应该知道我的心意，我石达开岂是这种人？"

叶梅把憋了很久的怨气都撒了出来，看看石达开也是一脸的无奈，就有些心疼，叹了口气，说："巫溪里死得太冤了。打天京的时候，可是他带头掘地洞，为了配合别的地方进攻，他可是三天三夜没合眼，带人把地洞打通了。达开哥，你们杀害这样的忠良，兄弟们心寒。"

石达开一愣："什么？杀的那个人……就是在岳州投军的那个天地会头领……巫溪里？"

叶梅愤恨不已："当然是他！行刑官要杀的时候，我到处找王爷，结果……结果王爷在那儿听新妃唱曲儿，等我好不容易找人把你叫出来，人头早就落地了。一个妃子，就那么值得你们几个王爷都去捧场吗？"

石达开低头，说："惭愧！巫溪里兄弟死得好冤！"

叶梅叹气，说："岂止是巫溪里，这些日子杀了十多个了，哪一个不是一路攻杀过来的功臣？天国这样下去，恐怕人心要散。"

石达开叹口气，说："妹妹，幸亏你跟我说这些，这些症结，我都没觉察出来。唉，邱道长的话，看来真是有道理。"

叶梅有些好奇："邱道长说什么了？"

石达开摆手，说："这个你先别问了，叶梅，这里有个问题，是关于你的，我想征求一下你的意见。不过，我先跟你说明，你不能发火，如果你有异议，就请说明，我绝对不会强求你。"

叶梅听石达开话说得这么严肃，有些发愣："达开哥，什么事儿，要你先说这么一大堆？"

石达开先喝了一口水，清了清嗓子，才说："叶梅，唉，这话让我怎么说呢？……唉，今天东王看到你跟王妃在一起了……"

叶梅有些奇怪："看到了怎么了？我跟王妃在一起不行吗？"

石达开摆手，说："不是。当然不是不行。东王……看……看上你了。"

叶梅身子激烈地一抖，声音大了："达开哥！你什么意思？你不是要给我做媒吧？"

石达开看着叶梅刀子一般的眼神，真想找个地缝钻进去，他艰难地咽了下唾沫，说："是……是这么回事……他让我问问你，噢，不，他想让你做……他的王妃……"

石达开说着，突然有种想哭的感觉。

曾有将领找人跟叶梅提亲，都被她一口回绝。但是因为叶梅漂亮，提亲的人多，叶梅后来跟提亲的人撂下了话："我叶梅不想嫁人！"

有人因此说这女子有病，还有人说她是个石女。叶梅不管，没人提亲就好。只有石达开明白，叶梅心里有自己。正因为如此，看到他纳妃，叶梅才会恨自己。现在东王让自己跟她提亲，让她嫁给她痛恨的东王，石达开不知道，她该会多么恨自己。

叶梅果然冷冷地笑了笑，说："你答应给他做媒了？"

石达开咬咬牙，说："我……叶梅，你知道东王的权势，现在他想要什么，天王都无法阻止他。我自然不会答应，我只是想问问你的意思而已。"

叶梅定定地看着石达开，好长时间不说话。石达开看了一会儿，说："叶梅，你……说话啊。"

叶梅擦了擦夺眶而出的眼泪，问："那你希望我怎么做？"

石达开没法说话了，他当然不情愿叶梅嫁给东王。他刚刚听说，西王妃洪宣娇被东王强逼进了东王府，被东王强留在东王府里住了三天，才放她回家。后来，东王就常常到西王府了。据说，洪宣娇被东王强制之初，也是非常不情愿，都想去找天王，后来想想天王也没能力给她做主，才不得不认命。现在却也习惯了，跟东王半明半暗地厮混。

就这么一个淫荡无度的东西，石达开怎么会情愿把叶梅嫁给他？

但是，他能说不嫁吗？东王倒不至于跟自己过不去，但是叶梅怎么有能力逃出他的魔掌？

看着石达开不说话，叶梅终于长出了一口气，说："达开哥，你给我听着，我叶梅就是扔粪坑里攒粪，也不会嫁给这种畜生。我不是西王妃，想欺负我，不是他死就是我亡！当年我真瞎眼了，以为拜上帝教会比天地会有出息，我真没想到啊，竟然会出息到这种地步！"

07 胡以晃打下庐州城

叶梅自然不可能嫁给杨秀清。石达开筹划，第二天让她装扮一番，随着石祥祯出城。

叶梅临走时，石达开送给她一把小刀。小刀是打下江宁后，石祥祯从清朝将军祥厚身上搜到的，模样不是太漂亮，却削铁如泥。

石达开对叶梅说："这是我最好的刀，可是我也用不着，送给你吧。"

叶梅没什么送给他，最后送了一条自己最喜欢的丝巾给他。石达开知道以后恐怕很难见面了，心中难受。叶梅伸手给他抹了抹眼泪，就转身走了。

两天后，石达开去见东王。杨秀清正在和他的一个妃子抱着一只浑身雪白的西洋犬玩耍。

杨秀清看到石达开，就让妃子抱着狗走了。

杨秀清先坐下，稳稳地等着，等着石达开行跪拜大礼后，才让石达开坐。石达开跪着，说："四哥，达开没办成事，不敢起来。"

杨秀清声音一冷："怎么了？怎么没办成？"

石达开说："小弟愚笨，当天回去后，就把那个叶梅叫来，跟她说了四哥要她做王妃的事。她倒没说什么，说第二天答复我。第二天，我等了一天，也没见来。我就派人去找她，没想到人没找到。跟她住在一起的女兵说，这个叶梅当天晚上回来一趟后，带了些东西就走了。女兵问她到哪里去，她也不说。我昨天带人找了一天，也……没找到。"

石达开说的都是真的。叶梅当天晚上回去带了点东西，就跑到翼王府了，第二天石达开也确实派人去找过叶梅，昨天还找了一天。石达开当然猜不透杨秀清是否会相信，不过事已至此，无论他相信与否，他都只能这么做了。杨秀清很惊愕地叫了一声后，就让人看不透地"噢"了一声，说："既然如此，那麻烦七弟了。人走了就走了吧，这怪不得七弟。女人这东西，天下有的是。"

石达开抬头看杨秀清。杨秀清表情凝重，石达开猜不透他在想什么。但是他能感觉到，杨秀清起码没有完全相信自己。不过，能勉强应付过去就已经很好了。

杨秀清让石达开坐下，两人讨论一下军情。

听说讨论军情，石达开赶紧坐下。首先是北线。北伐军历尽波折，已经从河南巩县的汜水口渡过黄河，继续北上。听说路上不少捻军加入，兵力已经达到三万多人。总体来说，现在看来，北伐军势头良好。遗憾的是，后续部队宿营时被清军偷袭，已经被打散。

"林凤祥他们不错，打出了我们太平军的威风。"杨秀清有些高兴。

看到杨秀清这样，石达开有些放心，他似乎对叶梅的事并没太放在心上。他说："四哥，我看还是见好就收，让他们撤回来吧。即便是打到天津停住，只守住一城一地，孤立无援，也会被困死。要攻取北京，没有十万精兵，是没有希望的。林凤祥带的部队，有很多广西老兵，那可是我们太平军的宝啊。"

杨秀清说："这个我看暂时不必，看看情况再说。倒是西线让我很不放心。现在赖汉英困守安庆、南昌久攻不下，我怕万一出现变故，因此想让七弟去西线督战，不知七弟意下如何？"

石达开一听可乐坏了。在天京天天守着这几个人，看着他们做的那些恶心事，自己又没有权力管，实在是把他给憋坏了。

因此，他忙躬身，说："七弟愿往。"

杨秀清说："好。现在已经八月底了，你这几天准备一下就启程吧。"

石达开说："是。"

几日后，石达开带着八千援军，辞别东王以及送行的官员，扯起风帆，直奔安庆，驻守安庆的胡以晃等带众人在码头迎接。

进城坐下，石达开询问了各处的进攻情况。胡以晃等人都汇报上来。石达开仔细询问进攻失利的原因，并单个谈话。只有进攻南昌的赖汉英、曾天养和林启容还在路上。

第二天，曾天养先来到安庆，拜见石达开。石达开跟他详细了解了一下进攻南昌的情况。

原来，曾经在蓑衣渡大败太平军的江忠源因为阻击太平军有功，升为湖北按察使。江忠源率两千楚勇与江西巡抚张芾共同守城，两人同心协力，作战非常顽强。虽然后来石祥祯带了上万兵马增援，但是因为江忠源的顽抗，以及后来的清兵增援，双方一直僵持不下。

石达开下达了从南昌撤兵，集中优势兵力、各个突破的作战方针。

石祥祯没打下南昌，多次跟江忠源交手都没有占到便宜，很有些愤愤不平。石达开批评他："大哥，打仗不能只凭好勇斗狠。围攻南昌失利，我看主要是你们轻敌了。假如你们不是一味强攻，而是围城打援，先把增援的清军收拾了，何至于让人家内外夹击？南昌已经成了夹生饭，现在要打下，不但要耗费时日，还要投入很大的兵力，与所得相比，不成比例。因此，南昌不可再打下去。"

当下，太平军分兵两路，一路由春官正丞相胡以晃率领，直取庐州（今合肥）。经过一个月攻打，十月就打下了集贤关，十一月打下了桐城。等他打到庐州，让他没有想到的是，在庐州等着他的，竟然是刚上任的安徽巡抚江忠源。什么叫"仇人相见，分外眼红"？现在的胡以晃就是这种心情。当年在蓑衣渡，胡以晃的家人中有两个死在了江忠源的刀下，现在听说是这个悍敌守城，胡以晃格外小心。

曾天养在太平天国诸将领中年龄最大，五十五岁，行事谨慎。他听说镇守南昌的这个江忠源竟然又跑到了庐州，有些担心，说："胡将军，这个江忠源可是个厉害角色，要不是他，我们就把南昌打下来了。这玩意儿竟然又来到了庐州，我们可真是倒霉啊。庐州城这么大，又有这个江忠源，咱可有点麻烦啊。"

胡以晃说："依我说，这是咱兄弟幸运！这个江忠源是我们太平军的死敌，从广西出来的那些弟兄，谁不恨他？多少兄弟的老婆孩子死在了这个畜生手里？蓑衣渡一战，咱们太平军给打得惨啊，扔下了那么多的女人孩子，还有老人，江忠源让人朝江里开炮，上千人就没听说有活着出来的。每想到这里，我就恨不得手刃此贼！这次老天给我这个机会，我再不会放过这个江忠源！"

曾天养老婆也死在了蓑衣渡，他说："谁不恨这个江忠源？我老婆还有闺女……唉，可是，这个江忠源狠毒啊，他现在又是安徽巡抚，有权有势，我就怕……咱打不过他。"

胡以晃摇头："此番不是南昌！不下庐州城，我胡以晃以死谢天国！"

清廷听说太平军围了庐州，忙从附近调兵救援。滁州总兵玉山带滁州兵驻庐州城拱辰门外，陕甘总督舒兴阿带陕甘兵驻冈子集，总兵音德布带滇兵驻枣林，江忠浚带湘军驻西平门五里墩，对太平军形成了包围之势。

胡以晃吸取了南昌之战的经验，命军士在庐州各城门外筑木城土垒，阻断城内军队出城，以免被包了饺子，然后，他亲自带领大部分人马攻打分散的这些各地援兵。他首先带人猛攻玉山驻扎的拱辰门。

玉山没料到胡以晃竟然舍弃了攻城的正经营生，先来收拾他们，被打了个措手不及，士兵奔走，连他们的总兵也顾不得了。玉山向来是骑马的，奔跑的功夫不及兵卒。而他的马早就被那些逃命的兵卒给骑着跑了。玉山奔跑了一会儿，被太平军士卒追上，只一刀就结束了这个总兵的性命。

胡以晃马不停蹄，带兵连败舒兴阿、音德布两军。

江忠浚是江忠源的弟弟，所带乡勇也是效仿江忠源从家乡带的兵勇。看两军战败，忙带兵来救。胡以晃早就埋伏了一帮人马，江忠浚带着人马一出，就被这支太平军一阵击杀，剩下几个没命地逃了去。

杀退了援军，胡以晃开始攻城。他让一部分士卒佯攻，暗地却让土营挖地洞，直接打到西门城下，埋炸药，炸毁城墙，胡以晃身先士卒，带兵冲进庐州城。

大军只用了半天时间，就占领庐州。

攻城的时候，江忠源尚在睡觉。炸药把他惊醒后，听着外面的一片喊杀声，他知道不好，忙带着身边士兵冲了出来。

这个江忠源也是倒霉，刚好遇到到处找他的胡以晃。他的几个护卫被胡以晃的手下几下就收拾了，胡以晃带人猛追江忠源。

这个江忠源看到大势已去，害怕落在痛恨他的太平军手里没好果子吃，一狠心，就从城中跳下，投江而亡。

胡以晃因为打下庐州有功，被封为豫王，是太平天国除了东、西、南、北、翼王外，第一个封王的将领。

08 调回天京

打下庐州后，石达开调兵打下了皖北和皖南大片富饶地区，建为西征军的根据地。另一路军也接连攻下九江、汉口、汉阳等地。

石达开在安徽没有像在天京那样，实行严格的"圣库"制度和男女分馆制度。他在安徽建立了各级政府，组织各地百姓登记户口，选举基层官吏，又开科举试，招揽人才，建立起省、郡、县三级地方行政体系，使太平天国真正具备了国家的样子。同时，他减轻税收，使得民众安居乐业。

就在石达开把安徽治理得井井有条、各部军士也是节节胜利之际，东王府的承宣官送来东王诏书，让石达开回天京接防天京，并协理朝中事务。

石达开有些惊讶，也有些失落。在安徽这小半年里，他励精图治，虽然辛苦，但是不必钩心斗角，不必跟东王周旋，每天看着军士万众一心，民众安居乐业，在他的心里，这才是他想要的太平天国。

而回到天京，又要面对东王杨秀清的跋扈，他心里实在是不愿意。但是，东王有权调动诸王，石达开不得不带着王妃，返回了天京。

石达开回到天京的第二天，去东王府拜见东王。行过大礼后，东王让石达开坐，两人谈起了北伐之事。

石达开知道北伐遭遇了困境，现在林凤祥等人想撤也撤不回来了。东王派曾立昌率军增援，被清军打败。虽然林凤祥和李开芳依然在坚持，但是恐怕时日无多了。

石达开知道派兵救援一般是有去无回，因此只能叹息，说："四哥，北伐已经至此，也不必欷歔了。胜败乃兵家常事，何况北伐也杀敌无数，更是牵制了大批清军，西征胜利，北伐也是有功劳的。"

石达开本意是安慰杨秀清，没想到杨秀清不高兴了。他拉长了脸，说："七弟，你以为北伐是失败了吗？你如果这么想，就错了！北伐只是暂时失利，我马上另派援军，不但要把林凤祥他们接回来，还要完成我既定目标，打下天津。"

石达开一愣："四哥，你还要派援军？现在清兵已经做好了充分准备，派兵少了无济于事，可是要多派，也没有那么多兵啊。天京防护兵都不多，哪里有兵可派？"

杨秀清狠狠地说："怎么也不能眼睁睁看着林凤祥他们送死。他的军队里，可是我们广西老兵最多的，是太平天国的精髓。我已经调回秦日纲，让他火速北上驰援。"

石达开一下子警觉起来："即便调回秦日纲，从哪里调兵给他？"

杨秀清似乎下了决心，说："从西征部队里抽出八千兵马，从舒城直接北上，让他边打边招兵。我们从紫荆山出来的时候，不是也不到一万人吗？"

石达开站起来，坚决地说："四哥，万万不可！西征各部本来就兵力薄弱，并且安徽各地能当兵的都当了，不想当的也不好强找兵马，抽了这一万过去，很长时间补充不回来，西线则会失去机动之军。万一哪一路出现情况，可就没有后援了。"

杨秀清冷冷地说："这个我自有安排。七弟，你既然回来了，就请本分地完成护卫天京的重任。向荣率清军多次靠近天京城，大炮都打到了东王府，你还是好好想想怎么对付向荣吧。"

石达开看东王不想再跟他说话，只好告辞东王，走出东王府。

出来的时候，他看到一个非常清秀、年方二八的女子。女子温婉持重，看到石达开后，款款行礼，说："傅善祥见过王爷殿下。"

石达开这才知道，这个女子正是闻名天京的女科状元傅善祥。石达开不由得暗暗惊叹，无论是气质还是相貌，不愧是天京第一人。听说此女文才更是了得，石达开不由得多看了几眼。

傅善祥看了石达开一眼，轻轻笑了笑。

石达开忙说："噢，请起。"

傅善祥看石达开再不说什么，就告辞走了。

石达开这是第一次，也是最后一次看到这个太平天国第一才女。

后来，傅善祥被杨秀清霸占，成了他的六十六个女人中的一个。两年后，天京事变，傅善祥在混乱中被杀。一代才女，香消玉殒。

几天后，石达开就搬进了刚刚建成的、阔绰华丽的翼王府。刚被封为燕王的秦日纲来拜见石达开，石达开在新王府请秦日纲喝酒。

说到增援北伐之事，秦日纲大概还沉浸在刚被封王的兴奋中，说："请翼王殿下放心，我此去必竭尽全力，接应林凤祥将军，完成东王所托。"

石达开暗地叹息，却又不能说，只是说："北上可不是那么容易的。先前东王派去的两支后援，都是全军覆没，燕王可有什么妙计？"

秦日纲说："先前的两拨人马，都是没有遵照东王指令，路上攻打城池，延误战机，才导致了损兵折将。兵贵神速，我将直取临清，救出林凤祥和李开芳，合兵一处，直取天津。"

石达开沉默了一会儿，突然问："假如你没有找到林凤祥，却被打败了呢？"

正沉浸在兴奋中的秦日纲显然没有想到这个问题，"噢噢"了一会儿，也没"噢噢"出个什么意思来。

石达开说："燕王，我觉得……北上驰援，不那么简单。现在清兵显然已经有了准备。他们打过林凤祥，打过曾立昌，也有了相当的经验。太平天国军士虽然英勇，但是现在的清军有朝廷在那儿盯着，不得不拼命，也是不敢小觑。燕王，你带着北上的大都是从广西一路跟着杀过来的家乡老兵，我希望你能相机处理，不要白白送了这些老兵和自己的性命。"

秦日纲疑惑："翼王的意思是……"

石达开干脆地说："在我看来，北伐是现在的太平军还无力完成的任务。现在林凤祥余部恐怕……很难突围出来。北上增援弄不好就是白白送死。太平军将士任何一人的性命都是宝贵的，我希望燕王和北上的军士不要蹈曾立昌的覆辙。燕王还不明白吗？"

秦日纲拱手："属下明白。"

秦日纲率部从舒城出发，走了不久，就遭遇清军的猛烈反击。秦日纲没有冲过清军的阻挡，只好放弃了增援。

石达开听到东王气急败坏地说到这消息，心里不由得笑了笑。

这个燕王，终究没让自己白费心。

第六章

天京事变

01 牧马人事件

东王日益残暴。

冬官正丞相陈宗扬夫妻同宿被杨秀清知道后，因为这个陈宗扬平时不受杨秀清待见，本来可以罢官或者降级处罚，杨秀清却下令把夫妻二人都杀了。北王韦昌辉更是常常受到东王凌辱。然而韦昌辉每每见到杨秀清都是一副贱兮兮的模样，一脸的笑容，比看到自己的爹都亲的样子，让石达开感到恶心。

即便被打，韦昌辉也是一副感恩戴德的样子。韦昌辉因为"天父下凡"时"未出令传齐子女"遭到杖责四十大板，被打得屁股朝天，抬回了家。石达开闻讯去看望他，韦昌辉还强装笑脸说："东王打我们是为了让我们长记性，是为了我们好。"

石达开却从他的眼神里，看到了笑容后面彻骨的仇恨。

石达开告别韦昌辉后回家，对王妃说："韦昌辉日后必定会出事。"

后来，发生了让石达开更加目瞪口呆的事件。

韦昌辉的哥哥因为争夺房产，与杨秀清妃子的哥哥发生了口角。杨秀清将此事交给韦昌辉处理。韦昌辉知道此事从表面看，杨秀清是卖个面子给他，暗地里却是在试探他。

韦昌辉为了表明对杨秀清的忠心，竟然下令，车裂自己的哥哥。

此事震惊了天京。

更让石达开没有想到的是，麻烦事竟然还会找到自己的头上。

说起来，这事像一个笑话。

说是燕王秦日纲手下的一个牧马人，也就是马夫在街上坐着，遇到了

石达开：天国悲歌

杨秀清一个叔叔辈的族人。这个人当了个小官，看到秦日纲的马夫不起来行礼，很是不痛快，就骂了这个马夫几句。

马夫也没把这个刚升官的东王府小官放在眼里，就顶撞了几句。这个小官仗着杨秀清的势，回去添油加醋地把事情跟杨秀清说了。杨秀清大怒，令人把燕王府的这个马夫杖责两百，还送到了翼王刑部，让掌管刑部的黄玉昆处理。

翼王的丈人黄玉昆是个忠厚之人，觉得这种小事没什么大不了，何况东王府已经杖责了人家两百，就把这个马夫放了。杨秀清听了大怒，让承宣官送给石达开一纸公文，让他把黄玉昆抓起来，杖责三百。

石达开接到公文，很是愤怒。东王跋扈，他为了顾全大局，从来都是忍之又忍，这次东王太过分，他不能忍了。

但是公文被黄玉昆看到了。黄玉昆是个读书人出身，很重视名声，随太平军起义之前，在村里做过讼师，也算是有头有脸之人。这种人好面子，也有些迂腐，自然不能接受自己被脱下裤子打屁股，一怒之下，就找到石达开辞官。

石达开安抚丈人，说他不是韦昌辉，不会纵容东王如此无礼。

秦日纲也不干了。

秦日纲是个鲁莽之人，也受过东王的杖责，对东王也是一股脑儿的气愤。看到东王竟然命令翼王杖责他丈人，使得黄玉昆愤而辞职，他也恼了。本来他的马夫被打，秦日纲就觉得自己堂堂一个王爷，被东王的一个典官打了脸，此刻看到黄玉昆辞职，这个燕王回去找到了当时天王的亲信，冬官正丞相陈承瑢。

陈承瑢也是随着洪秀全等同时起义的广西人，深受洪秀全的器重。陈承瑢平日深恨杨秀清的跋扈，同时觉得自己是天王身边的人，就和秦日纲一起，给东王递交了辞呈。

三人的所作所为可都惹恼了杨秀清。杨秀清从来看到的都是对他百依百顺、摇尾乞怜的人，这次竟有三人敢联合起来触他霉头，实在出乎他的意料。杨秀清当即派人，把这三人捉去了东王府。

石达开惊愕至极。他惊愕的是，东王竟然不给他石达开面子，派人来翼王府捉他丈人，简直是欺人太甚。矛盾的是，如果去救老丈人，杨秀清必然不会放人，两个王府弄不好就会火并。

不过老丈人还是要救的。石达开来到东王府，见到了气哼哼的东王。石达开虽然很气愤，但是为了不至于兄弟反目，把事情闹大，只得赔笑："四哥的身体可是维系着太平天国的安危，请四哥以天国为重，不生气为好。"

杨秀清恨恨地说："这三个……算什么东西，竟然敢跟我叫板。七弟，你别埋怨我不给你面子，你那个丈人也太嚣张，违抗我的命令倒也罢了，竟然还敢伙同秦日纲等人辞官！这次我不严惩这些东西，日后我东王还怎么号令天下？"

石达开看杨秀清丝毫没有给他面子的意思，心里愤怒。

当下，石达开就问："四哥，你打算怎么处理他们三个？"

杨秀清看了看石达开，长出一口气，说："我真想杀了他们！也罢，看在七弟的面子上，打他们一顿算了。"

石达开还是不想跟杨秀清闹翻，因此压了压火气，说："四哥，您就给我一个面子，放了他们吧。我那丈人是个很要面子的人，打他一顿，跟杀了他没什么区别。"

杨秀清冷冷地说："七弟，你只知道你丈人的面子，那谁给我面子？如果我连一个小小的马夫都无法处理，我杨秀清的面子何在？七弟，你来说说，是我的面子重要，还是你老丈人的面子重要？何况，他既然在朝为官，就是同朝官僚，我处理手下官员，这个是不能讲私情的。"

石达开是下定了决心要为丈人出头，因此继续说："那个马夫虽然有不礼之举，却并没有侮辱东王的意思。何况，他已受三百鞭杖，惩戒本来就有些过了，黄玉昆放了此人，也算是替东王做了一件好事。东王现在捉了人来，实在是有些……难以服众。"

杨秀清刚刚有些变软的脸色马上又变了，变得乌云滚滚、秋风萧萧，他吼道："什么叫服众？我东王一言既出，不容改变，这就是服众！"

石达开等着吼声过去，冷冷地问："东王是不打算放人了？"

杨秀清说："放不放，你问东王刑部去。惩戒完毕，刑部自然会放人。"

杨秀清说完，愤然起身，进了内室。

石达开无奈，只得从东王府走出来。

回到翼王府，燕王王妃、陈承瑢夫人以及翼王妃都在会客厅叽叽喳喳说话。看到石达开回来，燕王妃和陈承瑢夫人都过来见礼。石达开叹气，说：
"东王这次真是……糊涂了。他们三个暂时出不来，不过也没什么大事，等
东王气消了后，我再去找他。"

让石达开等人没想到的是，东王竟然给燕王府的那个马夫动用了车裂之
刑。车裂的地点在北王韦昌辉车裂自己哥哥的地方。马夫被押出来的时候，
还在做着无谓的挣扎，朝着周围人哀求，让大家帮忙说情。看热闹的人看着
这年轻的小伙子，一片唏嘘。

等东王府的军士把小伙子四肢绑好，小伙子知道没有希望了，突然大骂
起来："杨秀清，你不会有好下场的！太平天国，这算什么太平天国，比满
清都狠毒……"

走过来一个东殿卫士，朝年轻马夫的嘴里塞进了一块破布，马夫就只有
呜呜的份儿了。

五匹马朝着五个方向奔驰。小伙子在最后关头，竟然把破布从嘴里弄了
出来，声音非常凄厉地喊道："杨秀清！我做鬼也不会放过你……"

随着一声惨叫，马夫被拉成了几块碎块，剩下中间的一截在地上蠕动了
好一会儿，才不动了。

杨秀清的这一作为，在石达开看来，是对他质问的回答。他不在乎民众
士兵甚至各将军们的说辞，他需要的是让他们臣服，让他们臣服在自己的残
暴之下。

石达开有些绝望。如果太平天国最终是这个样子，那真还不如大清。杨
秀清让他已经对太平天国的未来有些心灰意懒。

过了没几天，东府的卫士就把黄玉昆送回来了。

黄玉昆挨了三百大板，屁股不见模样，浑身一片血污。

人，早就昏死过去。石达开看着痛哭的王妃，心里阵阵发冷。

02 大破江南大营

　　曾国藩率领训练成功的团练，抗击太平军。湘军作战英勇，作战讲究深沟高垒，待敌疲乏时再突然出击，让不大讲究章法的太平军非常吃亏。仅仅几个月的时间，曾国藩的部队连下岳州和武昌，石达开的兄弟石镇仑和曾天养战死。西线太平军已经患上了恐战症，只要看到曾国藩水师那坚固无比的炮船，就信心皆无，一败涂地。

　　杨秀清无奈，只得请石达开再去西线，统领全局。

　　石达开早就听说西线危急，因此已经做好了出发的准备。东王下令后，因为天京已经无兵可派，石达开只带了岳丈黄玉昆以及翼王府的几个心腹和一千精锐赶赴安庆。

　　到了安庆，石达开召开军事会议，了解情况后，决定在九江湖口阻击曾国藩的军队。

　　石达开的到来，让充满了败落气氛的太平军看到了希望。针对湘军水师的特点，石达开下令建新船，并利用湘军的轻敌心理，把湘军水师在九江内河处肢解，把水师中的小船诱进了内河，堵塞湖口，让其水师中的大船和小船无法互相配合，从而指挥太平军大败湘军。

　　一个月后，太平军再次大败水师。石祥祯率众擒获曾国藩帅船，曾国藩不得不乘小船逃跑。湘军水师几乎全军覆没，曾国藩绝望之余，投江自尽，被身边将士救起。

　　之后，太平军三路出击，连战皆捷，先后攻破武昌、崇阳。湖北长江两岸皆为太平军所得。第二年三月，克江西吉安，在樟树大败湘军周凤山部。江西十三府中八府五十余县尽归太平军所有。其间，湘军悍将塔齐布、罗泽南皆死，曾国藩困守南昌，已成孤城。

石达开正欲围攻南昌，突然东王一纸令下，说江南、江北两座大营围攻天京，天京危险，让他速带兵驰援。

石达开带兵回援天京。

他先采取围城打援的计策，围攻清军必救援的七桥瓮、秣陵关、溧水一线。南大营的张国梁急忙带兵来救，被石祥祯带兵猛打，这个张国梁又缩了回去。

张国梁原先是天地会的首领，投靠太平军的罗大纲曾经是他的同伴。张国梁带领天地会起义不久，就投靠清军，带兵镇压太平军。张国梁勇武有力，一身好功夫，被称为江南大营第一悍将。

张国梁为了讨好官府，对太平军作战非常凶狠。罗大纲带兵进攻江南大营，就是被掉头回来的张国梁重伤，几乎当场毙命。

罗大纲被送进天京养伤，石祥祯决心为他报仇。石祥祯亲笔写了一封挑战书，用箭射进大营，约战张国梁。

张国梁没把石祥祯看在眼里。向荣一再劝阻，他却说："我去杀了这个石祥祯，也好振奋一下江南大营的士气。"

向荣也不了解石祥祯有多么勇猛，他想了想，觉得如果张国梁真能杀了石祥祯，对危急中的江南大营来说，也真是喜事一件，就嘱咐张国梁慎重，让他出战。

石祥祯和张国梁在上方桥摆开架势，厮杀起来。

张国梁跟石祥祯打了没几个回合，就知道不好。石祥祯不但力大，枪术之精湛也是自己不能比的。张国梁抽个空子想跑，石祥祯打马拦在他的前面，不让走。

张国梁无奈，只好挥枪再战。打了几个回合，石祥祯大喝一声，磕飞了张国梁的长枪，伸手就把惊慌失措的张国梁抓了过来。

两边的军士都鼓噪起来。张国梁的手下打马冲过来，想把人抢回去。石祥祯一只手提着张国梁，打马就朝回跑。

张国梁虽然被抓，却丝毫没有受伤。他偷偷从裤腿里拔出匕首，猛刺石祥祯的小腿。石祥祯吃痛，翻身落马。

张国梁猛扑过去，朝着石祥祯一阵猛刺。石祥祯身受重伤，手下看到不好，冲了过来，打退了疯子一般的张国梁，把石祥祯救了回去。

石祥祯受伤，太平军转眼痛失两员大将，石达开痛定思痛，决定先消灭这个张国梁。他先频频调动兵马，吸引张国梁的眼球，暗中把兵马埋伏好，然后带兵猛攻溧水。张国梁看着石达开暗中调动兵马，早就做好了准备，听说他猛攻溧水，赶紧带兵来救。

暗中埋伏的石镇吉和秦日纲等人各率部断了张国梁的后路。张国梁听说有一支人马断了他的后路，知道不好，带兵就朝回冲，企图回到大营中。

石镇吉等兄弟憋着一股劲儿给石祥祯报仇，怎么能放他回去，因此带兵死拼。向荣看张国梁危急，忙派兵增援。石达开早就料到会有这一招，留下一支军马协同围攻张国梁，他带着其余兵将朝着增援出来的这支人马就冲了过去。

向荣派的援军看对方来势凶猛，应该是早就预备着杀他们的，站着看了几眼，心里就承受不住了，发一声喊，转身就朝回跑。

石达开看着机会来到，带着将士猛冲，踩着他们的后脚跟冲进了营中。清兵的江南大营里面跟普通军营一样乱。营中的士兵很多都是衣冠不整，有的在赌钱，有的在睡觉。

石达开大军杀到，营中的兵士措手不及，慌忙拿起武器，却根本没有战斗力，有的看着不好，转身就跑，有的就成了太平军的刀下之鬼。虽然几个将军组织好队伍杀过来，却怎么能抵得上在外面憋了一个月的虎狼之师？

向荣组织了几次反扑，都被石达开带人荡平。向荣无奈，带了几个人弃营而逃。剩下的将士看主帅都逃了，那还打个什么劲儿啊，也跟着逃的逃，投降的投降。

秦日纲、石镇吉带人死攻张国梁。张国梁带兵左冲右突，虽然身受重伤，但是终于突围成功，落荒而逃。

石达开留下人马收拾残局，自己先进入天京城中。

一年多没有回家了，石达开先回家见了妻儿，然后换了衣服，正准备去拜见天王和东王，门官禀报陈承瑢求见。

石达开一愣。陈承瑢虽然是一起从广西起义过来的，但是他们很少来往。这个陈承瑢一直在天王身边转悠，跟他们这些在前线拼命的人不一样。陈承瑢比较拘谨，他虽然官职比较高，仅在王爷之下，但是很少跟石达开接触。进入天京后，因为陈承瑢负责天京的各种事务，他们才略有交往。但是，直接到翼王府里来，这还是第一次。

石达开让门官把陈承瑢带进客厅，他也移步客厅。

按照惯例，陈承瑢行跪拜大礼，赞曰："恭喜翼王五千岁西征旗开得胜，又攻破南大营，可谓功德无量。是翼王之大幸，也是天王之大幸，更是天国之大幸也。"

石达开把陈承瑢拉起来，说："佐天侯请起。都是广西一起出来的兄弟，不必行此大礼。"

陈承瑢却严肃地说："翼王此言差矣。俗话说，没有规矩不成方圆，一个家庭，都要有长幼礼节，何况一个国家？礼节乱了，则乱纲常；纲常乱了，法度就会松弛；一个国家没有礼节法度，这个国家则无望矣。"

石达开知道太平天国的很多礼仪都是陈承瑢参与修订的，因此笑了笑，说："佐天侯说的是，要不怎么能成为'佐天侯'呢？"

陈承瑢坐下，有侍女过来倒茶。陈承瑢说："翼王刚回来，本来不应该来打扰。但是，我知道翼王要去见东王，因此不得不急着在您见东王之前赶来，打扰翼王。请翼王见谅。"

石达开不习惯陈承瑢的过分客气。这种文人式的繁文缛节，在老家那帮村的时候，他觉得是一种文明，现在看通了很多世事人心，就觉得这是虚假了。但是，对方的一句话让他有些惊讶："为什么要在我见东王之前见我呢？请佐天侯明示。"

陈承瑢刚要说话，听到外面有人开门的声音，忙又闭了嘴。石达开笑笑，说："佐天侯但说无妨，这里都是我的家里人和侍从，没有外人。"

陈承瑢小声说："东王奸细无处不在。天王身边的侍女有一半都是东王派去的，还有天王的王妃……翼王恐怕也难幸免。"

陈承瑢的话让石达开一愣，他真没想到东王还有这么多的心计。想到身边也有东王送给自己的妃子，他的脸上难看起来。

陈承瑢安慰他说："翼王也不必过于忧虑，平日说话多注意些就好。只是今日……找个安静些的地方比较好。"

石达开想了想，就带着陈承瑢去了他的书房。

03 陈承瑢说东王

两人进了书房，石达开请陈承瑢坐下，说："佐天侯有话请说，这里说话没人能听到。"

陈承瑢还是很小心地出去看了看，关门回来后，突然跪在了地上，说："请翼王救救天王！"

石达开正在倒茶。陈承瑢的举动吓了他一跳，他忙放下茶叶筒，来扶陈承瑢，说："天王怎么了？佐天侯不必如此，请细说。"

陈承瑢说："翼王不要扶我，请您听我说完。"

石达开怎么扶，陈承瑢也不起来。他说："我这些年跪东王，跪天王，已经习惯跪着说话了，翼王不必扶我。翼王有可怜属下的心意，能认真听听我的话，我就感激不尽了。"

石达开看陈承瑢执意不肯起来，只好坐下，说："佐天侯请讲。"

陈承瑢拱手，说："翼王殿下，东王跋扈，不但随意处罚众将，就连天王也不放在眼里。每次'天父附身'，无论是半夜还是凌晨，只要他的人来，天王就得去他的东王府跪听'天父'教训。翼王有所不知，这个东王越来越疯狂，多次扬言要打天王。天王以大局为重，怕跟东王内讧对太平天国有危害，因此一直在忍着。可是，现在天王即将忍无可忍，翼王，天王危矣。"

石达开实在不喜欢陈承瑢卖关子，因此皱了皱眉，才说："怎么个危法？请佐天侯讲清楚。"

陈承瑢一字一顿地说："东王密谋造反！"

石达开一下子从椅子上蹦了起来："佐天侯，这话可不能随便乱说！东王现在可以说是一手遮天，他甚至可以'天父附体'来指令天王，他为什么还要造反？我不相信。"

陈承瑢叹息，说："聪明如翼王都不曾察觉东王的野心，难怪东王跋扈。翼王，您还是小看东王了。东王是一人之下，万万人之上，这种富贵得意享受久了，他就想让子孙也继续享受。可是他知道，现在他是九千岁，可以随时欺侮天王，等他死后，儿孙恐怕就很难有这种福气了。天王的后代说不定可以为天王报仇，让他九千岁的后代连东王的位置也难保。而为了保住后代的富贵，只有造反一法。他如果当了天王，他的后代就可以永承天王，这，正是东王要废黜天王的原因。"

石达开抽了一口冷气，好长时间都没说话。陈承瑢的话，让石达开半信半疑。东王很有可能想到这一层，因为天王以及自己都想到了这里。石达开曾经和天王商量过，怎么让天王的后人摆脱这个"天父下凡"的魔咒。不过，在石达开看来，这个东王现在正是得意的时候，他忙着纳妃、玩女人、发号施令，好像还不到想这事的时候。

陈承瑢的眼睛几乎一眨不眨地看着他，等他说话。

看他不说话，陈承瑢继续说："诸王之中，唯有翼王跟天王最为贴心。北王城府太深，天王不敢重用；燕王虽然忠勇，但是威望不及。因此，能救天王的，只有翼王了。"

石达开回过神来，问："这事……天王知道吗？"

陈承瑢说："不是天王允许，我怎么敢把这些说与翼王？天王屡受东王侮辱，早就忍无可忍，但是为了天国大业，还是一忍再忍。现在天王实在没有退路，才让我来找翼王。"

石达开问："天王让您来，有什么话转告我？"

陈承瑢说："天王也没有什么好主意，只是让我转告翼王，快想办法，否则大祸将至，后悔就晚了。现在诸王因为怕东王怀疑，都没人敢去见天王，天王只能找我转告翼王。"

石达开叹气。上次回来，他去拜见天王，他问了许多问题，看到天王回答都是言不由衷，很为难的样子，当时误以为是天王只顾淫乐，不想多谈政务，因而敷衍自己，现在看来自己是想错了。当时在天王周围，有个宫女一直站在身边，石达开几次示意宫女离开，宫女就是不走。天王却装聋作哑，不敢令宫女离开。现在想来，这宫女定是有来头的。

石达开说:"佐天侯辛苦了。请起来吧,此事我铭记于心,一定多加防备。东王如若敢于逆天,我石达开决不轻饶他。"

陈承瑢拱手说:"谢过翼王。"

送走了陈承瑢,石达开去东王府拜见东王。杨秀清看到石达开,老远就站起来,哈哈大笑,说:"七弟,你这次大破南大营,可是大功一件啊!天京无虞,我一定奏报天王,给你请功。"

石达开要行大礼,被杨秀清拦住,说:"自家兄弟,还客气什么?想当年咱兄弟六个,多么热闹。现在天王轻易不出宫,北王和你忙于御敌,我这里常年不见兄弟的影子,你来了我就高兴得要命,哪有那么多的规矩?那些规矩,反而疏远了兄弟。"

石达开只好躬身:"四哥一向安好。"

杨秀清哈哈大笑,说:"自然好。打下了南大营,我就更好了。兄弟,今天必定不能走了,我叫来北王等人,咱兄弟喝酒。"

石达开心里直叹气,嘴上说:"达开听四哥安排。"

杨秀清在不发脾气的时候,看到石达开还是很热情的。石达开能感觉到,杨秀清的残暴是真的,看到他高兴也是真的。以"天父附体"欺负天王是真的,懂得打仗并常常出奇制胜也是真的。

无疑,天京内外,很多人痛恨杨秀清,希望他赶紧死。但是,从太平天国大业来说,还真离不开这个霸气的四哥。

不过,假如他真的有非分之想……

石达开看了看张着大嘴高兴的杨秀清,心里暗暗想,那就真没办法了。四哥,但愿你知足,我可不想看到兄弟相残。

让石达开没有想到的是,杨秀清主动说到了北伐军的失败。

他拍着胸脯,很坦诚地说:"七弟,当初听你的就好了。我这个人……贪大喜功,葬送了林凤祥和那么多好兄弟的性命。唉,不该啊。"

林凤祥是金田起义时一起出来的兄弟,比石达开大五六岁。应该说,林凤祥是起义军里为数不多的有勇有谋的将才。

石达开心里叹了一口气,说:"四哥也别太自责,自古胜败乃兵家常事。况且,在四哥的指挥下,西线和守城的兄弟都数次破敌,太平天国的国土日益扩大,四哥之威天下皆知,天国之幸也。"

杨秀清说："说起来惭愧。西线打败曾国藩是七弟的功劳，此番除去向荣也是多亏七弟的勇猛。我杨秀清虽然蛮横，但是还是明事理的。还有一事，希望七弟原谅。鞭打翼丈之事，四哥做得确实过分，但是里面的原因，黄尚书不知，你也不知。我虽然贵为九千岁，可以节制诸位兄弟，但是，日子也不是你们想象的那么安逸。有人……当然这里不包括七弟，有很多人在盼望我死，我也知道，有人在妄图加害于我。这个，七弟你也许知道，也许不知道。不过，我相信你以后会知道的。我没有办法，只能想法让自己显得无懈可击，非常强大！希望七弟理解。"

提起那件事，石达开就来气。但是看着杨秀清的样子，好像他也有很多苦衷，石达开不方便问，就没问下去。

不过，想到那个被五马分尸的马夫，石达开不由得说："倒是那马夫死得惨了些。"

没想到杨秀清决然说："不！杀鸡给猴看，马夫倒是死得其所。"

石达开道："四哥，那个马夫……不过是怠慢了您手下的一个小官，怎么还用五马分尸？"

杨秀清叹气，说："七弟，你没在四哥的位置，自然体会不到四哥的心情。我处理每一件小事，都被很多人看着。我做得过分些，是在警告那些图谋不轨的人。否则，让他们以为我软弱可欺，我的麻烦可就多了。上次我杖责贵岳丈和燕王还有陈承瑢，贵岳丈是最无辜的。燕王和陈承瑢，哼，他们是在借机试探我。所以我可以让他们害怕，而不能暴露出丝毫的软弱。七弟，这里……并非清闲之地，你以为二哥真的诸事不问吗？他好多次说要给他几个兄弟封王，我都没答应。就他那些兄弟……假如他们把持了太平天国，天国能好得了吗？"

杨秀清的这话更是让石达开愣住了，说："二哥想给他兄弟封王？当初说好了封王要有战功的啊？"

杨秀清叹气，说："是啊。拼命的时候都是我们兄弟在顶着，现在打下天京了，他倒想到他兄弟了。七弟，你说，要是他封他几个兄弟做王爷，太平天国不就乱了吗？我们一被分权，人家是一家人，我们兄弟会有好日子过吗？"

石达开自然不知道里面还有这么多的故事，因此叹息道："真没想到，这里面还有这么多的事。四哥，江西那边曾贼还企图反扑，南大营危机已解，住几天，我就回去了。四哥自己保重。"

　　杨秀清想了想，说："七弟多住几天吧。一年多没回家了，也应该多陪陪家里人。"

04 天京事变

石达开在家住了一个月，就辞别天王和东王，重返湖北，指挥太平军对进攻武昌的清军进行分割包围。战事正酣，石达开突然接到天王送来的密诏。密诏的内容让他极为惊讶，说东王企图谋反，让他速回天京！

石达开虽然对密诏的内容有些怀疑，但是知道天京肯定会出变故，当下不敢怠慢，连忙带了小部分军士朝天京进发。

走到铜陵地界，遇到了翼王府的侍卫。侍卫带来了王妃的亲笔信，让他先不要回天京。石达开跟侍卫详细打听了一下天京的情况。原来，在江西督军的北王韦昌辉早就返回了天京。他们带着兵马，直接杀进了东王府，东王府上下，无论是男是女，无论是将军还是马夫，无一幸免。秦日纲也从前线返回了天京，协助北王捕杀东王的手下，杀戮还没有结束。

石达开不由得惊讶："女人、孩子也都不放过？"他想到了那个清秀优雅的女秀才傅善祥，如果连这种女人都杀了，北王也太过分了。

"据说一个活口儿没留。东王妃有怀孕的，还特意把胎儿从肚子里挑出来杀死。北王说，要绝对斩草除根。"

石达开问："东王的有些手下，并不是东王的心腹，他们也憎恶东王的残暴，这些北王应该知道，比方说侍卫黄卫国从金田起义一直是跟着我的，后来被东王要了去。这人在东王府做了不少好事，北王也知道，连他也杀了吗？"

侍卫官说道："是。听说东殿侍卫被缴械关在一个屋子里，后来北王让人朝屋子扔火药炸。没死的，再派人进去砍死。无论良善，凡是跟东王有关的，都要杀掉。北王现在杀疯了。只要谁替东王说一句好话，都要杀。因此娘娘劝翼王暂且不要回去，现在北王疑心很重，回去恐怕他起疑心。"

石达开顿足："这个北王，果然是深藏不露。"

石达开派侍卫回去继续打探消息。住了几日，侍卫回来了。他告诉石达开，现在北王和燕王，还有佐天侯陈承瑢，已经杀了东王两万多人。北王贴出布告，说东王部下如果自动出来自首，将免于惩罚。有大批东王原先的部下出来自首，结果被成批成批地杀掉。现在他们还在搜捕。

这次石达开不能再等下去了，他下令马上起行，返回天京。

石达开先回了家，看看家里一切都好，心里稳妥了些。

翼王妃看到他回来，有些惊讶："不是让你先别回来吗？现在正是乱的时候。"

石达开笑笑说："王妃多虑了。北王杀人太多了，我不能让他这么杀下去。"

王妃也不由得说："这个北王……比东王还残忍，很多人家因为藏了东王府的人，全家被杀。天天都能听到惨叫，唉，也太狠了。"

韦昌辉依然很沉静的样子。见到石达开，他没表示惊讶，也没表示欢迎，只是一副很累的样子，一脸的憔悴。至于东王被杀、天京大屠杀，好像没有这回事一样，韦昌辉只字不提。

石达开终于忍不住了，说："六哥，四哥违逆的事还没查清楚，您怎么就先把他杀了呢？"

韦昌辉"噢"了一声，轻轻笑了笑，说："怎么？七弟是来问罪的吗？"

韦昌辉的表情还是跟以前一样，笑起来很温顺的样子。但是这声追问，加上现在他在天京的地位，让石达开感到了一阵肃杀之气。这人果然不简单，石达开想。

他说："不是。我也收到天王密诏。我只是觉得……这里面或许会有误会，天王久不出宫，听到的或许都是别人传过来的话。即便是真有危机，也应该先审问清楚再杀，六哥，这对四哥也太不公平了。"

"公平？"韦昌辉呵呵笑了，说，"七弟，四哥当初打我一百军棍的时候，他是否问过我公平？我哥哥不过跟他妃子的哥哥争吵了一下，他就不依不饶，逼得我把我哥五马分尸，他是否问过我公平？即便是你，七弟，你问过我是否公平吗？怎么，我杀了他，你就替他打抱不平了？你难道……也是四哥的人不成？"

韦昌辉的话不急不慢，但是冰冷阴森，特别是最后一句话，让石运开倒抽了一口凉气。他很明白，现在天京是韦昌辉的天下，惹恼了他，他真能扣一顶帽子，把自己也给杀了。

但是，他还是忍不住，愤慨地说："我只是以事论事！当初四哥打你军棍的时候，我也质问过四哥，这个您应该知道。好，就算四哥该杀，那他的部下呢？他的部下是太平军，不只是东府的战将。他们很多是从广西跟着一路杀过来的，他们有什么过错？两万人啊，都是放到战场上就能杀敌的好汉，六哥，您这样是自毁长城！"

韦昌辉说："七弟，我纠正一下，到现在为止，我们杀了两万七千八百人。你说的或许不错，他们很多都是太平天国的骁将。但是，万一这两万七千八百人里有两个是东府的忠心之士，那我韦昌辉的日子就难过了。岂止是我的日子，太平天国的日子也不好过了，因为，我杀叛逆杨秀清，执行的是二哥的旨意。七弟，你说是留着这两个祸害好呢，还是等着这两个祸害纠结人马，来杀我们好？"

石达开愤然："六哥，这只是您的猜想。就算死党该杀，那还有一部分普通卫士和将帅，为什么连他们也杀？"

韦昌辉摇头，有些不耐烦，说："能错杀一万，不可放过一个。七弟，这也是二哥的意思，他实在是受够了那个四哥的'天父附身'了。你如果还不明白，可以先问二哥。好了，七弟，我有些累了，今天我也不留你了，有事咱明天再说吧。"

说完，韦昌辉竟然起身，准备送客了。

石达开知道，这个韦昌辉已经不是几个月前那个看人就笑的韦昌辉了。当然，也许几个月前的韦昌辉本来就是这个样子，他只不过在今天露出了本性而已。

石达开去求见天王，却遇到了陈承瑢的阻挡。

陈承瑢说："翼王殿下，天王最近日夜操劳，刚刚睡下。我看您还是别打扰天王了吧。"

陈承瑢依然一身华服，对石达开毕恭毕敬。

石达开说："那我就不进去了。佐天侯，东王已死，希望您能劝说天王和北王，不要滥杀无辜了。"

陈承瑢躬身，说："翼王说得是，我也正在劝阻北王。此事承瑢谨记，定会禀告天王，让他劝阻北王适可而止。"

石达开告辞陈承瑢，出门上马回府。

在路上，他看到秦日纲和陈承瑢带着一标人马，朝着北王府方向疾驰而去。此时，石达开正走到一个胡同头，因此他们没看到他。

回到翼王府，石达开隐隐觉得事情有些不对头。北王韦昌辉大权在握，现在正处于极度狂躁和疯狂之中，疑心非常重，自己在北王府说的话句句击中北王的要害，韦昌辉可以说是极度恼怒，要不凭着他的城府，他是不会下逐客令的。秦日纲和陈承瑢无疑也是这次事变的主角。石达开想起陈承瑢上次到翼王府找他的事，觉得这个陈承瑢在其中起的作用显然不小。

陈承瑢说东王谋反，是真是假呢？石达开无论怎么想，也不明白东王为什么要谋反。并且真要谋反，对于他来说是易如反掌，怎么会让陈承瑢知道，并且还有富余的时间让北王从江西杀回来呢？

石达开想到了陈承瑢刚刚毕恭毕敬的样子，和刚刚看到的他同秦日纲打马奔驰的样子，显然是有急事要办。

石达开现在才想清楚，为什么当初在牧马人事件中，陈承瑢要和秦日纲一起辞官，要挟杨秀清。显然，如果那次他和秦日纲不辞官，自己的丈人黄玉昆就不会挨打，牧马人就不会被五马分尸。显然，陈承瑢是在拉拢秦日纲的同时，想法激化众人跟东王的矛盾。

东王那个处处以严酷压人的策略，刚好被人家利用了。因此，秦日纲才会成为天京事变的帮凶。

天王呢？这件事情是不是有天王在暗中操纵？

石达开还没见到天王，现在不得而知。

门官送来一封信，说是一个道姑送来的。

道姑？石达开有些疑惑。打开一看，是几个写得比较娟秀的小字：北王要对翼王府下手，快走！洪宣娇。

洪宣娇？石达开听说洪宣娇也被北王杀死在东王府，现在看来应该是谣言。洪宣娇的字迹石达开是认得的。

黄玉昆从外面走进来，看到石达开放在桌上的信，大吃一惊，说："达开，你得赶紧走！我刚刚在街上看到好像有人马调动，觉得有些不对头。我们回来的不是时候，他们起疑心了。马上走！"

王妃黄氏也从里面走了出来，她看了看洪宣娇的纸条，说："宣娇妹妹是好人，达开，你别犹豫，赶紧走吧！"

石达开说："不行，我走了，万一他拿你们下手怎么办？我不能走，我去找二哥。"

黄玉昆说："你不是东王，他们跟你没有仇恨，应该不会对家里人下手。达开，咱得快走，晚了，就怕来不及了！你身上寄托着天国的希望，如果你没了，那十万军士怎么办？还有那么多的兄弟。只要你出去了，手里有了兵，料想韦昌辉也不敢对翼王府的人下手。"

王妃说："韦昌辉和陈承瑢虑事机密，就怕他们已经下令关了大门，怎么走啊？"

黄玉昆说："大门肯定不能走。现在天还没完全黑，即使他们动手，也得等到夜深人静之时。等会儿天黑了，我们从靠江边的地方缒绳出城，那边离我们的船近，我这就收拾东西去。"

05 回京

石达开带着黄玉昆等几人缒绳出城，直奔安庆。当天晚上，韦昌辉果然带兵围了翼王府。出乎所有人的预料，韦昌辉没有找到石达开，立即下令对王府进行屠杀，连王府中的仆役卫士都没有放过。

石达开抵达安庆后，开始召集将士准备讨韦。忙了一天，傍晚，大家都散去，侍卫端来饭菜，石达开看着外面的满天星星，却吃不下饭。

丈人黄玉昆走了进来，见石达开看着眼前的饭菜发呆，就说："达开，吃饭吧。别想太多了，该来的终究会来，不该来的……但愿不会来。吃饭，你要是为他们娘们着想，就得保护好身体。"

石达开站起来，勉强笑笑，说："没事。阿叔，您老……吃了没？"

黄玉昆担忧女儿和外孙，坐卧都不安，怎么能吃得下？但是，他不想增加石达开的不安，于是说："我当然吃了些。男人么，要有担当。我经历了那么多的事，就是有一条经验，不管任何大事，都会过去。过去了，你还得生活，保重身体是最重要的。"

现在，石达开最担心的不是太平天国，也不是什么天王，他担心的是黄氏，担心的是幼子，还有自己的那几个王妃。她们虽然只是东王送给自己的女人，没有天香国色，也没有惊人才华，但是她们温顺体贴，是一条条会思考的生命，会疼，会恐惧，也会期望。她们都把自己的一生寄托在了石达开身上，如果让她们这些人都因为自己白白葬送了性命，那真不如自己当初死在北王的刀下。太平天国跟自己有多大的关系呢？当初那么多的兄弟，都把太平天国当成自己的希望，当成自己的理想王国，现在看来，上帝并没有给这个"天国"带来希望和公平，反而比他们反对的满清更为险恶，更为残暴。

石达开说："我想不明白啊，即便他们想杀东王，那杀了他即可，为什么要杀那么多的人？他们就不怕报应吗？当初他们让老百姓信上帝，说上帝要人们善良。现在他们自己却这么残暴，让那些信教的士兵怎么看他们？怎么看我们？难道我们都是一群骗子吗？"

黄玉昆说："人心叵测啊。他们其实是不信上帝的，有些人别说上帝了，连道义都不相信。人就是这么复杂。北王隐藏得太深，俗话说，'咬人狗不露齿'，与他相比，东王城府还是浅，所以被害。不过，北王这次杀人太多，难有好下场。这就叫恶人必有恶报，天道轮回。"

石达开问："阿叔，以您看，东王真的会要求天王封他为万岁吗？"

黄玉昆捻着胡须，轻轻摇头，说："不要把东王看成傻子。东王如果真的想做皇帝，他不会去要求天王封他。以东王之心胸，如果他想做皇帝，会想别的办法废掉天王，而不会把把柄塞给天王。以他的权势，废掉天王还不易如反掌？要求天王封他为万岁，这种说法恐怕是有人造假。"

石达开点头，说："我也是这么想的。何况假使东王真有这个想法，以他的权谋，也应该知道天王不会容忍。所以，他必定对天王外面的诸王格外防备，不会连北王回京都不知道。如果那样的话，陈承瑢也不会有机会打开城门，放北王进城。陈承瑢说，东王在天王身边派了不少奸细，如果那么多奸细都没发现天王的行动，就说明他们预谋应该很久了，不会是刚刚因为东王逼封万岁才仓促行动的。此事疑点太多，天京，让我越想越觉得害怕。"

黄玉昆说："是啊。三人一台戏。天王虽然忍耐东王这么久，但他其实是个脾气暴躁的人。这些年，他心里不知道憋了多大的火气呢。陈承瑢那人虽然很少言语，但是做事有板有眼，当年他同燕王一起辞官，一下子就把燕王拉住了。被东王杖打一百之后，他非但没有远离东王，反而与东王走得更近，这种人能是一般人吗？北王更不用说，为了讨好东王，能把自己的兄长五马分尸。其实，东王不知道，他在残暴骄横的时候，就已经给自己垒成了一座坟墓。"

两人正说着话，突然有军士报告，说有翼王府的人要见翼王殿下。

石达开忙让侍卫把那人带进来。石达开看看黄玉昆，黄玉昆看看石达开，两人似乎预感到了什么，都不敢朝门口走近一步，似乎这一步，关系着远在千里之外的翼王府的命运。

石达开甚至朝里缩了一下身子。

来的是翼王府侍卫。侍卫穿着便服，一脸的疲惫。石达开看到他进来，不由得站了起来。侍卫看到石达开，"扑通"跪下，放声大哭："翼王殿下，您要为翼王娘娘和公子报仇啊。他们死得太惨了！"

石达开摇晃了几下身子，咬着牙站住了，两行泪水顺着脸颊落下。

黄玉昆朝前走了几步，大概是想把这个侍卫拉起来，却一步不稳，"扑通"摔倒在地。

旁边的军士忙把黄玉昆扶起来，把他搀扶到椅子上坐下。石达开也后退几步，一下子就把自己摔在了椅子上。

侍卫跪着哭诉经过："……北王进门的时候，门官要进去禀报，北王直接把门官杀了。娘娘出来后，他们跟娘娘要人。娘娘说您因为军情紧急，已经回湖北了，北王不信，让人搜，谁拦挡就杀谁。娘娘和王妃们怕惹恼北王，让他们随便翻。北王的人把翼王府砸了个稀巴烂，她们也忍着没说什么。可是最后，北王没找到人，还是把她们都杀了……我是被几个兄弟掩护着跑了出来，整个翼王府，就出来了我一个……"

黄玉昆颤抖着声音问："小公子呢？你们就没把小公子先藏起来？"

侍卫说："藏了。小公子听到外面杀人，吓得在里面哭，被人找到了……"

石达开坐着，浑身颤抖，一言不发。

黄玉昆终于忍不住，号啕大哭。

石达开一夜未眠，第二天就整兵，准备回师天京，除掉祸害韦昌辉。突然浙江宁国有军士来送信，说清兵围攻宁国县城，陈秀成部不敌，宁国危急。石达开先兵发宁国，打退了清兵的围攻，然后派人秘密送信给天王，让他杀掉韦昌辉，否则，他将带兵杀回天京，为民除害。

天王并不糊涂。他了解了一下情况后，就设计假传韦昌辉进宫议事，两边埋伏刀斧手，直接把韦昌辉砍了。

石达开回到天京，先进了翼王府。

翼王府一片清冷死寂，地面上，墙壁上，甚至大门上，都有暗褐色的血迹，可见当时杀戮之惨烈。

一个老花工见到石达开回来，跪在地上险些哭死过去。他从怀里掏出一个香包，递给翼王。原来这个香包是王妃给翼王做的，石达开临走的时候没带。埋葬王妃的时候，花工看到从她手里掉下了这个东西，就偷偷保存了起来。石达开拿着香包，眼泪又禁不住流了出来。显然王妃知道大难临头，想拿着他的香包赴死。

很多房间依然狼狈不堪，到处都有血迹。翼王府暂时没法住，天王给石达开临时安排了住处。

石达开进宫拜见天王。

天王脸色憔悴，对石达开说："七弟，此番北王动乱，太平天国元气大伤，希望七弟回来后，能够力挽狂澜，恢复往日面貌。"

石达开说："天王，东王虽然对天王不恭，却并不是死罪。况且四哥主持太平天国内务事务，军事上开疆扩土、杀敌驱魔，政务上严正清明、有条不紊。据我看来，东王根本没有夺位之迹象，不知道天王怎么知道东王要逼封万岁之事？"

天王"喏喏"了半天不说话，石达开叹了一口气，说："天王，我知道您憎恨东王，东王曾鞭挞我岳丈，我也恨东王。但是，如果有人借您的仇恨而为己所用，借力杀人，则这人也必包藏祸心，用意非善。望天王明鉴。"

洪秀全想了一会儿，说："七弟，此事我是有些着急了。东王造反之事，是北王告诉我的，因此我查明之后，诛杀了北王。东王之事，我会诰封之以示天下。"

石达开说："诛杀东王，不只是北王一人所为吧？秦日纲杀得刀口都卷刃了。天王，他杀的可都是太平天国的功臣啊！还有陈承瑢，他搬弄是非，挑拨离间，北王回城，可是他带人开的大门！杀东王以及三万将士者，还有……我王府上下一千多人，他们身上溅的血还少吗？"

天王的脸色猛然一片苍白，他问："七弟意下如何？"

石达开愤然说："不杀这两人，难以平息众将士的愤懑之情；不杀这两人，难以消灭众将士的恐惧之情；不杀这两人，难以对为一己私利、不惜祸国殃民者示以警告！"

06 天王的顾虑

石达开杀了秦日纲和陈承瑢，被天王封为"圣神电通军主将"，并加封"义王"。石达开对"义王"封号坚辞不受。

石达开主持天国的军政事务。他先平复了燕王和北王家里人以及手下将领的恐慌。他告诫满朝文武，诛杀东王和自己全家的罪魁祸首是北王、燕王和陈承瑢，与他们的手下无关，更与他们家里人无关。他们三人已经正法，其余人等皆无干系。天国遭此浩劫，绝对不能再虐杀无辜，而应放下仇恨，上下一心，杀清妖，振兴太平天国。

满朝文武皆称赞石达开的胸襟，就连北王的手下和王妃们也对石达开的做法赞不绝口。

此时清军听说天京事变，趁机反攻。湖北、江西一线军事连连告急。石达开放弃了江西一些不重要的小市镇，把江西的部分兵马充实到湖北和安徽两地，并审时度势，让这两地兵马进行适度反攻，吸引了大部分的清军，局势终于朝着有益于太平军的方面转化。

在政务方面，石达开采取了比较宽松的政策。对待北王、燕王和陈承瑢三家的家人，在很多方面略加照顾。一时间，天京城内外无论是军士还是平民，都对翼王一片称颂。翼王府也修茸一新，石达开纳了新妃，太平天国一片欣欣向荣，大有希望。

天王自然也很高兴，他对石达开说："七弟，天国能有今日，多亏你的辛劳。现在天国上下一片祥和，七弟应该适当休息一下，操劳过度会伤身体的。"

石达开拱手说："多谢二哥关心，现在清兵还对天京虎视眈眈，江西一带情况不容乐观，达开不敢懈怠啊。我的身体二哥知道，请二哥放心就是。"

洪秀全不高兴地说："无论任何时候都不能忽视身体。你还年轻，到我这个年龄，就知道平日保护的重要了。这样，七弟，我给你找两个人协助你处理朝中事务，你看可以否？"

石达开一愣，他马上明了这个"二哥"的用意。他是看着自己大权在握，想限制自己的权力了。

他拱手说："二哥，达开以为不可。能协助我处理朝中事务的人，需要对天朝忠心，德高望重，更要有把握全局、处理细微的能力。这种人才需要时日发现训导，眼前……好像没有。"

洪秀全却说："七弟，人才不是没有，只是你尚未看到。我介绍两个人，便可担此重任。"

石达开躬身，说："二哥请说。"

洪秀全清了清嗓子，说："七弟，你看洪仁发、洪仁达二人可算人才否？"

石达开一愣："这……我与此二人鲜有接触，实在不了解。"

其实石达开是没法说话。这二人是洪秀全的亲兄弟，平日只知道吃喝玩乐。据说那个洪仁发还曾经强奸民女，以致女孩跳江自杀。让这两个"人才"协助自己，石达开更明白了，天王这是想用自家人来压制自己。

这一招，在东王的时候，天王就企图使用。东王愤然拒绝了。现在，石达开有些明白东王为什么那么蛮横了，甚至也有些体会东王为什么要玩"天父附体"了。如果他不那么强势，太平天国到了这帮人手里，早就玩完了。

石达开不喜欢东王的蛮横，自然也不会采用他的处理方式。人的性格各有缺陷，应该说，这是无法弥补的。

天王很担心这个大权在握的七弟会拒绝他的提议。当然，石达开的"不了解"其实也是拒绝的意思，可是拒绝得不那么明朗，这就让天王有了机会。天王说："你不了解不要紧，以后自然有机会了解。从今天起，我就封他们为安王和福王，协助你处理朝政。朝中能干的人太少，这两人一路跟着我，也算功劳不少，他们也想多为天国出力，此事就这样定了吧。"

要封这两人为王，这实在是出乎石达开的意料。石达开拱手说："天王，当初咱封王的时候，就说无论是什么人，没有军功不能封王。这两人虽然是天王宗亲，但是毫无战功，随便封王，恐怕难以服众。"

洪秀全摇头，说："现在天朝就你翼王一个王了，这不是王朝应该有的气象。何况你是翼王五千岁，他们只是两个王而已。我们不能总是因循守旧，要看时机。至于百官怎么说，要等他们看到两人的处事能力才能说的。七弟，这事我看就这么定了吧，我想封兄弟为王，这个权力我还是有的。"

话已至此，石达开实在不好说什么，只好告别天王，回到家里。

黄玉昆听说天王要封他的两个兄弟做王爷，协同石达开处理朝中事务，叹了口气说："天王这是用人限制你的权力。也就是说，天王开始对你起疑心了。"

石达开心绪郁结，说："我对天朝竭心尽力，想不到天王竟然也对我起疑心。现在我终于有些明白四哥了。他比我洞悉天王，他当初如果不那么做，天王早就把这个太平天国弄得一团糟了。"

黄玉昆说："天王这是画蛇添足啊。不过，达开，你现在大权在握，天王有些疑心，也是可以理解的。何况，杨秀清和韦昌辉这两个人让他吃了大亏。陈承瑢是天王的心腹，应该说你杀了陈承瑢，就是断了天王的一只手。那时候，他就对你起疑心了。"

石达开干脆地说："陈承瑢心机太重，天王又如此疑心，留着他，肯定是祸害，我不能不杀。这事应该怨天王。陈承瑢是一个见风使舵的人，如果天王是一个清明君王，陈承瑢则可成为一代重臣；天王疑虑重重，陈也只能如此了。"

黄玉昆说："是啊。他为天王打马前站，最终却葬送了自己。"

石达开长长地叹了一口气，说："天王还不接受教训，听信小人之言。这太平天国，实在是让人失望。"

黄玉昆宽慰他说："达开，也许天王的那两个哥哥真的会帮你做一些事情，先看看再说吧。"

天王的两个兄弟封为福、安二王后，这两人虽然没有东王杨秀清那么跋扈，但是在众人面前也是趾高气扬，需要他们办理事情时，却毫无章程。石达开跟他们无法合作，只好避开他们独自处理。

天王的两个兄弟看到石达开不理睬他们，不高兴了，一起跑到天王那里告状。天王是让这两个兄弟牵制石达开的，于是下令，以后石达开呈上的各类奏章，如果没有他两个兄弟的大印，不予受理。

石达开这些日子跟天王的两个兄弟周旋，本来已经很窝火了，天王的这个规定让他简直忍无可忍。更要命的是，当天石达开让人送给那两个王的奏章，他们竟然看不懂，不肯盖章。反而让人来喊石达开，让石达开给他们解释一下。

石达开忍无可忍，对这两个连奏折都看不懂的宝贝发了一通火。没想到这两个王爷脾气比他更大，他们历数石达开从天京事变以来的种种"霸道"行径。比方杀了秦日纲，使得天国少了一员大将；杀了陈承瑢，使得朝中无敢言之臣；等等。

石达开惊愕之余，也终于听到了一些负面的议论，也终于知道朝中还是有一部分人恨他的。并且，从天王的角度看，他比当初的东王更让人顾虑。当初东王霸权，但是有北王、翼王跟天王保持一致，还能适当遏制东王。现在石达开一王独大，众将士大都是他的亲信，天王又从他杀秦日纲和陈承瑢的行动中，体会到了他的威胁，他怎么能不对他有所防备？

这么一想，石达开就理解天王了。天王有他的苦衷，他不敢相信任何人，因此需要有人来遏制他们这些人。如果看看实在不行了，只能动手清除。东王，其实就是个例子。

石达开想得脖子后面直冒冷风。

07 黑风

五月份的一天，石达开带着几个心腹去江边的小树林里散心，因为天热，几个人脱了鞋，把脚伸进水里惬意地说笑。突然，外面的侍卫大喊了一声："有人！"

石达开身边的人也顾不得穿鞋，操起武器围着石达开。石达开久经沙场，没把这个放在眼里，他不慌不忙穿好鞋，带着人四处搜查，却什么都没搜到。

然而，他们几个人始终觉得好像有人跟在他们身后。石达开的心腹曾锦谦让两个侍卫埋伏在一处灌木丛中，石达开带着其他人朝前走了一会儿，就听到了几声惨叫。他忙带人返回，两个侍卫已经躺在地上，每人脖子处都有一道深深的刀口。

曾锦谦看了看倒在地上的两人，看了看周围，冷冷地说："是黑风。"

别说是石达开，连周围的人都愣住了。黑风，是东王的侍卫，武功非常厉害。但是，据那些随着北王杀进东王府的人说，他们在东王府没有发现黑风。黑风，在最关键的时刻，竟然消失了。

本来这不算是什么神奇的事，黑风也不是什么大人物，无论他是被杀还是偷偷跑了，都跟石达开没有关系。但是，现在这个黑风突然出现，却让他不得不怀疑这个黑风的真实来历。

他们几个临时召开了一个小型的会议。

曾锦谦曾是北王韦昌辉的邻居，两人同村，偶尔小聚。

曾锦谦说："黑风是北王送给东王的。北王在村里的时候，常受人欺负，常请这个黑风帮忙，因此两人关系非常好。黑风的刀法非常厉害，佯攻别处，致命处却必定在喉咙。而且，他的刀非常薄，割了喉咙，也出血很少。天下有这种手段的，恐怕只有黑风。"

石达开说："这么说来，这个黑风应该是北王派在东王身边的眼线了？可是，他为什么在北王攻打东王的时候没有出手呢？他没有帮东王，也没有帮北王。"

黄玉昆说："或者是因为两下都不想得罪？"

曾锦谦摇头，说："应该不是。如果北王攻打东王的时候，这个黑风在东王府，北王包围东王府的时候，肯定会有人看到他。我们没听到任何人说在东王府看到他，说明他早就得到了情报，溜出了东王府。"

石达开点头，说："是，应该是这样。当时北王没有在天京，知道要杀戮东王府的只有陈承瑢，难道……是陈承瑢？这黑风，是为他们两人报仇，才跟着我们的？"

曾锦谦说："这事这么猜是没用的。我看，我们应该派些人马，暗中寻找这个黑风。最主要的，是要注意安王和福王府邸，还有……天王府。"

黄玉昆惊讶："你怀疑……他们？"

曾锦谦点了点头，说："我觉得事情应该不是他一人所为。这事儿恐怕不简单。"

众人回城，石达开派心腹化装后日夜寻人。终于在六天后，看到这个黑风进了安王府。

黑风武功厉害，发现了跟踪的人，还伤了石达开的一个心腹侍卫。

事情有些明了，黑风是受安王所派跟踪或者想偷袭石达开的。可是，谁都知道，这个安王愚钝鲁莽，是个没有什么心机的人。他不可能指挥黑风从北王对东王的杀戮中轻松脱身，现在又突然现身。

陈承瑢和北王已经死了，以前无论是他们两人谁在指挥这个黑风，现在肯定得有人接着指挥。他们两人都不会在生前去找安王，剩下的重要人物，就呼之欲出了。

石达开倒抽一口凉气。

黄玉昆也说："如果真是天王，无论他是派黑风监视我们，还是要杀翼王，这都说明，天王已经开始不相信翼王了。"

石达开说："以前我们都以为天王被东王害得不轻，现在看来，当初一

第六章　天京事变

切都是在天王的掌握之中。可惜太平天国大事未成，竟然就如此互相排挤。这次我不得不走了。"

石达开暗中做准备。这次他要带着翼王府中所有的人马，不能再让自己的人流血了。

正要启程的头一天，门官领着两个穿着一身青衣的青年人走了进来。两人解开头上包着的头发，长发飘摇下来，石达开不由得愣住了。两人一个是洪宣娇，一个是叶梅。

天京事变后，洪宣娇下落不明。有人说她可能被北王的人杀死在了东王府。洪宣娇被东王逼迫无奈，成了东王的众多妃子之一，这个谁都知道。但是没人看到她的尸体，也没人看到她的行踪。不过她曾经在北王要害石达开的时候，给石达开送过一次信，因此石达开知道她没死。石达开进天京后，派人找过她，也没找到。

现在，她竟然和叶梅一起站在石达开的面前，实在让石达开意料不及。

叶梅还是一副干净利落的样子。两人向石达开行礼毕，石达开就让她们坐下，同时派出几个侍卫，看看门口和附近是否有人跟踪。

洪宣娇说："翼王莫怕，我有几句话想说，说完就走。"

石达开笑了笑，说："现在不是当初，大权都在我手里，我有什么可怕的？"

洪宣娇摇头，说："翼王有所不知。你是大权在握，可是二哥……已经不是当初的二哥了。他六亲不认，心狠手辣，我听说他已经对你起了疑心。翼王，你要赶紧离开天京，否则……我不想看到再发生一次大屠杀。"

石达开虽然已经做好了离开天京的准备，但是这话从天王的妹妹嘴里传出来，他还是很不理解。

他问："西王妃，天王可是咱的二哥，您何出此言？"

洪宣娇摇头，说："翼王，您知道黑风吧？"

石达开一愣，他没想到洪宣娇会提到现在这个最神秘的人物。他点头，说："知道一些，他不是东王的护卫吗？"

洪宣娇摇头，说："那是二哥让北王送给东王的。他根本就没想到要保护东王。北王进攻东王府的那天，陈承瑢早早就让这个黑风从东王府跑了出来。他们让他出来，一是不参与北王的杀戮，二是杀我！"

石达开惊叫了一声："什么？杀你？他们为什么要杀你？"

洪宣娇已经泪流满面，她擦了把眼泪，说："可能是……二哥觉得我丢了他的脸吧——可是当年东王那么跋扈，他要我当他的王妃，我去找二哥，让他给我做主，他却什么都不敢说！无奈，我只得委身东王。这次他们想趁屠杀东王府的时候，把我也杀了，丢在那些尸体里。幸亏这个黑风还有些人性，他让我潜入西王府藏了起来。噢，那天晚上我没去东王府。黑风当年跟我哥哥有些交情，因此现在有难事，我还找他帮忙。昨天晚上，他告诉我一件事，说安王让他密切监视翼王和翼王府。今天上午我就想过来，门口人太多，因此一直到现在才过来。翼王，天王已经昏头了，您赶紧带您的人走吧。千万别再回来了。"

石达开长叹一口气，说："西王妃，真没想到，当初我们为之努力的太平天国竟然成了现在这个样子。我已经发现了天王的意图，明天就走了。你现在处境危险，也跟我一起走吧，离开这个是非之地。"

洪宣娇泪水长流，摇头说："翼王，别叫我什么西王妃了。我现在连个普通百姓都不如。可是我怎么能离开天京啊？我那儿子现在在天王府，我虽然不能……不能看到我儿子，但是，我在这儿守着他，还心安些。翼王，如果老天有眼，让我能救出小西王，我就带着他投奔您去。您可要好好地活着啊。噢，还有，让叶梅跟您走吧。东王死了后，她就跟着人进了天京，我们是在领善粮的时候碰到的。这些日子，也多亏了她。我跟着她的那些兄弟姐妹住在一起——天地会的人还是好人多。起码……唉，不说了。翼王，叶梅对你可是情深义厚，不过她不是那种会讨好男人的女人，她从外面回来，就是担心你啊。这次你出去，就带着她一起走吧。这个姑娘善良能干，你府里的这些王妃都没法跟她比。"

石达开心情沉重。他看了看叶梅，这个一向坚强的女孩子竟然也落泪了，她说："姐姐，您别这么说了。当年我在女兵队里，您对我那么好。我常常不……不遵守纪律，跑来看达开哥，您从来都不责罚我。我叶梅是个江湖人，知道做人一定要知恩图报，说什么我也不会离开您。您现在这个样子，被人发现就完了。咱俩一起，我还能出去讨饭，去领善米，如果我走了，您一个人怎么办？"

洪宣娇哭成个泪人，边抽泣边说："你这个……傻丫头。翼王此去……

恐怕此生再难见了，你不跟他走……你，这辈子……就没机会了。"

叶梅擦擦眼泪，说："人是要看缘分的。我没有跟达开哥走的命，可能我叶梅没有那种福气，我们……没有缘分。如果有缘分，我们还……还会见面的。"

叶梅虽然口齿清楚，但是边说边抽泣，弄得石达开都差点流出泪来。

他对洪宣娇说："西……宣娇妹妹，我看你们两人还是跟我走比较好。幼西王深得天王宠爱，您大可放心。"

洪宣娇擦擦眼泪，说："不了。现在的洪宣娇不是当初的洪宣娇了。当初的洪宣娇是个干净人，能杀敌能鼓舞士气，现在的洪宣娇是太平天国的耻辱，二哥就是嫌我丢人，才要杀我的。我这种人到了军中，会影响士气，对于太平天国军队来说，是不吉利的。我就这么等着吧，等个十年二十年，幼西王大了，如果我还活着，我也就熬到头了。何况……二哥虽然要杀我，我还是不放心他。好在有黑风能接济我一下，我还能从他口中得到一些二哥的消息，我是不会离开天京的，翼王别费口舌了。"

石达开知道洪宣娇的脾气，既然她认定了，现在劝她也没有用。他自然也明白叶梅，她纵然是一万个想跟自己走，但是洪宣娇留在了天京，她也不会跟自己走的。

石达开让下人拿出一些金银，让洪宣娇带上。两人在翼王府吃了一顿饭，趁着天要黑，街上各种人多，她们就要走。

临走时，石达开对着叶梅深鞠一躬，说："叶梅妹妹，石达开给你鞠躬了，你是最值得石达开尊敬的女人，请受达开一拜！"

第七章

转战湘赣

01 无毒丈夫

第二天，石达开在翼王府中留下一封致天王的书信，就率领他从安庆带回来的五千兵马，离开了天京，乘船直下安庆。

在船上，石达开看着天京越来越远，心里百味杂陈。黄玉昆也走过来，跟他并排站在一起，看着越来越模糊的天京城墙，好长时间一言不发。

直到什么都看不到了，石达开怅然长叹，说："可惜啊，好好的弟兄变得如此。当初的六人剩下两个孤家寡人，清妖却无虞矣。"

黄玉昆说："翼王也别太丧气。在天京，所有的事情还不是你一手处理？出来之后，你就是一方之王，所有的事情都由你来做主，应该最有利于行动。等时机来到，就摆脱太平天国，称王一方，则大事可成。"

石达开摇头，说："我现在虽然从天京出来，但是，还是作为通军主将为太平天国而战。我不想裂地分王，我们兄弟当初歃血盟誓，共同为太平天国而战，我不会背叛二哥，不会背叛太平天国。否则，会遭天谴的。"

黄玉昆叹息，说："凡事成，要天时地利人和。现在天时应该说还在，地利也占，可惜人不和。人不和则事难成。太平天国早晚要葬送在天王手里。"

石达开默然。他何尝没有这种感觉，但是他实在不愿看到他们弟兄曾经万般憧憬的太平天国失败。因此他说："我现在还是太平天国的主将，只要有我在，太平天国就不会灭亡。"

看着茫茫水色，黄玉昆欲言又止。

为了不让太平天国百姓和将士知晓石达开出走的原因，石达开一路张贴《五言告示》：

为沥剖血诚，谆谕众军民：自恨无才智，天国愧荷恩。惟矢忠贞志，区区一片心，上可对皇天，下可质古人。去岁遭祸乱，狼狈赶回京，自谓此愚忠，定蒙圣君明。乃事有不然，诏旨降频仍，重重生疑忌，一笔难尽陈。用是自奋励，出师再表真，力酬上帝德，勉报主恩仁。精忠若金石，历久见真诚。惟期妖灭尽，予志复归林。为此行谆谕，遍告众军民：依然守本分，照旧建功名。或随本主将，亦足标元勋，一统太平日，各邀天恩荣。

再说天京内，自从石达开不辞而别，主持朝政的安、福二王根本处理不了朝政，朝廷内外一片混乱。天王不得已，听从百官建议，把安、福二王的王位废了，并铸造"义王"金牌，请石达开回京主持政务。

石达开看到金牌，知道天王是诚心请自己回去的。他更知道，以天王的个性，天长日久必定还会对自己心生警觉，最后两人肯定还会闹矛盾。最后的结局必定会更难看，弄不好自己就会是第二个东王。

当然，如果石达开借机进京，清除天王羽翼，派自己的心腹掌握天王府衙，彻底把天王孤立起来，则另当别论。心腹曾锦谦就提到这个做法，被石达开否决。他说："四哥当初欺侮天王，我深恨之。如果我那么做，则比四哥当初要严厉得多，势必引起百官以及百姓将士的痛恨，那么我的下场会比四哥都要惨。我宁可不回去，也不那么做。"

曾锦谦说："翼王如若不回去，就必须有长久之计。现在可以号召将士，如若时间长了，天王撤销翼王封号，翼王号令众将士，则有名不正、言不顺之嫌。"

石达开想了想，说："这个……将来再说。现在我依然是太平天国通军主将，我带兵打仗依然是为天国。我虽然和天王有猜忌，但是我想天王会体谅我的苦心。"

石达开写了一封言辞恳切的书信给天王。同时为了粉碎清兵对天京的围困，他上书天王，提出由自己先赴援江西，巩固上游，而后兵进浙江，同时令李秀成联络捻军张乐行分扰下游，陈玉成、韦俊等回师天京，以相互配合，解天京之围。

天王无奈之下，只得应允了石达开所请。

听说石达开要进军江西，安庆守将张朝爵和陈得才求见石达开，要求跟随石达开去江西。

石达开有些奇怪，这两人本来就是驻守安庆的主将，为什么要去江西？

石达开问张朝爵："安庆可是天京的西大门，你们可以说是身负重任，为什么要去江西呢？"

张朝爵看了看陈得才，陈得才不说话，张朝爵只好抱拳说："翼王殿下，我们听说你要离开……太平天国，朱凤魁还有赖冠英等兄弟们都想跟您走。让我们兄弟两个来求翼王殿下，请殿下恩准。"

"谁说我要离开太平天国？胡闹！"石达开大声喝道，"我离开天京，不过是离开那个是非中心。我来到这里，是为了继续灭清妖，替太平天国开疆辟土，我怎么能离开太平天国？"

陈得才看张朝爵没话说了，他抱拳说："翼王殿下，我们可都是跟着您东征西战了多少年的旧部，您要是……想走，就带着我们。太平天国如果没有了殿下，在我们眼里，前景堪忧。"

石达开摇头，说："二位兄弟，即便我暂时离开这里，也是替天王、替太平天国去杀敌。希望二位回去告知各位弟兄，虽然我跟天王有些误会，但是我石达开依然是太平天国的通军主将，请各位厉兵秣马，务必守好自己的关隘城池，不得有失。"

张朝爵笑了，说："既然翼王殿下不走，我们就放心了。属下谨记殿下教诲。"

等两人走了，石达开和黄玉昆、张遂谋坐下喝茶，黄玉昆问："达开，我知道你进军江西是为了牵制进攻南京的清兵，为天京解围。可是下棋要看三步，进军江西，这是第一步，那后面的两步呢？你是怎么打算的？"

石达开想了想，说："我不会离开太平天国，我也不可能再回天京。我想了好几天，天王既然已经同意我的请求，那我就进浙江，打下杭州。杭州离南京不远，可以互相呼应，互为掎角，江浙一带沿海就可以为我所有。杭州这一片江南富庶之地，就可以成为我们的大后方，我们在那里招兵买马补充粮食，等军民扩大之后，就可以西征南下，先平定南方，再意图北伐。"

黄玉昆说："要想进攻杭州，恐怕不是那么容易。清兵大部分都集结于此，他们想驰援浙江，应该很快。况且……我看你不想动各处的守军，现在陈玉成和李秀成也把大队人马拉回去了，我们就这么点儿人马，捉襟见肘，恐怕难以成事。"

石达开说："这个我清楚。不过，我石达开不想做给太平天国拆台的小人。长江一线，是我们太平军将士用生命打下来的，现在他们守护城池尚且困难，我撤走一人一马，都是给他们守城增加一分困难。所以，守城的人马不能动，天国的原先各部人马我也不想带走，否则，会让人说我石达开拆天王的后台。我只带本部这几千人，边打边招兵，人马很快会拉起来的。"

黄玉昆说："这个恐怕不是那么容易。现在跟当初金田起兵不同，那时候太平天国没成气候，清廷没太当回事，跟我们打的都是地方的守军和团练。现在你翼王名头太响，你朝哪里一动，哪个地方必定大为惊慌，清廷的主力部队必定蜂拥而至，而我们手里的兵马太少，广西出来的老兵也不多，没打过仗的新兵太多，还有不少只是为了来混饭吃的天地会。拉着这帮人出去打，人又少，难啊。"

石达开宽慰丈人说："阿叔，我石达开的名声不只能招来清廷的大部队，肯定还能招来一些投军者。现在咱们只有几千人，我们只要开始出兵，肯定会有人一路追着投奔，您信否？"

黄玉昆看看石达开，给石达开添了杯茶水，说："但愿吧。不过达开，自古无毒不丈夫。你这人有勇有谋，但是凡事替别人想得太多，也太要面子，这可是成大事之大忌啊。"

石达开摇头苦笑，说："心性如此，大约是难改了。不过，我觉得人行得正、走得端，也未必不是成事之要点。对了，阿叔，以后要是再有兄弟要跟我走，你必须给我拦住，我不能让人说我拆天王的台。"

02 黄玉昆之死

石达开率军进入江西，石镇吉一马当先，攻克乐平等地。让石达开始料未及的是，他刚进驻乐平没几天，天王的差官就到了。差官宣布天王旨意：翼王石达开由"圣神电师"降为"电师"。

石达开对天王这些玩弄文字的招数实在是觉得无聊，只是笑了笑。

差官跟石达开有些交情，公事完后，石达开跟他喝茶闲聊。问起天京事宜，差官告知，天王现在自任军师，总理朝政，朝中一切还好。陈玉成被天王封为又正掌率成天豫，李秀成被封为副掌率合天侯，两人统领兵权。

石达开欣慰地说："天王能重用此二人，是天国之福。大权在天王手里，天王也不必疑虑重重，但愿天京从此太平。"

差官看了眼石达开，拱手说："天王还是希望翼王能够顾全大局，回去掌舵。望翼王殿下斟酌。"

石达开笑了笑，说："天京这样的格局最好。陈、李二人都是将才，有军功，但是不至于功高盖主。这样天王能掌握得了他们，也不必加以提防。我回去，天王肯定会心生疑忌。这就像是养老虎，小时候可以尽情玩耍，大了就不得不提防了。因为即便老虎没有吃人之心，但是他有吃人的本领。我现在就像老虎，天王不得不防。当初在天京我还心生怨恨，现在我想通了，再好的兄弟成了君臣，就成了人与老虎。天性如此。何况我现在依然在带兵给天王打仗，回不回去也没什么两样，我和天王却都会好过些。"

差官点头，说："翼王说的也是。我回去会把翼王继续为天国杀敌的意思禀告天王，刀枪无眼，还望翼王多加小心。"

石达开大笑，说："我石达开也算一员武将，刀枪倒是不在乎的，倒是请大人带话，让二哥保重身体。"

在乐平住了几天，吉安有兵士送来书信，说吉安告急。石达开率兵紧急驰援吉安。一路到了赣江，却找不到渡江之船。

石达开他们是从陆路过来的，没有战船。附近没有太平军水师，沿江的民船都被清兵聚集到对岸去了。石达开好不容易派人从附近渔民家中找到一些破船，修补了一下，勉强可以渡江。却因为数量少，船只也小，一艘船只能坐三五个人，几十个人渡江，被对岸的火炮和对方的炮船几下就打没了。

石达开看看附近实在是无船可用，造船也来不及，只得带兵顺江南下，寻找合适的渡江机会。一直走到了吉安府东岸的吉水，石镇吉他们终于又找到了一些旧船。石达开让他们在船上也架上了火炮，一番简单改造后，又开始渡江。

经过一番苦战，终于有一部分人上了对岸，这边也开始安排第二拨人渡江。第二拨人里本该由石镇吉上船指挥，石镇吉却因为头一天晚上带人修补船只着凉了，浑身无力。石达开的丈人黄玉昆就带着一帮人冲了上去。

第二帮人渡河渡了一多半，眼看就要到对岸了。突然从对面的小山坡上冲下一帮人马。他们借着山势冲了下来，杀得第一批上岸的人丢盔弃甲，大部分人在石达开的眼前被对方杀死，剩下的几个滚下山坡，逃到河岸上。

这一帮人马在山坡架起了十几门火炮，朝着尚在河中的渡船就是一阵惊天动地的轰击。

火光带着弹片，暴雨一般射向河中的十几艘小船。河对岸有几个逃下来的太平军想用火炮还击，可惜因为角度的原因，他们的炮打不着对方。

石达开只能眼睁睁地看着那十几艘小船在河中挣扎。不一会儿这十几艘小船就翻的翻、碎的碎，几十人全部落进水中。

石达开派人沿岸救援，只有不到十个人上了岸。岳丈黄玉昆的遗体第二天才在下游十多里外的沙滩上找到。

这边石达开还在想法渡江，兵士带来一个穿着乡民衣服的人。那人见了石达开纳头便拜，说："禀告翼王殿下，吉安、临江两府已在昨天被清妖攻破。"石达开一询问，原来这个兵士是临江的小官。城破之际，他和几个兵卒冲了出来，几个人跑散了。他跑到附近，听说石达开带兵在这里，就赶来报信。

石达开无奈，只得带着岳丈的遗体回到抚州。

安葬岳丈之时，正值年底。北风凛冽，石达开的心里也是一片凄凉。几日前，天王还特意派人来告诉石达开，免去他的"义王"封号。

其实这个"义王"，石达开根本就没当回事，他也没接受。天王这么做，不过是想表明，他已经越来越不重要了。

虽然这对石达开没有实际影响，但是却让他心里感到气愤难平。这让他看到了天王狭隘的一面，实在是心寒。

埋葬岳父之后，石达开和石镇吉几个人在凛冽的寒风中站了一会儿。

石达开的心里跟这个寥落的季节一样，一片凄冷。

石镇吉等人穿的衣服少，被冷风吹得打哆嗦。但是看看石达开一脸冷漠，却不敢催他。

站了一会儿，石达开转身朝后走。石镇吉等人才尾随在他后面，跟着他回去。

03 杨辅清回京

二月，石达开经过两个月的休整准备，进入浙江。前部先锋攻克江山、常山。

石镇吉率部自龙游越清萌岭，五月四日取遂昌，五月六日克松阳，五月十日即攻破处州府。

清督办浙江防剿事宜加总督衔周天受、总兵明安泰部副将李嘉万、陶森茂三军合兵于银场，意图阻挡石镇吉部。石镇吉采取诈败之计，诱敌深入，然后把敌军拖开，指挥重兵掩杀，大败清军于银场，斩知府唐宝昌、都司马元镇、秦坤。周天受身负重伤，退守金华。石镇吉部乘胜追击，五月二十日克缙云，五月二十四日分兵克武义、永康，六月四日进占云和，六月二十三日克复宜平等地，军锋所指，势如破竹。

六月，石达开带兵进攻衢州。

衢州古代被称为姑蔑国，素有"四省通衢"之称，素来是兵家必争之地。浙江巡抚一看石达开气势如虹，要打衢州，慌了，一面抽调兵力增援，一面向各方求援。

石达开带兵猛攻衢州，打算打下衢州后，再袭杭州。衢州总兵饶廷选是员虎将，他带着城中守兵英勇奋战，加上老百姓拼死相助，挡住了太平军的进攻。就在这两军相持不下的几天里，清军援兵从四下赶到。清兵不但袭击太平军，还派重兵封锁了去杭州的道路。

石达开一看援兵过于强大，并且还有清军在源源不断地朝这边增援，只好放弃了衢州，转战福建。

福建有石达开部下杨辅清的一支人马驻扎。杨辅清也是广西人，起义之初认杨秀清为义兄，因此也算是国宗。

杨辅清虽然受石达开节制，人却比较孤傲。他率兵入闽后，基本与石达开失去联系。与石达开相比，杨辅清是个比较谨慎的人。天京事变后，他带领一部分兵马进入福建，攻州略县，然后，就在福建驻扎下来。

杨辅清颇有谋略，加上石达开在江浙等地牵制了清军主力，他在福建待得比较清闲。石达开派人几次请他派兵相助，这个杨辅清都是借口兵力不足，没有出手。

天王也在杨辅清身边派了人，趁机做杨辅清的工作，想让他回到天京。但是杨辅清知道天王杀了东王，因此对天王也有些惧怕，不想回去。

杨辅清本来打算趁清兵尚且顾不得他的时候，在福建扩大疆域，招兵买马，等时机成熟了，在福建做一个割据小王朝。没想到，清兵的一次袭击，打乱了他的美梦。

杨辅清的粮食和军用物资大都放在邵武，因此这个小城是杨辅清部的重点保护之地，驻军最多，杨辅清大部分时间也是住在这里。

十多天前，东线战况告急，杨辅清带兵救援东线。他走的第一天晚上，清兵突袭邵武，邵武守军奋勇迎敌。在此之前，有十多个大清高手秘密潜伏进了邵武，他们在城里突袭南门，打开了城门。清兵突入，邵武失守。

杨辅清听到战报，知道中计，忙带着兵马杀回，并用了两天，重新夺回了邵武。可是原先堆积的粮草等物品，大部分被运走，没有来得及运走的被清兵付之一炬。

杨辅清损失巨大。

这次打击的最重要之处，是让杨辅清明白了，如果清兵真的要集中精神对付他，他还真不一定是他们的对手。现在幸亏各处的太平军、天地会等搞得清军没有头绪，万一等他们腾出手来对付他，可就麻烦了。

杨辅清要重新考虑自己的去向了。

杨辅清痛恨大清，自然不会投降清军。他想重新回到石达开的队伍，又心有不甘。

如果石达开还是太平军的通军主将，那他倒是可以的。在他的眼里，太平天国终究是个比石达开要厉害的靠山。现在石达开几乎可以说已经和太平天国分道扬镳了，到底是太平天国可靠，还是石达开可靠，还真是让他费尽了思量。

　　石达开无疑是个勇将，但是在他的眼里，石达开却没有杨秀清的霸气和天王的王者之气——他是个帅才，然而离开太平天国能否成事，还真是没法说。洪秀全经过天京事变，元气大伤，虽然现在有些恢复，但是清军几十万大军环伺天京，天京能否突破这层层包围，还真是不可预料。

　　就在杨辅清犹豫不定的时候，洪秀全派的眼线陈聪在关键时刻派上了用场。陈聪是杨辅清的亲信幕僚，杨辅清有事常跟他商量。杨辅清说到了眼前面临的抉择，这个陈聪笑了笑，说："在太平天国，你是国宗，是东王的弟弟，还是太平天国的'木天燕'，如果跟了翼王，这些都没有了。况且天京正是用人之际，您作为国宗，又是勇将，必受重用。您在翼王手下最多能做到丞相，无法成为王爷，在天王手下，则有可能成为王爷。更何况，现在太平天国已经有了家业，翼王现在还居无定所，不过是一流寇。您投奔他，必定也跟着他东奔西逃，还不如蹲在福建呢。"

　　杨辅清想了想，说："你说得有道理。只是天王曾经杀了东王，我是东王的弟弟，却不知道天王会不会因此疑忌我呢？"

　　陈聪对杨辅清说："天王是个豁达之人。何况东王的事跟您毫无关系，你们又不是亲兄弟，据我对天王的了解，他不会因此对您有所猜忌。"

　　陈聪看到杨辅清有些动心，就派人暗中送信给天王，让他赶紧趁机拉拢杨辅清。

　　天王自打走了石达开，也是求贤若渴，马上派了差官过来，加封杨辅清为"木天义"，并为中军主将。

　　这一下子打动了杨辅清。这时候，他又听到了石达开进攻衢州失利的消息。衢州没打下来，也就意味着石达开拿下杭州，并以此为根据地、策应天京的想法落空。石达开因此前途更加晦暗。

　　杨辅清拿定主意后，马上组织人马回师天京，一路冲破清军重重围堵，回到太平天国的疆域去了。

　　他前脚刚走，清兵后脚就占领了他抛下的城池。等石达开带着人马，千里迢迢疲惫不堪地来到福建，本以为会受到杨辅清的欢迎，没想到的是，迎接他们的是清兵的追杀。

　　石达开派了哨探打听，才知道杨辅清竟然一声不吭地带着人马回转天朝了。石达开无暇叹息，只得带着人马重新攻打城池。好不容易打下了福建作为容身之地，没想到却在这里陷入了令人绝望的境地。

福建本来就是个贫瘠之地，杨辅清来搜刮一番，走了；清兵来了又是一顿四处劫掠；清兵被石达开的太平军打败后，能带的就带走，不能带的就一把火烧光。老百姓能跑的都跑了，不能跑的，也是光杆没毛，一个个穷得恨不得吃人。

石达开只得派人四处征粮。

福建人彪悍，团练也很凶猛，况且征粮本来就是个半强制的营生，很多征粮的太平军几十人一起出去，就永远地消失了。军中无粮，军卒常常需要添加野菜充饥。士兵中很多人来自各种江湖流派，他们当兵就是为了饷银和吃饭。现在别说饷银了，吃饭都成了问题，还常常要饿着肚子打仗，更主要的是，现在看起来前途渺茫。这些江湖老油条怎么会干这种赔本赚吆喝的生意？于是很多人就一群一群地开溜。

清兵干脆在城外石达开的营房不远处招兵，这些士卒偷偷从太平军的营房走出来，走不远就是清兵的营房。过了几天，他们就会吃得饱饱的，穿着崭新的清军服装出来跟太平军作对。

国宗石镇吉带着几个兄弟来找石达开，劝他回天京。石镇吉认为，他们孤军深入，失去天国军队的呼应，此为兵家大忌。现在清兵倾全国之精兵，都来围剿石达开部，福建又缺吃少穿，长此以往，恐怕前景堪忧。

石达开自然不想回天京。如果说在安庆他还有点想回去的心思，现在却是一点回去的心思也没有了。

自己的每次行动都要向天王禀告，获得天王同意后，他才行动。而天王一而再、再而三地让差官通知他，降低他的封号。石达开太了解天王了，他这是在以此向太平天国诸将士和他石达开表明：他天王离了石达开照样能玩转天国，石达开在天国的地位和影响越来越小。

这样，是让别的将领看到希望，也是在释放一个重要信号，现在的天国不太欢迎石达开了。

特别是天王拉拢了杨辅清，给了石达开当头一棒。石达开没有拆天王的台，天王却用封官加爵，拉走了杨辅清，让危机中的石达开失去了唯一的一块可休养之地。

石
达
开
：
天
国
悲
歌

比较重要的一条是，天王分封五军主将（杨辅清为中军主将），已经实际上撤销了石达开通军主将的封号。也就是说，在天王和太平天国诸将的眼里，他已经不是可以号令诸位将领的那个翼王了。

这实际上已经表明了天王的态度。

一身傲骨的石达开怎肯现在回去？

石镇吉却认为，无论如何，只要回去，他还是太平天国唯一的一位王，是天王的"七弟"，终究比现在处境要好。

石达开跟石镇吉吵了一架。让他没有想到的是，几天后石镇吉竟然带着本部人马，也不跟石达开打招呼，弃他而去。

04 巧救韩宝英

清军越来越多。

因为父亲去世丁忧在家的曾国藩重新被朝廷起用，他正从各处调集兵马，企图和福建的绿营兵会合，把石达开部消灭在邵武。

石达开的兵马从近十万人，只剩下了不到四万。石达开看福建不是可以久待之地，决定撤出福建。

十一月，石达开率部经过福建、江西边境的泰宁、宁化等县，一路上山路崎岖，异常难走。大军缺衣少粮，偶尔出现的野物都能引起众人的哄抢。清军一路围追堵截，石达开指挥人马左冲右突，拼死抵抗。

在宁化一侧的山里，他们遭遇到一股清军小部队。清军小部队只有七八百人，他们埋伏在山里，蓄势以待。前锋张遂谋带着这支疲惫之师来到他们的伏击圈。清兵选择的伏击地是一个陡峭的小山坡，太平军来到山坡下，刚好躺着或者坐着休息。在他们上方的清军待他们放下了武器后，开始对他们发起了攻击。

火枪、弓箭雨一般落下，很多太平军还保持着躺着的姿势，就真的去了天国。第一拨攻击后，仓皇的太平军赶紧转身还击。清兵居高临下，随便扔一块石头，都有可能要了太平军的性命。

在丢下了近千具尸体后，张遂谋指挥一部分人马从两侧摸上去。清兵抵抗了一阵，看到太平军越来越多，才秩序井然地撤退。

太平军连追击的力量都没有了，只能眼巴巴看着他们安全撤离。

九月，太平军攻占了清军兵力比较空虚的瑞金，十一月攻占南安。终于到了富庶之地，太平军有了喘息休整的机会。

在南安过了新年，太平军召开军事会议，确定了进军四川的方针大计。旋即，太平军放弃了富饶的赣南，兵分两路，突袭湘南。

傍晚，石达开带领的一支人马走到湖南南部桂阳山区。按行军计划，他们要在天黑前赶到前面的一处平原地带，才能安营休息。正在急行军中，前面的士兵突然不走了。

宰辅曾锦谦打马跑到前面看了看，回来对石达开说："前面路中有一个女子，可能饿昏了，我让他们给她点吃的，把她抬到路边。这种事多了，晚上露水一下人就醒了，有吃的也饿不死。"

石达开摇头，说："一个单身女子跑到这里，肯定是遇到了难处。况且在这山林野外，土匪遍地，夜晚也正是野兽出没的时候。即便是一个青年壮汉，也不敢夜里进这山林，把她一人扔在这里，恐怕不妥。让大军稍歇，我去看看到底是什么情况，也许顺便能知道一些军情呢。"

两人来到队伍前端。姑娘已经被挪到了小路边，人还在昏迷中，没醒过来。石达开让人喊来随军郎中。郎中试了试脉搏，说："翼王，这女子脉搏羸弱……应该是极度劳累所致。身体没有大碍，吃点东西，休息一下就可。"

郎中掐这个披头散发、衣服破烂的女子的人中，女子慢慢醒了过来。她睁开眼，看到穿着铠甲一身戎装的石达开等人，先是惊讶地"啊"了一声，然后就想爬起来。但是，因为浑身无力，她动了好几次身体，都没成功。

郎中说："姑娘别动。你身体太虚弱，先喝点水，躺会儿才好。"

女子喝了几口水，活动了一下身体，突然朝着石达开等人就跪下了，哭着说："官爷，你们可要给我父母报仇啊！"

大家一愣。石达开知道这女子是错把他们当成进山的官兵了，但是为了不让姑娘恐慌，他没有解释。

曾锦谦说："姑娘先别哭，你告诉我，你是哪里人？怎么到了这山里？"

女子捂着嘴巴，好像尽量不哭出声来。石达开看样子，就知道这姑娘是有很多的冤屈。并且看这姑娘，虽然衣服破烂、蓬头垢面，眼神却很清澈，举止也不像普通的村野丫头，倒像是读书人家的女孩。

女孩子憋了一会儿，终于把想哭的劲头憋了回去，说："官爷，我是山下村子里的人家，我叫韩宝英，我父亲韩宝忠，是村里的教书先生。保长说长毛要来了，让我们找地方避一避，我父亲就和几户人家一起躲到了这山里。没想到……呜呜……没想到……"

女子本来很流利地说了几句，突然又憋不住了，呜呜哭起来。曾锦谦看看天色越来越晚，有些急了，乱搓手，却没法说什么。

石达开等韩宝英哭了几声，才说："姑娘，这天色晚了，我们也要赶路，要不你跟我们一起下山，如何？这山里有土匪，还有各种野兽，很不安全。"

韩宝英虽然在哭，但是也听清了石达开的话。让大家没想到的是，石达开话声刚落，韩宝英不哭了，很坚决地说："官爷，我不走，你们也不能走，你们是官府的军队，你们……要为我报仇。"

韩宝英把太平军当成清军了。曾锦谦刚要纠正，石达开阻止了，说："好。姑娘你说你有什么仇，如果此仇该报，我肯定替你报仇！"

韩宝英朝着石达开就要磕头，被石达开拦住了："姑娘别这样，时间紧迫，请说你有何仇。"

韩宝英说："几天前，我们一家人刚刚睡下，突然有人拍门。我爹爹以为是一起进山的村邻，就开了门。没想到……进来了一伙土匪。他们抢光了家里的东西，还……还杀了我爹妈。村子里的人家大都被杀了。呜呜，他们是一群畜生，好狠啊。他们还……把我抓到了山上。我是趁他们疏忽，跑了出来……我想报仇，我……我没那本事。老天爷有眼啊，让我等到了官爷……"

韩宝英终于说完，似乎放下了包袱，自己马上"呜呜"哭成了泪人。石达开虽然外表声色不动，但是两道浓眉已经竖了起来。曾锦谦知道翼王愤怒了，就提醒他说："翼王殿下，天不早了，大军不能耽误行程啊。"

石达开想了想，蹲下身，继续问韩宝英："姑娘，你知道土匪住在哪里吗？他们有多少人？"

韩宝英一听这话，不哭了，抬起泪眼，看着石达开，说："他们有十多个人，住在右边的山头上。"

石达开点头，说："好。我要是派人给你父母和乡亲报仇，你能带我们去吗？"

韩宝英猛然站起来，说："我当然能！"

石达开对曾锦谦说："你让人带大军先行，找一支小队，把那些土匪给我抓来！"

韩宝英骑在马上，带着曾锦谦的一队人马上了山。大队人马过了还不到一半，曾锦谦就带着人回来了。十多人被他们当场杀了几个，就带回两个。石达开问韩宝英，这两个土匪怎么办？两个土匪直磕头，求饶命。他们看出这帮人是太平军，当场表示他们愿意参加太平军，为太平天国效命。

韩宝英听说石达开他们是太平军，是她口中说的"长毛"，而不是官爷，也害怕了，瞪大了眼睛："你们……是……长……是……"

石达开接话说："呵呵，没错，我们就是你说的'长毛'。不过，我们不像你们的保长说的那样，我们不抢老百姓的财物。我们跟你和你的父母一样，都曾经是贫穷农民，我们是不愿意受官府的欺压迫害，才起来反清的。韩……宝英，太平军是对所有欺负老百姓的人毫不客气的人，你说吧，把这两个畜生怎么办？"

两个土匪吓得跪在地上，一个劲儿地求饶。说他们也是穷人，过不下去了才当了土匪，如果太平军早早来，他们就当了太平军了，让这位官爷给他们一个机会。

石达开厉声说："杀人偿命，自古如此！你们既然是穷人，就更不应该去杀穷人！如果你们有骨气，就应该去反抗官府；如果你们没骨气，那就老老实实想法子讨生活。杀人抢劫，是畜生才能干出来的勾当，我石达开绝对不要你们这样的畜生当我的兵。"

韩宝英和土匪都听说过石达开的名字。韩宝英张大了嘴巴："您……是石……石……"

石达开说："我是石达开，专杀贪官污吏和欺负老百姓的畜生的石达开。小姑娘，这两个杀了你父母的土匪，你说怎么办？"

韩宝英看了看这两个吓得要瘫了的土匪，带着哭声说："杀了他们，我要给我父母和乡亲们报仇！"

为了不再刺激韩宝英，石达开让兵卒把两个土匪拉到远处杀了。听到两个土匪的惨叫，韩宝英终于痛哭失声，朝着天空喊："爹、妈，太平军给你们报仇了，爹、妈，你们安息吧。"

然后，石达开和曾锦谦带着一队人马，随着韩宝英进了他们居住的小山坡。小山坡下有几幢小茅屋，但是已经人去屋空，都没有了人。有的人家的茅屋里还有做好的饭菜，有的床上的被子叠得好好的，好像人刚出门一样，但是屋框木头上一片片发乌的血迹，还有突然发现的残肢，都能让人想象到，几天前这里曾经发生过多么惨烈的一幕。

这里总共有六户人家，有四户的茅屋外面，都有一个隆起的土堆。韩宝英看到自己家茅屋外也有一个土堆，就说那应该是父母的坟墓。去屋里找了找，果然只见片片血污，不见尸体。显然是有没被杀死的乡邻，把被杀的人葬在了他们家的茅屋外。韩宝英趴在土堆上哭了一会儿，就给石达开跪下了，说要把父母的尸体移回村里的祖坟。

石达开满口答应，马上让士兵把韩宝英父母的尸体从坟里刨出来，用被子卷了，安排曾锦谦带着一小队人马去处理此事，让他们明天一早赶到宿营地集合。

第二天一早，曾锦谦率众赶了回来。随着他赶到军营的，还有清丽出众的韩宝英。韩宝英随着曾锦谦，在众目睽睽之下进入石达开营帐，看到石达开，纳头便拜，说："韩宝英叩见翼王。感谢翼王为我父母报仇，并帮我安葬父母。小女子从此无牵无挂，也无处可去，愿从此跟随翼王，当牛做马，只求给一口饭吃。"

这女子要跟着太平军走，让石达开始料未及，他想了想，说："小姑娘，太平军是要行军打仗的。你跟着我们走，要吃很多苦，你最好还是想个办法，投亲去吧。"

韩宝英一看这个威武的将军不肯松口，急了，边擦眼泪边说："翼王，我只有一个姐姐，现在也不知道跑到哪里去了，村子里的人都快跑光了，我到哪里投亲去？您若不收留我，我只好……呜呜……"

石达开看着昨天还满腔仇恨的小姑娘恢复了少女的柔弱和纯真，不由得笑了笑，问曾锦谦："村子里真的没人了吗？"

曾锦谦拱手说："十室九空。我和韩姑娘去找那些死在山里的人的亲属，一家都没有找到。唉，老百姓流离失所，真是苦啊。"

石达开听了此话，脸色凝重。

石达开是个方脸、浓眉阔口的人。在天京的时候，脸上肉多，有如来之相，现在瘦多了，脸色憔悴，却显出干练硬朗之气。他仰起头，长出一口气，说："锦谦，我们带兵打仗，本来是为了天下百姓苍生，没想到死人无数，也让老百姓跟着流离失所。日后我若得了天下，无论是弹丸小国，还是天下一统，我定以百姓为父母，否则，与畜生何异？"

曾锦谦说："殿下曾经主事安徽，广播仁政，安徽人人皆知。翼王能得天下，是天下人之福。"

石达开示意曾锦谦扶起韩宝英，对她说："韩姑娘，如果你不怕吃苦，那就暂且留在军中吧。锦谦，你给安排一下，让她随着中军行动。"

曾锦谦拱手，带着韩宝英走出石达开的帐篷。

石达开看着他们的背影，却想到了邱道长在九江的船上曾经跟他说过的一席话。邱道长说，能打下天下的，没有真正的"仁者"。传说中的仁君，不过是为了统治的需要，做出的样子而已。这个世界，就是一个弱肉强食、胜者为王的世界。虽然人人都喜欢仁义，但是即便是老百姓，在选择跟随者的时候，也往往去选择一个能够给他们未来的强者，哪怕有时候这个强者是在用油腔滑调来骗他们，他们也愿意相信，而不愿意去跟随一个他们明明知道的仁者。

狡诈狠毒者往往能取得最后的胜利，因为他们能够抓住一切有利的机会。为了生存，他们不论道义，不讲规则。同样，在天下争霸中，能最后取得胜利的，往往也是这些人。

他们狡诈，但是表面却要装得温厚；他们凶狠，但是表面要善良。这种人，才具备作为天下之王的条件。

石达开很明白。同天王相比，东王残暴，却不狡诈，因此东王败北。自己跟天王相比，没有天王的狡诈，跟东王相比，没有东王的凶残。自己只是懂些用兵之道，却往往下不得狠心。

例如他在安庆的时候，完全可以带走太平天国的大军。带走了大军，天国危险，但是他石达开就可以攻城略地，也不至于走到今天这个地步。现在虽然自己做到了仁至义尽，却兵微将寡。

现在他明白了，一个人的能力再大，如果没有辅佐的良将，也难成气候。

他石达开能够做成一番大事业吗？

05 宝庆府失利

太平军又在湘南的山中穿行了一个多月，无数次冲破清军的阻挡和骚扰，绕过永州城，终于在五月初，到了宝庆府地界。

石达开的心腹宰辅曾锦谦，在行军途中得病而亡。

自二月从赣南开始战略转移到现在，太平军在这三个月里，除了从大山里穿行，就是走村过乡，没有攻占过一个县城以上的城市，军队没有很好地休整过，补给也只是勉强一路筹集。

石达开是个仁者。他不许士兵扰民，不许他们强征，一路上踊跃投军的人很多，到达宝庆府地界的时候，太平军再次达到了十万人。

这么庞大的军队，军需供给成了严重的问题。

是否攻打宝庆府，石达开犹豫不决。张遂谋等众人力主不打宝庆府，军需可以强征。石达开知道，所谓的"强征"跟抢劫没太大差别，会让百姓憎恨，就没答应。

张遂谋说："翼王，我们千里征战，清兵肯定做了防备，宝庆府不易攻。如果攻不下，不但损兵折将，还迁延时日，耗费军用，去四川之路他们更会进行封堵，这对于我们非常不利。"

石达开说："这么多的大军要吃要用，只从百姓口里征点儿粮食怎么能够用？这两个月大军一直在省吃俭用，在行军。军队是行军打仗的，只行军不打仗不但得不到供给，还会影响士气。军队是需要一些戾气的，没有戾气的军队，就像散沙，被水一冲，就会崩溃。从赣南一路过来，我们就没有正儿八经打过仗。因此，宝庆府应该打。我们这十万人的军队，拿不下一小小的宝庆府吗？打下了，好好休整一下，补充一下给养和兵员，再进军四川也不迟。"

张遂谋等默然。翼王说得很有道理，自然他们说得也有道理。如果顺利拿下宝庆府，肯定会对大军有利。但是，万一拿不下……

石达开的眼神异常凌厉坚定："一定要拿下宝庆府!"

让石达开万万没有料到的是，他的十万大军，竟然没有拿下宝庆府。

在宝庆府外等着他的，是太平军的死敌之一——广西按察使刘长佑。这个刘长佑也曾经在湖南办团练，曾经是太平军死敌江忠源的手下，江忠源在庐州战死后，他奉湖南巡抚骆秉章的命令，曾经偕同江忠源的兄弟，攻克袁州、临江等地。1857年，袁州太平圩之战，全军溃败，刘长佑下马引佩刀欲自裁，被下属劝阻。

同江忠源一样，这个刘长佑英勇善战，不惧生死，是太平军的劲敌。这次，他带兵和李续宜分据东西，在安庆府城外阻击太平军。这两人异常凶猛，他们互相配合，前后夹击，竟然让石达开大军连吃败仗。

赖裕新率领的一部人马也来到宝庆府，同翼王的兵马会合。随着赖裕新一起来到的，还有大批的清兵。

双方人马在安庆摆开战场，厮杀了三个多月，石达开部没有得到任何便宜。眼看大军的补给越来越困难，而清兵越来越多。

石达开的这十万兵马一大半是在进入湖南后招的新兵，这些新兵一看这仗越打越困难，粮饷越来越稀薄，有的就开始溜。他们开溜还不是一个一个地溜，而是一大帮一大帮地就溜走了。其中有一帮是从广西跑过来的天地会，他们其中一个是石达开的老家人，跟石达开攀得上亲戚，因此石达开叫他到中军帐谈过两次话。这个叫张开的天地会小头目垂涎韩宝英的美色，临走前，竟然找到韩宝英，让她跟他走。

韩宝英问他为什么要跟他走啊。张开说石达开被包围了，他又不肯撤军，清兵越来越多，太平军越来越少，再不走恐怕就走不成了。张开说他带着他的几百号弟兄，在广西和湖北两省交界处打家劫舍，清兵根本不管他们，有吃有喝，日子比跟着石达开强多了。假如韩宝英能跟着他远走高飞，她想要什么，他就给她弄什么。张开跟她说，他们曾经攻进一户有土堡的地主家里，这个地主有上千亩土地，在地主家里光金条他们就抬出两箱子。可惜后来清兵撵得紧，他们把金条又扔了。

韩宝英想法跟这个张开东拉西扯，一直拖到石达开回来。韩宝英把张开要带人走的话跟石达开说了，石达开惊讶地看着这个老乡。张开一看事情败露，吓得浑身颤抖。

石达开很疲惫。他伸手示意张开别紧张，说："张开，你只要老实回答我的问题，我石达开可以放你走。不过你只能自己走，那些兄弟走与不走，要看他们的决定。你明白吗？"

张开不知道石达开会怎么处置他，吓得头也不敢抬，两只手虽然是抱拳状，却是鸡啄米一般抖个不停。石达开看了他一眼，很平静地问他："张开，你说，弟兄们为什么要离开太平军？"

张开"扑通"跪下，说："翼王殿下，都是这些混账瞎了眼，该死……"

石达开打断他的话，不耐烦地说："这么说，要离开太平军，都是你的手下撺掇的？"

张开低着头想了一会儿，才小声说："是。"

石达开叹气，说："兄弟，我可听说你在广西之时，也是响当当的一条汉子，今天怎么连实话都不敢说了呢？如果真的是你的兄弟逼着你离开太平军的，那我安排人找你的那些兄弟问问，如果事情果真如你所说，我赦你无罪。但是，如果是你张开怂恿弟兄们离开太平军，可就别怪我不看老乡之情面了。"

张开一听这话，头在地上磕得砰砰响，说："殿下饶命，是我想带我的兄弟离开。我该死……我家里上有老下有小啊，求翼王殿下饶了我吧。"

石达开猛然喊道："站起来！张开，你要是还想活命，就给我站起来！"

张开弹簧一样跳了个高，站了起来。石达开让他坐下，张开不敢坐。石达开说："好，那你就站着吧。从现在开始，你必须认真回答我的问题，不允许有一点撒谎，否则，立斩不饶！"

张开大声说："是。"

石达开问："张开，你为什么要离开太平军？"

张开想了想，说："翼王殿下，我可就实话实说了。我的这些兄弟，都是穷人。他们当年参加天地会，就是为了能有一口饭吃。没办法啊，有的家里穷得揭不开锅了，大家就一起出去找个富户劫了，把钱粮分了，拿回家给老婆孩子吃。因此，我们在两省边界处活动，就是为了不让官府抓住。参加太平军，是听说有兄弟参加太平军升了官，发了大财。还有，就是我们在那边的日子一天天越来越不好过了。富户们都成立了团练，这些团练有枪有炮，我们跟他们打总是吃亏，没办法就来投军。我们打仗是老把式，您知道的。上次我们被刘长佑围在山沟里，是我们的那些兄弟先偷偷攀上山顶，从山上朝下扔石头，把刘长佑的人打蒙了，我们才冲了出去。不过，兄弟们死得越来越多，我们的败仗也越来越多，吃的却越来越差，那些青菜吃得我们都拉肚子。殿下，兄弟上战场就是去送死啊。您也知道，外面的清兵越围越多，这仗……越打越吃亏。我们家里大都有老婆孩子，现在也没钱没粮送给他们，在这里待一天，就多一天的危险……翼王殿下，我们是真的……没办法了。"

石达开认真地听完张开的话，问："张开，你说得有道理。但是战场较量，就像高手过招，胜败瞬息万变。现在我们是处于劣势，但是我们士兵伤亡并不比对方多。宝庆府现在被我们团团围住，只要我们找机会打败刘长佑，别的清军就会不堪一击。打退援军，宝庆府就可以一鼓而下，兵卒们看不到这些吗？"

张开带兵打仗也有十多年了，虽然是一帮小喽啰，却也积攒了一些对敌经验，他索性放开，拱手说："翼王殿下，您是太平天国主将，我只是一个小小的天地会头目，您指挥的都是大仗，我带大家打的都是小仗，也许我的经验不值一提，但是很实用。我们那几个人跟现在殿下的情况差不多，没有援军，没有粮食供给。我们无论跟清兵还是团练打仗，都是速战速决。能打下来就麻利儿打下来，一看是块难啃的骨头，我们就赶紧扔。我们人少，拖不起。翼王殿下，太平军虽然是兵多将广，但是跟满清比起来，还是不行。再拖下去，虽然不至于全军覆没，但是拖的时间越长，我们的劣势越多。您在这儿想着打败刘长佑，刘长佑还在想着怎么消灭太平军呢。现在局势对太平军越来越不利，军心涣散。翼王殿下，当务之急是赶紧撤军。这是我的肺腑之言，虽然难听，但是殿下刚刚说过，如果我说实话，就会饶我一条性命。"

石达开边听张开说话，边点头。听完了，他问："如果我现在撤军，你和你的弟兄们还会待在太平军中吗？"

张开想了想，说："会。"

石达开笑了笑，问："那你们以后还会走吗？"

张开犹豫了一会儿，才说："翼王殿下仁心宽厚，如果能让我们不必徒劳送命，我们自然不会走。"

石达开笑了笑，说："好，那你回去吧。带着你的兄弟们好好打仗，希望我看到你的时候，你还好好的。"

张开似乎还有些不相信自己的耳朵。当他看到石达开转身进入内房，忙退了几步，跑了出去。

韩宝英从另一个房间出来，对石达开说："翼王殿下，您真的相信这个张开的话吗？"

石达开抬头，看着屋顶，长叹一口气，说："我知道他不会留下。不过，人心散了，即便强留住有什么用？谁爱走就走吧，他们当初来投军，也不是为了枉送性命。人都是为自己着想的，这没有什么错。他们来了，我们却没有留住人家，这说明我石达开无能。"

06 白龙洞题诗

张开在当天夜里，就带着他的那些兄弟中的大多数走了。在后来的两天中，又有不少人偷偷溜掉了。

有心腹提议派人监督，抓到逃跑的杀几个，刹住这股子风气，被石达开拒绝了。他说："他们离开太平军，说明他们已经对我们失望了。民心可疏不可堵。让想走的走吧。"

石达开安排朱衣点断后，大军分批从宝庆府撤离，南下进入广西地界。

一个多月后，这支异常疲惫的大军终于攻克庆远府，有了暂时的休整之地。这个时候，石达开的兵马又扩大到二十万人。石达开让部下抓紧时间训练这些新兵，以求能以最快的速度上战场打仗。

太平军在庆远府住了半年多。在石达开的一生中，这是他生活比较平静的半年。

广西的清兵比较薄弱，何况广西还有天地会的"大成国"。来到广西后，大成国的平浔王陈开就派大将李文茂来找石达开，让石达开率部去大成国，他可以封石达开为第一大将军。

石达开虽然对天地会的人不太感冒，但是这个陈开既然能在浔州府称王，也算个人才。他很礼貌地给平浔王陈开回了一封信，信中说他依然是太平天国的翼王，自然不会投奔大成国。不过，大成国和太平天国都是反清组织，应该互相援助，共同抗清。

陈开是佛山人，带领天地会的人在佛山发动起义。起义后，他带着人马进攻广州，却被得到英国人协助的清军打败，一路逃到了广西浔州，在这里建立了"大成国"。

陈开对石达开不肯加入大成国，表现很豁达。为了表示欢迎，他还派人给石达开送来了各种用品，最让石达开感兴趣的是，这个水手出身的浔州王，还给石达开送来了一些笔墨。

这让石达开雅兴大起。这十年来，除了在天京有过一段清闲时间，石达开无时不在征战之中，他都忘记了自己竟然还算个读书人。

吏部尚书孔之昭是个喜欢笔墨之人，看到这些东西高兴得不得了，对石达开说："翼王殿下，陈开倒是个有心人，他怎么知道你是个读书人呢？"

石达开十多岁，在老家就以诗文著名，算是文武全才，自然喜欢这上等的笔墨纸张。他笑着说："这陈开当年是个水手，有如此行为的水手，自然不是一般人，果然有国王风范。"

第二天，石达开携新封诸位文武官员同游北山白龙洞。此时，翼王已经新建了一套官职制度，新封了一批官员。同去的有元宰张遂谋、地台右宰辅石蔡亲、户部大中丞肖寿镇、礼部大中丞周竹歧、兵部大中丞李遇隆、吏部尚书孔之昭、户部尚书李岚谷、礼部尚书陈宝森诸大员，当然，还有一直伴随在石达开身边的韩宝英。

同刚来的时候相比，现在的石达开又恢复了信心。经过庆远府的这几个月休整练兵，大军现在朝气蓬勃，队伍齐整。石达开是个仁义君子，对人没有防备之心，自然也没有料到自己的心腹大将正酝酿着一场哗变。

在这个春风和煦的日子里，石达开登高远眺，看着山清水秀、鸟儿欢唱，不由得说道："真是好景色。"

张遂谋是天生的严重近视眼，看什么都不清楚，只能看得出大体形状，他看着不远处的一堆石头说："是啊。天气好了，来这山上的人真是不少。"

张遂谋的话让大家不由得一愣。石达开要来这里游玩，士卒都提前封锁了路口，山上也设置了一些暗哨，有几个想进山玩的，都被士兵给挡住了，这山上怎么会有人呢？

知道张遂谋眼神不好的，除了石达开、曾锦谦，就是孔之昭了。曾锦谦老家是桂平，张遂谋老家是平南，两家相距有几十里路，但两人非常要好。曾锦谦曾经充当张遂谋的眼睛，帮着张遂谋相亲，结果人家看中了曾锦谦。张遂谋一直到相亲结束，也没看清人家长得什么样子，出来后问曾锦谦：那一帮人中，哪个是相亲的女孩。曾锦谦想了想，说是那些女人中，最左边的那个。

张遂谋想了想，惊讶地说："好高的女人！"

张遂谋个子矮，喜欢高些的女人，人家没看中他，他却相中了人家。后来两人在街上遇到相亲的女子，曾锦谦小声告诉张遂谋。张遂谋大惊失色，说："怎么几天不见就如此小巧玲珑了？莫非是妖怪？"

曾锦谦仔细询问，不由得笑疼了肚子。原来张遂谋把站在一边的人家女子的哥哥看成了女人。这张遂谋的眼神可想而知。当时曾锦谦问张遂谋："兄弟，你看我是男是女？我奇怪啊，每次见到我，你是怎么认出我来的？"

张遂谋转了一下他那只能大约看见道路的眼睛，说："我能看到你的人影，听到你的声音，就知道是兄长来了。"

孔之昭听曾锦谦说过这个事，因此知道张遂谋是看错了，就问："张元宰，您说的人在哪里呢？"

张遂谋看不到孔之昭的眼神，但是听他的声音，就知道自己又闹笑话了，他静静地转身，指着孔之昭等人说："人都在此啊。之昭什么眼神？"

石达开知道张遂谋眼神不好，见他如此狡辩，不由得大笑，说："是啊，之昭眼神不如遂谋，这么多的人，人家遂谋都看到了，之昭竟然看不到。不过遂谋，如果我没猜错，你刚刚说的那一些人，是前面的那堆石头吧？"

张遂谋拱手说："翼王殿下，我刚刚看到的明明是一群人，现在好像变成一堆石头了。我不知道是人真的变成了石头，还是石头刚刚变成了人。这事儿之昭好像明了，之昭是孔圣人之后，天下无不明之事。"

孔之昭知道张遂谋是拿自己转移话题，笑了笑，说："元宰是翼王首辅，眼神好诸事洞明，您说是什么就是什么吧。反正我们什么都没看到。"

石达开及众人大笑。

白龙洞临古龙河，靠皇冠山，可谓山清水秀、风水宝地。这皇冠山还有一个故事。

相传朱元璋的儿子，明朝第二代皇帝惠宗朱允炆，因燕王争夺皇位兵变南京，逃亡到此。正无措间，听到对面的村落里传来动听的歌声，不由自主地摘下帽子，放在岸边的一块石头上，随着过渡的人群来到村里。

原来，村民在过歌王节。明惠帝被热情好客的壮家人邀为座上宾。

香醇的米酒让明惠帝越喝越甜，可口的豆腐肴、狗舌馍、印板馍、马打滚等美味佳肴让他大饱口福，甜美的山歌让他听得如痴如醉。

后来，当地的庆远卫指挥彭英连夜把明惠帝接回庆远，予以善待。后来，燕王朱棣的追兵逼近，惠帝打算往云南云游，在小北门码头告别彭英时，他将跟随他多年的马送给彭英，并对马说："蹀躞人间几许年，艰难险阻共周旋。我今别尔东西去，何日相逢兜率天。"没想到这马忠义至极，不忍离开主人，当即腾跃而起，以头撞石而死。惠帝即用马血在那块石头上写下了"泣血"二字。

这个感人的故事一直被村落里唱山歌的人们吟颂着。日复一日，年复一年，不知是哪年哪月，惠帝放帽子的那块石头变成了现在的这座山，皇冠山因此得名。当年，惠帝拴马的那棵树变成了旁边的这座尖山，名叫义马桩。

大家乘了船，爬了山，逛了白龙洞。石达开心情大好，回城后与大家饮酒作赋，当场作诗一首：

石达开·天国悲歌

> 挺身登峻岭，举目照遥空，
> 毁佛崇天帝，移民复古风。
> 临军称将勇，玩洞羡诗雄，
> 剑气冲星斗，文光射日虹。

并作序文：

> 太平天国庚申十年，师驻庆远。时于季春，予以政暇，偕诸大员巡视芳郊。山川竞秀，草木争妍，登兹古洞，诗列琳琅，韵著风雅。旋见粉墙刘云青句，寓意高超，出词英俊，颇有斥佛息邪之概，予甚嘉之。爰命将其诗句勒石以为世迷仙佛者警，予与诸员亦就原韵立赋数章，俱刊诸石，以志游览云。

后来，孔之昭安排人找了能工巧匠，把诗文雕刻在白龙洞中，成了洞中一景。

但是乐极往往生悲，当天晚上，张遂谋来找石达开，让他屏退左右，对他说："翼王，军中恐有变！"

07 人心

张遂谋的话让石达开惊讶不已。在他看来，他的大军已经度过了最艰难的时光，现在他拥有二十万生力军，完全可以伸张腰肢、做一番大事业了。

况且经过这一路的坎坷，那些不稳定的因素比方张开之流，已经自动清理干净，现在太平军中的将领都是一直跟着的翼殿心腹，军士除了原先的人马，就是新招的士兵，这个时候这种情况，怎么会有变故？

但是石达开非常信任这个张遂谋。他虽然眼神不好，却洞明世事，能看透人心。

石达开让他坐下，慢慢说。张遂谋顾不得坐，说："翼王殿下，军中传言英王李秀成大破江南大营，天朝一片兴旺，天王封了好几个王爷，连杨辅清都被封为辅王，是真的否？"

石达开有些惊讶，说："此事是真的。我也听人说过此事，不过，我没有告诉别人，遂谋，你听谁说的？"

张遂谋拱手说："我听彭大顺手下一个头目说的。现在军中都在传言此事。"

石达开点头，说："这是好事啊。天王之喜，也是我们之喜。况且，这样的话，清廷就得重新调派大军，反而减轻了我们的压力。你怎么能说军中有变呢？"

张遂谋说："此事不是这么简单。翼王要带大军入川，本来是件好事。可是现在他们看到天朝如此兴盛，翼王这儿却还没一点希望，他们就心动了。翼王殿下，大军可是容不得一点风吹草动啊。近些日子，驻扎百里外的朱衣点都多次跟彭大顺联系，行事诡秘。翼王殿下，这两人可是军中主将，如果他们有什么想法……可是为祸不小。"

石达开仰头想了想，摇头说："这两人都是跟随我多少年的。他们成为军中主将，都是由我一步一步提拔起来的，他们应该不会辜负于我。"

张遂谋说："但愿如此。不过还是请翼王慎重为好。"

石达开想了想，说："遂谋，这事……你先调查一下。等我找一下彭大顺，先听听他怎么说。"

张遂谋拱手，说："是，翼王殿下。不过殿下要慎重，他们既然有了反叛之心，那就什么事都能做得出来。"

石达开笑了笑，说："知道。"

第二天一早，刚好彭大顺来找石达开汇报军情。

原来，清廷嫌原先的广西巡抚"剿匪不力"，把他撤了，把太平军的老对手刘长佑提为广西巡抚，全力对付石达开。

刘长佑主政广西后，先消灭了那些小股的起义军，然后从外围开始包抄太平军。他采取了稳打稳扎、逐步推进的策略，在广西大力扶植团练。刘长佑本来就是跟着江忠源办团练起家，他来到广西后，照葫芦画瓢，仅仅两三个月的时间，广西境内竟然到处是团练。这些团练比清兵有隐蔽性，适宜隐蔽，行动迅速，散则无影无踪，聚则一群虎狼。彭大顺部下乡征粮的小股队伍，常常遭到他们伏击。最近发生了几起十几个人出去一个也没回来的蹊跷事情。派大队人马出去寻找，却连蛛丝马迹都没有找到。

现在派人下去征粮，都得派两百多人以上的队伍。就这样，还常常遭到袭击。团练和村里人联合起来，征粮的时候十去九空，弄得现在人心惶惶、军心不稳。

石达开没想到，刘长佑竟然会用这么一种做法。这种做法充分利用了他们的官府资源，用他们的民众和地理优势来对付太平军的兵力优势，真是阴险的招数。

石达开问彭大顺："既然如此，彭将军，你觉得怎么办为好？"

彭大顺抱拳说："翼王殿下，广西民风彪悍，他们又采取这种人人皆兵的策略，太平军在广西很难驻足。殿下，这个刘长佑之狡猾不下曾国藩，打宝庆府的时候，就是他挡住了我们，现在他来到广西，情形对我们非常不利，我觉得我们应该避开他。"

石达开说："我也正有此意。我们此番在庆远府待了半年多了，也好给他们腾地方了。回去准备一下，咱们这些天就离开这里，兵发四川。"

彭大顺说："是。"犹豫了一会儿，又说："翼王殿下，去四川这一路，都是贫瘠之地，山险路远，曾国藩和骆秉章的兵都在那儿等着咱们，入川，恐怕很难。"

石达开点头，说："你说的是，这一路不但山高路远、恶兵挡道，还有大渡河和金沙江。我们此去必定苦难重重，不过，这正是我看好四川的原因。我们现在有二十多万兵马，无论是曾国藩还是骆秉章，都无法拦住我们。我们一路打过去，肯定会有民众和各地起义军加入进来。我们可以兵分三路，互相照应，只要进入四川，那就是我们的天下了。四川清兵兵力薄弱，增援也困难，却是富庶之地。我们打下成都，就像太平天国有了南京，却比南京易守难攻。到时候，我们再用我当年在安徽的策略，善待民众，赢得民心，大军休养生息，则进可取天下，退也可以自保。这样，才能结束我们做流寇的日子。"

彭大顺又想了一会儿，突然问："翼王殿下，您就没想过回天京吗？听说英王李秀成刚刚攻破江南大营，张国梁战死，现在天京日益繁盛，望翼王也考虑一下。"

石达开没想到彭大顺会对他提这个问题。他坚决地说："天王猜忌心重，我绝对不会回去的。入川，是我们唯一的选择。请勿再议。"

彭大顺走后，石达开心情烦躁至极。韩宝英给他送来饭菜，他也没心思吃。韩宝英已经认石达开做义父。她看石达开忧心忡忡，饭菜不香，她也愁得不行。

石达开从跟彭大顺的谈话中，已经了解了他的心思。他认为西去四川危险重重，胜算不大，不如去天京。在他的眼里，天京有机会，有荣华富贵。既然彭大顺有这个心思，那就基本证实了他有回归天京的想法。

只是石达开不知道他的想法到了什么程度，是否准备实施。

张遂谋来的时候，韩宝英已经把饭菜都收拾下去。石达开正跟户部尚书李岚谷商讨军情。

李岚谷刚刚得到情报，后旗宰辅余忠扶的部下杀了余忠扶，离队归朝。张遂谋也刚得到一个不利消息，天地会有三千人看到情况不妙，也不声不响地走了。赖裕新打算拦阻他们，天地会的人要动武，赖裕新只好放他们走了。现在恐怕还没走远，赖裕新也在派人跟踪他们，现在派人来听取指示。

余忠扶就是因为部下哗变、要回天京，他拦阻才被杀的。这种自相残杀是石达开最不愿意看到的。因此，他让人马上去告诉赖裕新，不要跟踪了，他们觉得跟了自己没前途，留下反而是祸害，放他们走吧。

张遂谋给石达开还带来一个消息：彭大顺和朱衣点以及众将要回归天京。但是具体什么时候行动，不得而知。

担心的终于成了现实，石达开闭着眼，好长时间没说话。

张遂谋说："翼王殿下，我有一计，不知道可用否？"

石达开问："何计？"

张遂谋说："用开军事会议的名义，把这两人招来杀之。彭大顺和朱衣点是这些人的头目，杀了他们换一批新将领，此事可平。"

石达开摇头："难平。既然他们有了此心，恐怕没有办法阻止。这么多的将领都同意，那我们还能把这些将领都杀了不成？不杀，他们日后也会走。杀了他们，他们的部下也会造反。何况，自相残杀之事，我石达开是绝对不会做的。"

张遂谋一摊手，说："这两人加上这些将领带着兵马一走，二十万大军就走光了。翼王殿下，必须想法留住他们。"

石达开叹气，说："有法子固然好，但是恐怕没有合适的办法。"

张遂谋说："我还有一计，调朱衣点带一部兵马攻打清军，如他不动，则撤了他的军职，如他带一部兵马前去，就可以想法把他余下的兵马拨给赖裕新部，并想法在战场上让高手除掉朱衣点。这一拨人马，就可以先稳定下来。在回天京一事上，朱衣点最积极，除掉他，则彭大顺必会犹豫下来，我们就赶紧启程，路上再想法把主要赞同东归的将领替换。"

石达开想了想，点头，说："这倒是个好主意。"

08 家乡遇故人

坏事接踵而至。有从石镇吉部化装跑来的兵卒报告，石镇吉攻打百色失败，撤兵途中，被土司和当地团练一路埋伏追杀，石镇常被杀，石镇吉中了埋伏，被土司捉住，解往桂林。

这对石达开又是一个非常沉重的打击。石镇吉勇猛自不必言，这一路上，他虽然没跟石达开在一起，但是一直随着石达开的行军路线活动，帮助石达开牵制了大量清兵。

石达开一连两日，几乎都没吃饭。他每天独坐屋里，一动不动。王妃带着孩子来叫他，逗他开心，石达开也异常烦躁地让卫兵把他们撵了出去。

石达开还有一个最担心的，他派的差官去朱衣点部两天了，音信皆无。

第三天，石达开突然听得外面一阵马蹄声响，他抬头稍等了一会儿，看到彭大顺和朱衣点以及大将童容海、吉庆元四人走了进来。

看到石达开，四人"扑通"跪下。

石达开问："你们这是为何？"

彭大顺说："翼王殿下，我们兄弟想奏请翼王带我们东归天京。如若翼王不去，则请翼王放过我们，给兄弟们一条生路。"

石达开愕然："难道跟着我石达开就是死路一条吗？"

彭大顺说："请翼王想想，自从援助吉安临江失败，我们这一路死了多少兄弟。现在老营出来的兄弟还有多少？西取四川，九死一生，我们兄弟都有老婆孩子，实在不能再随着翼王送死了。我们兄弟来劝翼王最后一次，如若翼王不肯东归，那我们兄弟就告辞了。"

石达开心里清楚，他们既然敢进来，就肯定做了防备。这次哗变的将领有六十七人之多，他们一走，将领十去其七，这六十七员将领各率本部人马，加起来有二十万人之众。他们一走，能打仗的就只剩下赖裕新一部一万多人了。

这几乎是一个致命的打击。

石达开心里在流血。他从这四人身边走出来，看到院子里也跪了二十多个人，这都是曾经随着自己同生共死的兄弟啊。石达开挨个从他们身边经过，他看到其中一个的靴子烂得不成样子，从屋子里找出一双新靴子，递给这个将领。将领跪着，不敢抬头看石达开。

石达开回到屋里。他问彭大顺："剩下的那些兄弟呢？"

彭大顺没说话。

朱衣点说："回翼王，那些兄弟在外面等着我们，以免……"

朱衣点没说完，石达开也知道什么意思。他们的意思很明确，他们是来跟他石达开辞行的，当然为了以防万一，由剩下的将领带着二十万大军在外面等着他们，万一石达开不让他们走，他们就会带着大军攻城。

石达开笑了笑，说："各位多心了。你们既然不愿意跟我，我不勉强。希望你们回到天朝后，能协助天王完成千年大业。我石达开会在四川跟他遥相呼应。你们走吧。"

彭大顺、朱衣点等人叩头而泣，大呼："翼王保重。"

看着众将士走出大院，石达开坐在地上，好长时间没说话。韩宝英和张遂谋等人进来，石达开一脸死灰，说："没想到，我石达开会有众叛亲离的这一天。罢了，你们也都散了吧，我去做个山林隐士罢了。"

张遂谋叩头，说："翼王殿下不该这么说，这里还有一万多将士效忠翼王，他们还盼望翼王带他们开疆辟地，以图封侯拜将。殿下，留得青山在，不愁没柴烧，请翼王殿下三思。"

石达开顿了一会儿，才说："我只是一时气闷而已。我石达开几次历经困境，有这一万兵马，只要大军动起来，何愁十万？"

朱衣点等人走后，石达开也率领众人离开庆远府，避开刘长佑的攻击，继续朝南退缩。

他们无法摆脱鬼缠身一般的团练的追击，只能边跟他们打，边朝南退，并攻占了清兵兵力空虚的上林和宾州等地。

一路南撤，虽然石达开攻占了上林等地，但是因为城内的人早就开始朝外搬东西跑人，石达开进入的只是几座空城。给养并没有得到满足，兵卒依然过着饥一顿饱一顿的日子。

石达开企图带着人马打出广西去，像当初起义之初，自己带着人马打到永安一样。但是刘长佑根本不给他机会，每次出击，都会损失一部分人马。在这时候，军中的天地会头领又带着一部分兵卒离开了。他们待在上林，原先住在上林的地主和百姓组织了团练天天骚扰他们，石达开剩下不到一万人马，竟然无法战胜这些泼皮的团练。

石达开看看再住下去，恐怕想跑也跑不了了，只得带着人马，回到了家乡贵县。因为离贵县不远的桂平是大成国的地盘，大成国成了石达开的屏障。这是自金田起义以来，石达开第一次回到老家。应该说，他是带着一帮残兵败将回到老家的。当年的熊团董已经死了，新团董听说石达开回来了，吓得带着人跑了。

石达开在县城住下，带着人回了老家一次。那帮村已经破落得不成样子。当年石达开走的时候，带走了很多年轻人。后来家里有人参加太平军的，因为官府不断迫害，不得不搬走了。

石达开家的茅屋好几个地方都漏雨了，石达开还让人修了一修。他没有找到熊清芬。他打听到熊清芬改嫁去的村子，乔装打扮成普通老百姓，去找了一次。可是，人去屋空，那一家人也不知道搬到哪里去了。

大成国的陈开听说石达开回到贵县，请石达开去桂平喝茶吃饭。石达开哪里有这个心情，他给陈开回帖，说等过一段时间吧，这些日子太累了，休整些日子再说。

让石达开没想到的是，他到贵县还不到一个月，桂平就被清军攻破，浔州王陈开被俘遇害。陈开的手下率领两万人归附太平军，石达开得了这一支人马，势力大增。

更让石达开喜出望外的是，在贵县他见到了生命中非常值得珍惜的两个人——邱道长和叶梅。

两人是在一个阴沉的午后来到石达开家的。

邱道长还像当年一样穿着道服。最让石达开惊喜的是叶梅，她穿着几乎跟十年前一样的衣服。当这两人出现在细雨绵绵的院子里时，让石达开有种时光倒流的感觉。

　　石达开跑出来，把两人迎进屋子。邱道长拱手，说："翼王殿下，您现在可不是曾经的那个年轻人了，真怀念当初叫你'兄弟'的时光。现在您威武雄壮，我老了。"

　　石达开忧郁的心情看到这两人后大为好转，他哈哈大笑，说："什么翼王殿下，现在我就是那帮村的石达开。邱道长，您在我眼里，永远是我的兄长，是我的老师。您要是这么客气，我石达开可就失去这最好的朋友了。"

　　邱道长呵呵一笑，说："翼王果真如此看重贫道？"

　　石达开一本正经说："当然。当年如果没有道长帮忙，恐怕早就没有现在的石达开了，我怎么敢在你面前称什么翼王？对了，道长您这些年都在寻找那个仇人吗？"

　　道长点头，说："是啊，都在找，不过现在已经找到了。你看我说话算话吧？找到了仇人，完成了任务，我来找兄弟了。呵呵！"

　　石达开问："道长，那您杀了他吗？"

　　邱道长摇头，说："没有，我找到了他的尸体。我找到他的时候，他已经死了。不是被人杀死的，是自己得病死了。人的生死真是无法预料。"

　　三人坐下。

　　石达开问叶梅："叶梅，宣娇怎么样了？你怎么离开天京了呢？"

　　叶梅本来还是脸带笑意，听石达开提到洪宣娇，脸色就阴沉下来，显得很凝重。

　　她说："宣娇姐……失踪了。"

　　石达开一愣："失踪了？"

　　叶梅说："是。我们住在一个小胡同里，和别的人家合住一个小院子。那天我出去买东西，宣娇姐自己在家里。我回来的时候，她就不见了。问了院子里所有的人，都没看到她出来，也没看到有人进过我们的院子。在那前几天，宣娇姐说过，有人进过我们的院子，不过只是问她是不是认识一个什么什么人，宣娇姐没听说有这么个人，就说不知道。他们就走了。宣娇姐说，她觉得好像有什么问题，但是又说不出来。以前我们住的地方是个大院子，偶尔也有走错路进来的，这次宣娇姐说感觉有些问题，我就打算搬家。那几天我在外面找房子，没想到，宣娇姐就在那几天失踪了。"

石达开长出一口气，说："唉，宣娇妹妹也是个苦命人。如果西王在，她何至于投靠东王？西王去了之后，天王对她也是不管不问，她想见天王都见不到。北王韦昌辉都常挨东王的打，何况一个弱女子？但愿天王只是把她软禁起来。"

叶梅说："我也是这么想的。宣娇姐姐是个好人，天王又是她哥哥，我想……天王应该不会为难宣娇姐。"

石达开点头，说："但愿如此吧。"

邱道长说："达开兄弟，广西贫瘠，团练又凶悍，广西巡抚刘长佑长于杀戮，此处不是久留之地，不知你作何打算？"

石达开说："入川！"

邱道长沉吟着说："四川物华天宝，是个好地方。从古至今，也有很多人做过蜀中之王。不过也正因为此，清廷会在沿线严加防范，派重兵守护。这对于处于劣势的太平军来说，入川反而会更加危险。况且，太平军现在士气不高，凡事需要天时地利人和。现在太平军这几样都不占，入川恐怕很难。"

石达开这些日子有些头疼，因此习惯性地捏了捏头，说："这个是在我预料之中的。但是现在我不想依附天王，大军也不能总是四处游荡。入川虽难，但是清兵在四川兵力薄弱，只要我们拼死进入，就能打出一片天地，我们就有了落脚的地方。"

邱道长摇头，说："兄弟，您考虑过万一入川不成，怎么办？"

石达开笑了笑，点头说："这个自然也考虑过，万事都有个万一。万一不成，我就带兵退入云贵之地，找个好地方，先住下来，找时机再进入四川。"

邱道长赞叹道："好！这个退路想得比较周到。但是，万一清兵重重阻挡，不让你退呢？"

石达开一愣，说："这个……我还真没想到。"

邱道长问："那您派人去探路了吗？"

石达开一愣，说："没有。"

邱道长喝了一口茶水。茶水好像挺热，他不由得吸了几口冷气。

叶梅不由得笑了笑，说："道长慢些喝。"

邱道长说："都说心急吃不了热豆腐，其实心急了水都喝不好啊。达开兄弟，您现在对入川的路不了解，对清兵能派哪路人马进行堵截也不了解，怎么运动部队，您都没有了解，甚至到现在还没有派人去探路，更没有先派人去寻找渡过那些江河的船只，您就想进川，这心似乎太急了。入川不比你从江西到福建，从福建到湘南，从湘南一路到广西。入川之路，比这些地方要险恶得多，还要过江。太平军匆忙过去，肯定没有船只，匆忙制造的小船，怎能敌得过对方在对岸布置的大炮？人家是以逸待劳、恃强凌弱，这个仗你怎么打？"

石达开对邱道长的话有些反感，幸好身边没有别人，他微微皱眉说："道长，士气是打出来的。军队就是要打仗，闲着反而事多。况且，我们一路打出去，投军的肯定很多，这个您是应该知道的。至于清兵的围堵，这是意料之中的，我打了这么多年的仗，请您放心，我对这些都有准备。有一点您说得对，入川之路凶险，渡江也需要船只，这个确实是个大事。不过，现在我们没法派人去准备船只，清兵肯定会派人去清理，这个只有到了之后，抓紧时间赶做。大军里有造船的技士，一夜可以做上百艘渡船，这个请道长放心。"

邱道长摇头，说："入川之战，跟别的战役不同。我有个建议，不知道兄弟是否愿意考虑一下？"

石达开说："道长请讲。"

邱道长说："现在入川，可以说是仓促之举，胜算不大。我觉得您应该先一路带兵进入云、贵、川三省交界之处，此处地势险要，利于防守，并且现在清廷正在为你入川做防备，此处兵力空虚。大军朝此处进发，不会有悍将阻拦。在这里住下后，离着金沙江近，可以早做准备，以待时机。此法入川，虽然时间久些，但是保险，望兄弟考虑。"

石达开犹豫了一下，说："道长的话有道理。不过，兵贵神速，迁延时间长了，清廷准备充分，反而成了夹生饭。我想想吧，也好同诸将商讨一下。"

第八章

大渡河之战

01 选择

　　到底是进入云贵之地先休整再入川，还是直接入川？石达开酌量了好几天。这些日子，阴雨连绵，石达开的心情也很沉重。自从大成国的陈开被杀，石达开部的北屏障消失，刘长佑部就开始朝这边活动。石达开清楚，现在他们无法跟刘长佑对阵，只能抓紧时间撤出。

　　可是，下一步朝哪里走呢？

　　石达开感冒了，发烧不停。叶梅和韩宝英两人日夜伺候。石达开的两个王妃对叶梅很是有些戒心，言语也有些不敬。石达开有一次听到了，就训斥她们："叶姑娘曾经救过我性命，是我可以以性命相托之人，你们怎么能比？你们如此对待我的朋友，真是丢人！你们必须向叶姑娘道歉，否则，请从我这里走出去！"

　　两个王妃虽然委屈，却不得不向叶梅躬身道歉。叶梅对石达开说："达开哥，您这样可有些过分了，女人对别的女人有敌意，说明她们在乎你。"

　　石达开"哼"了一声，说："不说她们了。邱道长这些天忙什么呢？好多天看不到他了。"

　　叶梅说："我也是好多天没看到他了。道长好像在联系一些天地会的弟兄，我也不知道他要做什么。"

　　石达开赞叹说："邱道长是个很有眼光的人，他说的话很有道理。"

　　叶梅有些意外。石达开一向比较固执，很少采取别人的意见。她有些高兴，问："那你打算听道长的话了？"

　　石达开摇头，说："还不能确定。直取四川，是大家的决定，我不能自己更改，还得聚集大家一起商讨一下。道长虑事虽然周全，他却不太懂得用兵之道。何况，我现在面临最重要的问题是，大家都有些灰心，直取四川，虽然危险，却能让大家看到希望。希望就是士气啊，从古到今，无论是起义军还是官兵，失败的最主要原因，往往就是士气。像彭大顺他们东返天京，就是因为士气羸弱，心散了。如果我们提前一个月就定下兵发四川，也许事情就会有转机。"

叶梅正给石达开过滤药汤，屋外是连绵细雨，屋里却暖洋洋的，空气中流动着淡淡的草药的甜香气味。

叶梅把一碗药汤递给石达开。石达开看着叶梅已经有着淡淡细纹却依然清秀的脸庞，说："叶梅，我石达开活到现在，终于发现我真是有眼无珠，有一样宝贝在我附近，直到今天我才发现。"

叶梅自然明白石达开说的是什么，她微微笑了笑，说："达开哥，已经过去的事了，不提也罢。"

石达开却说："叶梅，这次我打到成都后，我就安定下来，我……要娶你。"叶梅看了看石达开，咧着嘴笑了笑，说："那就为了这个，达开哥，你一定要打进四川。"

石达开已经端起药碗，他看了看叶梅，说："当然。我石达开一定要有自己的地界，我要让人们看到真正的人人平等，真正的安居乐业，让穷人过上好日子。"

病稍好之后，石达开召开了一次军事会议。果然，邱道长提出的西出云贵的建议被众人否定。

石达开只有决定，进军四川。

邱道长听了石达开的决定后，很失望。他对石达开说："既然如此，那我只能祝兄弟旗开得胜了。也许大家的意见对，军情之事是瞬息万变的。不过，兄弟千万记住，一定要随时留一条后路，能进能退，是带兵之道。胜败虽然是兵家常事，但是万一没有退路，可就没有转败为胜的机会了。"

石达开有些讶异："道长，您不是要跟我一起走吗？这些您随时可以提醒我啊！"

邱道长拱手说："我还没跟兄弟说，天地会大龙头准备去东亚各国成立分会，我要帮助大龙头料理一些事情。您走了后，我也要去云贵之地了。唉，本来以为我们兄弟能在云贵之地互相协助，做一番大事业，现在看来，我们只得各奔东西了。"

石达开没想到邱道长会不跟自己走，他愣了一会儿才说："道长要去云贵，我实在没有料到，我以为道长会一直跟我去四川呢。这次我们虽然没去云贵之地，但是我对道长的提议非常钦佩，正想一路多听道长教诲呢。"

邱道长很诚恳地说："行军打仗我是门外汉，应该没什么能帮上的。取四川一路艰险，兄弟多保重，如果顺利，我会去四川拜访兄弟。"

石达开惊喜："道长还要去四川？"

邱道长说："是。四川也有天地会的兄弟，这次我也要去四川看一看。"

石达开说："各处天地会起义的人马不少，但是大都坚持不上几年，有的干脆成了占山为王的土匪。不过让人佩服的是，天地会的人竟然越来越多，好像杀不尽的样子，天地会的大头领更是首尾不见，听说清廷到现在都没看到天地会大头领的样子，这天地会也算有些能耐。"

邱道长说："天地会这些年是有些乱，山头林立。不过天地会的核心还是很隐秘，别说是大龙头的模样，现在清廷连大龙头是男是女、多大年龄都不知道呢。别说是他们了，我这两年算是靠近天地会的核心了，还没见过大龙头的模样。呵呵，天地会外表看起来简单混乱，其实，那是大龙头想让人们看到的假象。真正的天地会核心组织异常严密，有一群非常厉害的谋士，我这样的，还只算是个跑腿的。"

石达开笑笑说："那我想见大龙头一面也不可能？"

邱道长说："也不是。任何人其实都能见到大龙头，大龙头有时候就在你身边，但是没人认识，没人知道。天地会是个永远都不会消亡的大帮派。清廷那么厉害，想消灭天地会，用了两百多年，派了无数的奸细渗入到天地会中，可是从来都没伤着天地会一个重要人物，他们能抓到的，都是假的。现在的天地会还不是遍布天下？"

石达开点头，说："天地会的兄弟虽然散漫，却很多次帮了我的大忙。这次陈开兄弟被杀，他的手下就有不少投到我这里来了。可是天地会既然这么强大，为什么大龙头不带人反清呢？"

邱道长说："大龙头在看机会呢。这些不断起义的天地会小头目，就是大龙头在试探清廷。机会不到，他是不会出来的。"

石达开大笑，说："如此看来，天地会的大龙头是没必要出来了。等机会到了，天下早就是别人的了。"

邱道长笑了笑，说："兄弟说的也是。不过天地会存在了两百多年，现在越来越兴盛，他们的生存之道，还是值得学习的。"

石达开由衷地说："这个倒是。所以我说，有机会真想跟你们的大龙头坐下聊一聊。"

02 翼王受伤

邱道长先于石达开他们离开了贵县。临走的前一天，他跟石达开辞行。

邱道长说："兄弟，叶梅就交给你了。她一个女人家，不应该四处乱跑了。兄弟，希望你照顾好她。"

石达开抱拳，说："道长放心，有我吃的，就不能饿着她。我活着，就绝对不能有人伤害她。"

邱道长说："那我就放心了。"

邱道长走了十多天后，石达开率部西出横州，经融县怀远冲出广西，进入湘鄂边界，直取四川。

他们遇到了刘坤一部的袭击。

刘长佑的叔叔刘坤一也是湘军主力战将之一，曾随刘长佑军赴援江西，参与袁州、临江、吉安诸役。石达开率太平军二十余万人由江西入湖南，刘奉调随军援永州、宝庆，又追入广西境内，伺机与太平军作战。

石达开要出广西，刘坤一自然不能轻易放过，带兵埋伏在其必经的柳州一带。石达开的前哨黄再忠经过山中小路的时候，看到一队送葬的人马。这是一个三岔路口，黄再忠看到其中一条小路被穿着一身白衣的送葬队伍占领，正在举行烦琐的仪式，就带人从另一条小路前行，并让人送信给石达开。

石达开带人走到这个路口的时候，黄再忠的人马已经过去半天了。而送葬的队伍还在鼓乐齐鸣，众人跪列两边，抬棺材的人走几步，那些跪着的人又随着走，棺材放下，那些人遂停下，继续跪下伏地，做痛哭状。

石达开本来带着人从另一条小路走了一会儿，突然觉得不对，忙喝令军马停住，问宰辅曾仕和："黄再忠过去有半天了吧？"

曾仕和说："是，半天不止了。"

石达开说："不好！我们中计了，你带几个人飞马追上黄再忠，让他停下。这些送葬的人有蹊跷，我过去看看。"

石达开让大军暂停，他带着一标人马返回路口。到了路口，石达开等人愣了。刚刚还白幡飘飘、鼓乐齐鸣的送葬队伍眨眼间不见了踪影。石达开知道不好，让张遂谋带一支人马打着自己的旗号，快速追赶黄再忠，并十里一报，自己带着一标人马亦分为两队，一队由送葬队伍刚刚消失的小路急速前行，在五十里外的一处路口拐入这条小路，驰援黄再忠部。

石达开带着人马与前面的张遂谋部拉开十里距离，相距而行。

却说黄再忠一部人马，在即将要出柳州地的时候，被曾仕和等人追上。黄再忠以为翼王部出了什么事，忙勒马相问。

曾仕和把石达开的话转达黄再忠。黄再忠不敢再走，让军队停下．并派出哨探，四处打探。

天黑之后，张遂谋带的一标人马也赶到。张遂谋派人速报石达开．说这边情况正常，是否继续前进。

张遂谋派的人刚走，突然两边枪炮大作，大家没有防备，一片人马倒在了血泊之中。两人赶紧指挥本部反击，张遂谋知道不好，和黄再忠合兵一处，想朝后撤。

没想到后面的清军排山倒海。他们手中的武器很多都是可以打连发的火枪，太平军被打得连连后退。

黄再忠带着自己的人马朝前冲，前面路边有一个小山坡，清军从山坡上朝下炮击，太平军一片一片地倒下。黄再忠冲了一会儿，看到只有送死的份儿，只好带人退下。

张遂谋已经带他的人冲上了就近的一个小土坡，一部分清兵冲过来，想朝土坡上冲。黄再忠一看机会来了，带着人就朝这部分人冲过去。积蓄了众多愤怒的太平军吼叫着，一群疯子一般扑上去，把这股清军给消灭了。

张遂谋和黄再忠带着手下，守住了山坡的东西两面，清军冲了几次没有成功，只好远远地围住了他们。

张遂谋派出的军士没有把情报送给后面的石达开。他们走出不远，就被路边埋伏的清军包围，两个军士奋勇冲击，最后被清军乱刀杀害。

石达开走到又一个十里处，没有人送来情报，他就知道前面有了情况。军马走出了七八里路光景，前面就发现了小股活动的清军。

此时也已经能听到远处隆隆的枪炮之声。石达开估摸那支从另一条路包抄的队伍也差不多赶到了，就大喊一声，带着士卒冲了过去。

石达开身先士卒，众军士一看翼王挥着大刀冲在最前面，士气倍增，发一声喊，朝着前面的清兵就冲了过去。

前面的清兵好像正在安营扎寨，没什么防备，石达开的人马这么一冲，人早就散了，石达开带着人马冲过营寨，前面的清军得到情报，已经有一标人马杀了过来。石达开知道张遂谋他们肯定是被包在里面了，此时太平军还有些士气，包围的时间久了，里面的士气倦竭，要冲出来就难了。

因此，石达开带着众人，丝毫没有停顿，潮水一般朝着这股清兵就冲了过去。清兵人马不多，大概没有想到会从后面涌上这么多气势如虎的军士，仓皇而来的清兵跟打算拼命的石达开部一接触，马上溃散。

杀光了这支人马，石达开带着大军朝围困张遂谋部的清军冲击。半山上的张遂谋正苦闷，听到下面杀声四起，知道石达开带着人马来到了，也带着人马杀了下来。两下攻击，清兵不敌，满山逃走。

两处合兵以后，就朝另一侧包围了黄再忠的清兵发起攻击，包围黄再忠的清兵奋起反抗，张遂谋部从北侧进攻，被阻。黄再忠从山上冲下，两下合力，才把清兵打退。

石达开带着一部人马从南侧进攻。刘坤一的手下大将丛鹏勇武异常，他带着一部人马，跟石达开部鏖战，双方伤亡都非常严重。

石达开腿部被乱飞的弹片打中，血流如注。丛鹏带领几个人猛冲猛打，企图伤害石达开，石达开身边的侍卫挥舞刀剑冲过来，却不是丛鹏他们的对手。一会儿，侍卫们就死的死、伤的伤。丛鹏指挥人把石达开跟他的军队切割开来，然后，带着几个人围攻石达开。

石达开勇武，这几个人，他根本没放在眼里。可是，就在他砍倒了对方两人之后，他的马突然跳起来，嘶鸣了一会儿，狠狠地把他摔在地上。

石达开本来腿部就受了伤，从马上摔下来后，想爬却爬不起来了。丛鹏等人一看，这真是天赐良机，如若杀了石达开，绝对是大功一件。他也顾不得招呼别人，自己一提马缰绳，朝着石达开就冲了过来。

石达开坐在地上，挥刀来迎，却因为浑身酸痛无力，被丛鹏大刀一挥，就把他的刀打飞了。

附近的太平军看到翼王被打倒在地，忙策马来救，可是离得稍远了一些，丛鹏狼嚎一声，举起大刀，朝着石达开再次冲来。就在这危急时刻，突然一骑斜刺里飞一般冲来，人没到，一道银光就朝着这个丛鹏激射而去。

丛鹏只顾着要杀人，没提防有人冲过来，等他看到银光，知道不是善物，赶紧打马躲避，却已经迟了，那道银光打在他胸脯处，丛鹏摇晃了几下，好歹没掉下马来。

马上的人挥刀杀到，清兵也打马来迎，丛鹏趁机捂着胸脯退了下去。

可是活该丛鹏命不好，另一队太平军从北面杀到，两下夹击，丛鹏左冲右突也没冲出去。偷袭丛鹏的人下了马，同众人一起扶起石达开。石达开苦笑着说："你又救了我一命。"

这人正是叶梅。

叶梅不搭话，看看石达开无碍，让张遂谋等照看石达开，自己翻身上马，冲进厮杀的人群中。

叶梅挥刀在战场上左冲右突，就是没找到丛鹏。此刻，丛鹏躲在了一丛小树后，眼睛死死地瞪着叶梅。叶梅没注意那丛小树，没找到人。

丛鹏因此免遭一死。

03 涪州翼王训谕

石达开虽然受伤，伤势却不算太重。值得庆幸的是，围攻的清兵和团练不多，他们因此大破刘坤一部。刘坤一的两万兵马死伤大半，缩回了象州。

石达开等人也不敢怠慢，整理兵马，连夜离开柳州，继续北上，于九月经过怀远，进入清军防御薄弱的湖南西部。

在湖南等着石达开的，是湘军的刘岳昭部和席宝田部。

席宝田也是湘军出身，曾经是刘长佑部下，跟着刘长佑连战于武冈、新宁、宝庆等地，并追至广西，攻占柳州。后来，他奉骆秉章之命，募乡勇千人，号"精毅营"，赴广西镇压天地会。大成国的覆灭，就有他的功劳。

刘岳昭参加过宝庆府外对太平军的保卫战，在宝庆府负责东路的堵截。石达开大军六万曾经与刘岳昭偕副将余星元、杨恒升等鏖战三日，石达开部没有占到便宜，反而被杀了五六千人。因此，这两人都是石达开的死敌。他们奉湖北巡抚骆秉章之命对石达开围追堵截。石达开无意与他们纠缠，在吉首设了一个埋伏圈，斩杀了席宝田的大部人马。刘岳昭没有人配合，虽然一路跟随着石达开，但是老实了许多。

在湖北龙山县，石达开与刘岳昭部打了一仗，不过双方损失都不大。刘岳昭一看自己真的不是石达开的对手，就离石达开更远了一些。

经过四个月的跋涉，石达开于第二年一月底从龙山进入来凤，与原石镇吉部下曾广依会合。石镇吉当年进攻百色失败后，曾广依率领一部人马来到湘、鄂、川边界，跟当地的团练和清军周旋。因为曾广依带领的太平军纪律严明，深得百姓拥戴，因此不但没被剿灭，反而从几千人发展到了四万多人。

曾广依听说翼王要从此进取四川，特意打下了来凤县城，恭候翼王。

曾广依迎出城外十多里，看到翼王大军来到，率领众将士跪下，恭迎翼王。石达开在这里得到一支生力军，真是大喜。加上翼王一路上的兵马补充，翼王兵马又有了十万多人。

曾广依跪在地上，说："今日复归翼王，是我等之幸。从此，我等随翼王开疆辟土，万死不辞。"

石达开让曾广依以及众将起来，他说："你能保留下镇吉的这一支人马，实属不易。你在这一带活动，对地形比较熟悉，这对大军入川实在是太有利了。走，先进城，咱们好好商量一下怎么进军四川。"

石达开大军入城。曾广依准备了酒肉，犒劳全军将士。自九月离开贵县，这几个月来，石达开等人马不停蹄，从来就没睡过一个安稳觉。今天大军合在一处，大家都觉得安全了许多。大家放开肚皮吃喝，玩乐了一天。

在来凤住了两天，大军稍作休整，就重新上路。他们经过咸丰、利川，直取石柱厅。

他们到达石柱厅之前，差点跟一队清兵遇上。因此张遂谋担心石柱厅会有大批清军埋伏，郑重其事地准备攻城，结果他们在外面轰了几炮，也不见人出来抵抗。赖裕新觉得这个城市好奇怪，怎么一个兵都不见，就带人靠近城门，没承想，他们还没到门口，城门突然开了，有几个老百姓大约想出来，看到太平军吓得转身就跑。

赖裕新喊道："老乡别跑，我们是太平军，是老百姓的军队，请问老乡，城里没有守军吗？"

有大胆的喊道："没有，当兵的都跑了。"

石达开大军进入石柱厅，果然，守城的士兵都跑光了。城里的富户和大户也都跑了，剩下的都是一些穷苦百姓。石达开下令不许扰民，他们在城里住了几天，派人四处寻找渡口。清军把附近船只都聚集到了对岸，在对岸架起了大炮，石达开经过几天实地观察，觉得此处不宜渡江，就带兵西上，到达涪州地界。

打下涪州，那就离重庆不远了。骆秉章在乌江沿线两百里布置了重兵防守，大批的火炮瞄向江面。

石达开这次没有犹豫，找到船只后，大军趁夜强行渡江。众将身先士卒，一夜之间就摧毁了清军的两百里防线，太平军大军过江，直逼涪州城。

一路上，石达开看到不少民众携老扶弱，跟太平军擦肩而过。这些人大都疲惫不堪，面黄肌瘦。石达开截住一个老汉，问："老乡，你们这是要去哪里啊？"

　　老乡面露胆怯，但是看向石达开他们的那一眼又透着愤怒，他恨恨地说："逃难！"

　　石达开不解："为什么要逃难呢？没听说这里发生饥荒啊？"

　　老乡一昂头，声音里的愤怒明显多了："没有天灾，还有人灾啊！人灾比天灾要凶多了。老百姓就是人家家里的狗啊，不知道什么时候就大难临头了！"老乡说完，不再理睬石达开，缓慢却决绝地转身走了。石达开看着他的背影，看着三三两两胆怯地靠在路边，甚至躲在树林里的这些老乡，百思不得其解。要知道，太平军纪律是非常严厉的，特别是石达开一部，他强调不许扰民，不许拿老百姓的任何一点东西。他们是一支离不开老百姓支持的队伍，无论是兵源还是粮食都是来自老百姓，如若名声坏了，没人来当兵，没人给粮食，他们的队伍还怎么生存下去？

　　路过湘西的时候，曾经有个征粮的小头目抢了百姓的一只大公鸡，打算晚上打牙祭，被老乡找到了军中。此事被石达开得知，下令斩了这个小头目。他对着全军将士说："百姓即父母，你动手抢父母的东西，与畜生何异？今借你的人头警告全军将士，我等打江山是为了让老百姓过上好日子，欺压百姓者定斩不饶！"

　　此事过后，湘西百姓踊跃参军。因此，石达开的太平军无论到了哪里，除了富豪官绅，很少有老百姓因此流离失所。而眼前这些逃难的人是从前方来的，是从太平军还没有到达的地方来的。

　　大军越往前走，逃难的人越多。有人因为好多天没有吃东西，昏倒在地，石达开就让手下拿出一些吃的，送给他们。

　　情况逐渐明晰。

　　原来，涪州城的守军知道石达开要带兵攻打涪州，为了不让太平军就地征粮，他们把涪州周围二十里以内的村子全部点火烧了，老百姓的房子他们也给拆了，把石头用来加固加高城墙。

　　老百姓自然不愿意，因此和官兵起了冲突，百姓有的被杀，直接扔进了火里，很多人家没有带出家里的任何物品，家里的粮食以及衣物用具都被付之一炬。

石达开部离涪州越来越近，他们经过的村庄大都化为一片焦土，有的火焰尚未熄灭，石达开让张遂谋带领一部分人帮助百姓修整房屋，让一些还没有离开村子的老百姓有了栖身之所，又从军中匀出一部分粮食，发给老百姓。

看到诚惶诚恐的老百姓，石达开感慨说："官家说老百姓是国家根本，却从来不拿他们当人看。这些最卑微的人是受欺凌最多的，也因此最懂得感恩。欺压百姓者，是在糟践自己的江山啊。"

出逃的百姓听说太平军帮着老百姓盖房，很多人又跑了回来。石达开一边布置攻城，一边让人安置百姓。很多老百姓干脆当了太平军，协助太平军攻城。

石达开痛恨当地官府欺压百姓，奋笔疾书，写下《翼王石达开告涪州城内四民训谕》，命人抄写多份，用弓箭射入城中。

这份文书被后世史家赞为："全篇革命大义与爱民精神充分表露，不作宗教宣传之语，真是蔼然仁者之言，是可传也。"

训谕全文如下：

四川涪陵翼王训谕碑真天命太平天国圣神电通军主将翼王石为训谕涪州城内四民人等知悉：

照得爱民者宁捐身以救民，必不忍伤民而为己；知几者每先事而见几，必不到昧几以徇人。

兹本主将统兵莅此，查尔涪城妖兵无几，团练为多，究其故总是该胡官等自料兵微，逃者畏罪，守则惧死，是以生设诡计，惑以众志成城，抗我王师。徒为螳臂当车，安得不败？劳穷民苦磨筋骨，名为各保身家；耗富户捐纳金钱，实则共危性命。

今者大军渡江，城亡旦夕。际此时候，伊为胡官，即当出城，决一死战，胜则不独前程可保，即尔百姓身家亦得护持；如已败绩，伊为胡官者，死之应当；必先饬尔民等，纳唉投降，免遭惨戮；或令预为迁居，保全众命，似此方为尔等父母之官，妖朝爱民之将。目下大兵压境，退守城中，徒作楚囚对泣，竟束手无策；而乃化民屋为灰烬，恶焰熏天；委巷市于祝融，炎光触地。致苍生无托足之区，赤子有破家之叹。无心失火，为官者尚奔救恐迟；有意延烧，抚民者何凶残至此？伤心惨目，我见犹怜；饮泣吞声，人孰无恨？嗟夫！尔民受胡妖笼络，身为伊死，家被他焚。如此之仇，直觉不共戴天；虽生啖其肉，不足雪其恨。尔等犹不自省悟，反在城效死勿去，何愚之甚也！

本主将立心复夏，致意安民，欲即破厥城池，为民雪恨，窃恐玉石俱焚，致众含冤。尔四民等痛无家之可归，愧有仇而不报，诚能效沛子弟，杀酷令以归降，自当妥为安抚，不致一枝无栖，兵严约束士兵，秋毫无犯。即伊爪牙甚众，下手殊难，尚自家室同谋，抽身独早；或迁徙郭以图全，妖民自别；或渡河以待抚，良莠攸分。网开三面，用命者大可逃生；仁止一心，体德者自能造福。倘其执迷不悟，如野鬼之守孤坟，终必后悔已迟，思猎犬而逐狡兔。特此训谕，切切凛遵。

太平天国壬戌拾二年二月十四日。

石达开：天国悲歌

涪州百姓有人捡到此文，全城传阅，一时间涪州城内的民心大都倒向了太平军，官军越发慌乱。

四川总督骆秉章怕石达开打下涪州，急令原农民起义军降将唐友耕部和其他川黔清军团练驰援涪州。骆秉章情知失去了涪州，重庆就失去了重要屏障，因此不断从四处调兵，救援涪州。翼王兵马虽然勇猛，但是清兵太多，不得不分兵迎击。加上害怕城中之敌出城两下夹击，翼王兵马捉襟见肘，打了十多天，太平军丝毫没占到便宜，眼看清兵还在朝这里调集，张遂谋等看到情况不妙，都建议撤军，石达开只得从涪州城外撤军，西进巴县。

04 清军增兵

攻城受挫，石达开闷闷不乐。重庆就像一块就要到口的肥肉，却总是在太平军的嘴巴边徘徊，兜圈，就是不让他们吃到嘴里。

张遂谋建议长途奔袭綦江，并利用天地会的人脉在城中暗伏内应，以便一举拿下此城。

石达开觉得此主意不错，就派叶梅和张遂谋潜入城中，利用叶梅的身份，在城中找到了天地会的人。天地会的人听说太平军要来打綦江，自然非常高兴。加上叶梅给他们提供了一笔不菲的佣金，天地会的头目马上行动起来，联络了清军守城门的小头目。小头目见钱眼开，答应到时候给天地会的人一个方便。诸事妥当，张遂谋回大军与石达开做了汇报，叶梅留在城中，协助天地会的头目起事。

有句俗话说得好，小庙经不起大香火。天地会的人大都是穷汉，叶梅给他们的钱，让这些穷汉一夜暴富，他们压制不住自己的虚荣心，几个当头的又买衣服，又下酒馆，还包下了綦江小城最大的酒家给天地会的大头头做寿，此事引起了官府的注意。綦江官府还没意识到太平军会来攻綦江，因此还有心情维护治安。刚好城里有个大户被盗，官兵就派人把那几个天天下酒楼、逛窑子的天地会哥们给抓了起来。据说有一个是在窑姐的床上直接给抓起来，光着屁股给抓到了县府。天地会的人里各种人物都有，有的江湖好汉重情重义，打死都不说实情；有的却不行了，板子离屁股还有三尺远，就把事情的来龙去脉都交代了。

綦江官府大惊，这才知道石达开要突袭綦江，连忙派人连夜四处寻求援兵，并上报总督骆秉章。清军大部分正随着石达开运动，也离綦江不远，于是一部分清兵马上驰援綦江。石达开的兵马未到，他们先把綦江围了个水泄不通。

叶梅早就觉得天地会的这帮人恐难成事，因此在规劝之余，也对他们有了戒心。她暗中离开他们给她安排的住处，并化装成男人，暗中监视他们。

因此他们被抓，叶梅看得清清楚楚。她想法通知几个没有被抓的天地会成员，让他们赶紧通知大家躲避，就出了城。

石达开派探子进城打探，获知天地会的弟兄把什么都招了，那个拿了一根金条的清军守城门的小头目也被杀害，綦江知县正疯狂地做各种准备。石达开知道偷袭不成，只好放弃了攻城计划，渡过赤水河，进入川南，寻找渡过长江的机会。

在其后的三个多月的时间里，石达开一直率部与清军周旋于川南川东。为了寻找渡江机会，石达开四渡赤水，虽然曾经在赤水河西岸大败刘岳昭部，却并未彻底消灭清军主力，以刘岳昭、唐友耕为主的清军阴魂不散，一直死死地跟着石达开。

七月十三日，是值得石达开高兴的日子，宋氏王妃在合江县的一个民宅里，顺利生下了一个男孩。

叶梅把这个消息告诉石达开的时候，石达开正在看着一份战报出神。赖裕新率部袭击唐友耕后部，却被刘岳昭暗中跟随，赖裕新部虽然痛击了刘岳昭，本部人马损失也很严重，因此退回休整。

叶梅喜笑颜开，对石达开说："恭喜达开哥喜得贵子。"

石达开只是勉强咧嘴笑了笑，说："噢，生了个儿子啊。好，生个儿子……好。"一边说着，石达开的眼睛却丝毫没离开战报。

叶梅叹了口气，说："达开哥，我怎么觉得您好像对这个儿子满不在乎啊。无论如何，王妃给您生了个儿子，您都得去看看啊。王妃很辛苦，现在正需要您呢。"

石达开从战报上抬起头，看了看外面的天空。时值八月，骄阳似火。因为近些日子不规则的行动，石达开一直没睡好觉，头因此发涨。他捏了捏额头，摆摆手，说："好，我去看一看。叶梅，天这么热，你就别乱跑了。待在屋里吧，这屋子有穿堂风，还凉快些。"

叶梅终究是女人，看到宋氏生了儿子，也跟着高兴，笑着说："不行，我得跟着您，我知道您忙啊，但是忙也得去看看小公子。"

两人刚走出屋子，突然一阵马蹄声急，一匹白马从西面小路疾驰而来。石达开认得这是李福猷部的哨探，就站住了，看着战马飞奔而来。

太阳如烈焰，叶梅站到旁边的树荫下。她知道军情重于一切，因此也站着，担心地看着马匹奔驰而来。

李福猷和赖裕新各率一众人马，分别处于翼王本部的两翼，时刻注意清军各部的动向，李福猷部在北边监视刘岳昭部。这个刘岳昭行动颇有湘军风格，苍蝇一样跟在太平军后面，不死不休。

湘军出来的这些人，比清军将领向荣等人要凶狠多了。向荣打太平军，是不得不打，他不打皇上就要治他的罪，因此他始终跟在太平军屁股后面，看看一有机会，就突然来这么一小下，不是真的拼命。

湘军这帮混蛋不同，他们好像天生是太平军的敌人，看见太平军就要拼个你死我活，不死不休。石达开部自从赣南转入湘南，一直到广西，然后从广西打出来进入湘西，再从湘西进入四川，刘岳昭就像一只吸血的蚊子，一直跟着太平军。石达开跟刘岳昭部交手无数次，有胜有败，但是没有一次是致命的打击。石达开在川东和川南的运动期间，就利用了刘岳昭这种咬着不松口的跟踪精神，让赖裕新部拖着刘岳昭，然后他和李福猷都甩开了各自背后的清军，猛然包抄了刘岳昭部，打算把刘岳昭包成个饺子，扔锅里煮了。

刘岳昭带着三万湘军，拼死抵抗，双方激战两天两夜，尸体摆满了赤水河西岸十多里路。但是湘军确实英勇，三万湘军战死两万多，元气大伤，却至死不降。后来，唐友耕部和各部清军飞驰来救，石达开才不得不放了刘岳昭一马。

但是刘岳昭带着剩下的湘军没有撤退，依然驻扎在离太平军很近的地方。骆秉章又拨一军人马，归刘岳昭指挥。刘岳昭这次长了心眼，不敢咬得太平军太近了，石达开也不敢大意，让李福猷一军重点监视刘岳昭。

白马飞奔到离石达开几步远的地方，小兵下马跪报："报翼王，刘岳昭部突然开拔，李将军等待翼王命令。"

石达开一听刘岳昭突然开拔，知道情势肯定有变，就问："什么时候开拔的？朝哪个方向？"

小兵答说："巳时末，方向西南。他们刚开拔，李将军就让我来禀告翼王，他也派人暗中跟着刘岳昭兵马，大军未动。"

石达开点头，说："好，你回去禀告李将军，让他大军不要动，派小股人马远远跟着即可，同时多派探马，按时汇报。我这边也派人监视刘岳昭的行动，李将军如果有什么发现，让他快速汇报。"

小兵上马飞去，石达开摇摇头，对叶梅苦笑一下，说："叶梅，麻烦你回去告诉王妃，我这边军情紧急，实在离不开。等晚上我再回去看她们母子，拜托了。"

叶梅看了看最近又瘦了很多的石达开，只好点点头，说："达开哥，您也别太操劳了，身体要紧。"

石达开点头，又回到屋子，让人去把张遂谋、曾仕和等一干人喊来，开始研究军情。

听说刘岳昭部移动，张遂谋和曾仕和都吃惊不小。三人看着地图，猜测刘岳昭部的行动。张遂谋说："西南……有唐友耕一部兵马，没有我们的人，也没有别的起义军，虽然有天地会活动，但是那边有泸州的清军，他们连唐友耕的兵马都不用，绝不会调动刘岳昭的人。真是奇怪，他们这是要做什么呢？"

曾仕和看着地图，好长时间不说话。石达开说："我也是觉得奇怪，刘岳昭的这次行动，毫无意义可言。不过骆秉章是个老狐狸，他绝对不会让兵马胡乱行动，因此肯定有他的目的。我让李福猷派人跟踪他们，我也派出了四队哨探，应该很快就会有消息。"

一直到半下午，李福猷才派人来送信，说这个刘岳昭走到白云寺一带不走了，好像要驻扎下来。李福猷派来的人刚走，石达开派出的探子也回来报告，他们探听到的消息，基本与李福猷送来的消息相同，不过他们还探听到一个消息，那就是从泸州方向好像过来大批的清军，他们正在刘岳昭部停留的西部集结。

05 叶梅勇上骆来山

虽然石达开他们还猜不出刘岳昭部西进有何意图，但是清军在双方势力相当的情况下，又派了大批的兵马过来，显然是要有大行动。

石达开部的意图，清兵已经非常明了，他们只要加派兵马，守住大城市和长江北岸，太平军就无机可乘。现在骆秉章又派重兵渡河而来，显然要在这边有所行动。

石达开很明白，以他们的势力，还无法与清军主力进行阵地战和长久的对抗。他们没有充足的兵力补充和粮饷，因此他们需要快速过江，或者有别的行动。总是在原地打转儿，清廷那么多的脑袋，总会琢磨出对付他们的办法。

为了掌握主动，石达开在得知清兵开始朝他的右翼活动后，马上派李福猷西移，在半路挡住清军的移动，石达开和赖裕新部随之北上。

叶梅和韩宝英以及一队女兵负责照顾翼王以及众多将领的家属。王妃宋氏因为刚有了儿子，行动不便，由叶梅带着五个女兵专门照顾。但是即便这样，宋氏王妃还是在一天晚上方便的时候，感染了风寒，浑身发热，像是炭火一般。随军郎中百般医治，一直不见好。王妃的奶也没有了，叶梅她们只好找了只有奶的羊，随军带着，挤羊奶给婴儿喝。

但是，婴儿大概觉得味道不对，就是不喝，天天哭，哭得嗓子嘶哑了，还是哭。后来，终于能喝点羊奶了，孩子也虚弱得不成样子了。

石达开每天晚上都要来看看这对母子。宋氏经过五六天的折腾，已经奄奄一息。后来，石达开过来看她，她连哭的力气都没有了。

叶梅每到一处，就四处打听医生。找到的医生来看了眼，都摇头说不行了，快准备后事吧。但是宋氏大概还挂记着孩子，一直这样坚持了七八天，就是没咽下这口气。

走到綦江的东溪镇，翼王兵马暂时在这儿驻了下来。叶梅听说从此西去七八十里路有个骆来山，山上有个茅屋，有个道姑在茅屋内修行并为人治病。道姑医术高超，很多郎中无法治愈的病，她都是药到病除。不过尼姑有些怪，虽然病人送到山上，她都会给人医治，但是很少下山治病。

叶梅找石达开商量此事。王妃病入膏肓，再车马劳顿，肯定又会多一层危险，但是，假如去请道姑人家不来，还得白跑一趟。

石达开说："骆来山离这儿太远，附近还有清兵驻扎……去一趟不容易。王妃已经这样了，恐怕无人能救。这样送去，万一她没救过来，反而搭上了别人的性命。我看，还是不去吧。"

叶梅不同意："不行，人还活着呢，我们怎么能见死不救？骆来山是一定要去，不过……是带人去好还是不带人去好呢？"

石达开一直不同意叶梅去骆来山。他说，不行就派个机灵的兵卒去吧，多花几两金子，把道姑请来。叶梅却觉得道姑不肯轻易下山，肯定有她的道理，金子也不一定好使。

叶梅知道石达开也想治好王妃的病。孩子这么小，身体还虚弱，她没了，孩子怎么养活？但是他不想让自己冒险，而这种事，叶梅无疑是最合适的人选。

叶梅最后说："就这么定了，我去。你找一个面相富态的手下，就说他们是夫妻俩。我呢，是王妃的妹妹，然后找一个会赶马车的，找一辆好点的马车，多带些银两，碰见当兵的就多说好话，送金银，没别的办法了，就这么办了。王妃的病不能拖了，明天一早就走。"

石达开想了想，觉得也没有好办法，只好同意了叶梅的主意。

第二天一早，把王妃收拾好，抬上马车，叶梅一行人就上路了。临行前，石达开满脸抱歉，说："叶梅，我石达开又欠你一个大人情。"

叶梅笑了笑，说："达开哥，我这可不是为了你，我是为了王妃。"

一行人趁着早上天气凉爽，赶紧上路。拉马车的是两匹非常矫健的骏马，因此太阳刚到头顶，他们一路打听着，来到了骆来山下。在山下，他们被一伙穿着便衣的人给拦住了。

叶梅一看，就知道他们是一伙清兵。赶马车的小伙子也很机警，一个劲儿地叫大哥，说他是和主人一起上山找道姑给女主人看病的。

这伙人半信半疑，"男主人"从马车上下来，一边赔笑一边给这些人往手里塞银两。当兵的看到白花花的银子，什么都不重要了，就挥手放行了。

马车爬到半山，就没法走了。只好留下赶车的小伙子看着马车，叶梅和"男主人"轮流背着王妃爬山。

因为道路不熟，山上各种小路太多，两人好多次跑错了路。好不容易遇到一个上山采药的老郎中，他告诉叶梅他们，道姑住在轿子峰上。叶梅他们一脸茫然，哪知道轿子峰在哪里？老郎中二话不说，领着他们穿山过岭，一直到了那茅屋前。

巧的是，茅屋竟然没人。老郎中让他们稍等，说这个时间，道姑一般是取水去了，一会儿就应该回来了。

叶梅掏出一块银子，塞给老郎中。老郎中高低不要，说他做郎中的，挣的也是病人的钱，病人来找道姑，大都是他们治不了的病，帮这点小忙，是完全应该的。又说，听口音你们是外地来的，这么大老远不容易，我更不能收这个钱了。

目送老郎中离去，两人又等了会儿，才看到一个拎着两只小水桶的半老尼姑从山下走上来，叶梅赶紧过去帮忙。老尼姑大概是见的这样的人多了，因此也不客气，让叶梅帮她拎了一桶水，两人先后进了茅屋。叶梅找了半天没找到水缸，老尼姑笑了笑，说："放下吧，我没有水缸的。"

叶梅放下水桶，朝老尼姑施礼，说："师父，我姐姐病重，无人能治好，只好来麻烦您了。求师父救我姐姐一命。"

尼姑看了看叶梅，问："在外面的那人，是你姐姐？"

叶梅说："是。产后不慎风寒，十多天了。师父，您救救她吧。"

尼姑叹了口气，说："我是不能救她了。我进来的时候，就看到她了。她……人已经半死了，也就是有口气而已。你们带着她走吧，估计也就这两三天了。"

叶梅一听，脸上煞白，她猛然给尼姑跪下，说："师父，我求求您了。都说您能妙手回天……您就救救我姐姐吧。师父，她还有个刚十多天的孩子啊，如果她这么走了，孩子怎么办啊？师父，求您了。"

尼姑闭上眼叹口气，说："我也只是可巧救了几个人的命而已，我并不是什么神医……也罢，我救救试试吧，不过，贫尼有言在先，如若我无力回天，你们可不要怪我。"

叶梅一听，很郑重地给道姑磕了一个头，说："谢谢师父，这个请师父放心，我们是诚心求师父来的，无论如何，也不会怪罪师父。"

道姑让他们把王妃抬进屋子，把了把脉，然后弄了一些草药放在锅里，让叶梅烧水，自己在一边开始煎药。

水烧开，道姑让叶梅帮忙，用那些药水给王妃擦洗身子，然后，让她喝下了一碗汤药。这么一忙乎，天也就晚了。叶梅他们不能走夜路，因此在茅屋里住了一宿。晚上，王妃又喝了药，第二天，脸色就看着好多了。叶梅觉得人有救了，非常高兴。尼姑却趁她在外面洗脸的时候跟她说："这位施主，你姐姐……恐怕活不了几天。"

叶梅一愣，本来"哗哗"地捧着水洗脸，一听这话，撅着屁股好长时间没动。

尼姑看着她的样子，叹气说："不行了，病入五脏六腑了。贫尼也尽力了，吃着这药，她应该能活十天。一般活不到十一天，当然，如果她造化高的话，能活过十二天，人也就没事了。我给你带足十五天的药，如果第十一天没事，你就给她把药吃完。这药怎么服用，我都给你记在了纸上。"

叶梅还是不解："师父，我看我……姐姐，好多了啊，她怎么会死呢？"

尼姑说："她的阳气已经不多了，我只是用药辅助了她身上的阳气而已。如果她本身实在撑不住了，连这药都无法调理她的阳气，人也就完了。病到这种程度，已经不是驱邪破毒能够化解得了的，这个只能……看命了。"

没别的办法了。叶梅辞别尼姑，并放了一锭金子在床上的被单子下面。

尼姑给他们做了一副简易担架，叶梅和王妃的"丈夫"两人拿了药，抬着人就朝山下走。

两人走了不远，尼姑追了上来，把金子递给了叶梅，说："能相识就是有缘，施主请不要如此。施主一路走好，这金子还是给山下的人吧。"

叶梅一愣。她从道姑的话里知道，这道姑应该是知道了他们的秘密，那这人可真不是一般人了。叶梅知道多说无益，只能鞠躬拜谢了道姑，继续下山。

他们到了马车停歇的地方，把王妃放上马车，赶紧打马下山。

在山下，他们又遇到了一帮穿着便衣的清军。不过，这次比上次人多了几个，其中有个小头目模样的拦住了他们。几个人还是跟昨天一样，挨个送钱。小头目却掀开马车的前帘子，看了看躺着的王妃，然后看到了在马车里面一直没出来的叶梅。

小头目乐了，说："这里面竟然还藏了一个美娇娘。下来，我们得检查一下。"叶梅跳下马车，对小头目施礼，说："大哥见笑了，我是陪着我姐姐一起到山上，让道姑师父治病的。大哥要查什么，只管查。"

小头目看着叶梅，笑了，说："这人漂亮，话也会说。行，我也不查别的，我就问问你们是哪里人就行。我怎么听着你们都不是本地人啊？"

叶梅一听小头目这么说，知道要坏事。小头目的口音是本地人，他自然能听出他们这些人口音的不同。不过她心里虽然乱跳，脸上却不变色，说："大哥真是厉害，我们是从湖南那边过来的，湖南那边长毛闹得厉害，我们就跑到这边投亲戚了。没想到这边也不平静。"

小头目煞有介事，问："投的亲戚是哪个地方的？"

叶梅对这个也有准备，说："我们亲戚是郭扶集的，大哥，有空去亲戚家做客啊。"

小头目依然不依不饶，说："先别套近乎。你也应该知道我们的身份，这些日子长毛打到四川了，我们兄弟是出来暗地巡查，抓长毛的暗探什么的，你们这些人没一个本地口音，还他妈说是来投亲戚，既然是来投亲戚，到这儿找人看病，你们的亲戚能不带你们来？你以为我们弟兄都是三岁小孩呢？我不管你是到哪里投亲戚的，你们到我们兵营去一趟，让你们亲戚去领人。"

这十多人一听头儿这么说了，就都亮出了武器。他们有的带着刀，有的带着火枪，都瞄准了这几个人。

叶梅笑了笑，说："这位大哥公务真是认真，大清的官员要都像您这样就好了。实话跟您说，我们到这山上来也不是第一次了，我这个姐姐病得不轻，一个月前就来过一次。那次是我们亲戚带着来的，要不我们怎么能找到这里？大哥，病人要赶紧回去熬药呢，您就行个方便吧。"

小头目其实也是胡乱猜疑，叶梅的话说得有理，他就有些无话可说了。他看了看他们几个，说："这样吧，小妹妹，我有一个小小的要求，你如果答应了，我就放你们走。"

叶梅笑了笑，从怀里掏出一锭金子，说："大哥，这样成吗？"

小头目没接金子，笑了笑，说："金钱不过是身外之物，我们这些当兵的，说不定哪天这命就没了。我们要这么多的金子干什么？小妹妹，这金子你留着，你陪我玩一玩，我就放你们走。你看这个不用你花一分钱，无本的买卖，你看行不？"

叶梅冷笑一声："大哥，你的这么多兄弟看着，你好大胆。"

小头目毫不在乎地摆摆手，说："这个请妹妹放心，这种事多了，谁有机会谁就干。呵呵，小妹妹这算同意了吗？"

两人的话那些清兵没有听到，跟叶梅一起来的这两人可都是听到了。不过他们的武器都藏在大车肚子下，急切间也拿不出来，两人频频看向叶梅，不知如何是好。

叶梅看着这个小头目是势在必得，她又怕耽误时间长了，引来更多的官兵，就说："那好吧。不过，大哥，这个漫山遍野的，没有方便地方啊。"

小头目大喜，表扬叶梅："妹妹真是个爽快人！前面小树林里有我们兄弟的一个小帐篷，方便得很。"

小头目带路，叶梅跟在他后面，进了小树林。剩下的人自然知道他们是去干什么，一阵哄笑。

一起来的两人，挡住了小头目的去路，叶梅朝他们摆手，说："姐夫，没事。你去马车上等着就行。"

叶梅跟着小头目进了帐篷。小头目扒下了自己的衣服，就去撕扯叶梅的衣服。叶梅朝他笑了笑，笑得小头目有些稀里糊涂，他刚想伸手抓叶梅，叶梅欺身过来，闪到他身后。小头目看看这身形，就知道不好，刚想叫，叶梅一只手捂住他的嘴，手中的小刀划过他的脖子，小头目身子一软，就倒在了地上。

叶梅在帐篷里待了会儿，才披头散发、衣衫不整地走出来。那些清兵呵呵奸笑，说着各种下流话。叶梅一言不发，上了马车，车夫猛打马屁股，马车腾起一溜飞尘，疾驰而去。

06 东溪决策

王妃吃了两天药，果然好多了，石达开深以为喜。叶梅把尼姑的话跟石达开说了，石达开不信，说："这病病了十多天都没事，眼看好起来了，还能死人吗？"

王妃没听到尼姑跟叶梅说的话，也以为自己能好，因此一脸的喜色，对叶梅也是感激不尽。

叶梅却想着尼姑的话，一直在心中数着日子。第十天，王妃早上起来的时候，脸色突然不成样子了，当天下午，人就不行了。但是王妃自己都不相信，昨天还好好的，怎么今天就不行了啊。叶梅看着这人实在是没救了，就把尼姑的话说了。她声泪俱下，说："王妃，我只能救您十天，对不起了，让您白高兴了……"

王妃知道了真相，知道自己必死，反而平静了，她对石达开和叶梅说："叶梅姐是天下……最值得你娶的人，我希望……翼王殿下能够……娶了她。由她照顾我们的孩子，我就……放心了……"

看着王妃的脸色又恢复成了十天前的样子，石达开也是忍不住眼泪。不过军中事务繁忙，石达开在王妃身边待了一会儿，就出去忙去了。

叶梅和郎中守着王妃，虽然是等死，叶梅却也抱着万分之一的希望，希望王妃能再熬一两天。

清军尾随而至，离东溪有三四十里路，开始安营扎寨。

太平军在这几个月里，一直在川南川东一带折腾，寻找机会渡江，却因为被清军盯得太紧，没有一次成功过。这些清兵好像他们肚子里的虫子，每次石达开刚一行动，他们马上就会做出正确的反应，跑到太平军前面等着他们。这实在是一件能让人发疯的事。

就在这个当口，王妃却病危了，石达开每日来坐会儿，把王妃托付给叶梅，就要去忙军务。王妃虽然病重，脑子却清楚，知道太平军的处境，因此每次醒来，看看叶梅，就轻声叹气。叶梅知道王妃的心情，就会说："翼王在忙军事，要不……我让人去叫他？"

王妃的眼角涌上泪珠，却摇头。

每当此时，叶梅的眼泪就会夺眶而出。

第十二天下午，王妃最后一次睁开眼，已经不会说话了。她只是用乞求的眼神看着叶梅，叶梅还是问她："要我去把翼王叫来吗？"

王妃摇头。叶梅忙把孩子给她抱过来，王妃举手摸着自己的孩子，眼泪汹涌而出。她用手拉过叶梅的手，把孩子的小手放在了叶梅的手心里。叶梅知道她的意思了，含着泪点点头。

王妃再次昏死过去。叶梅觉得王妃再次醒过来的可能不大了，就从屋里跑出来，去喊石达开。从屋里走出来，她再也抑制不住自己的情绪，在外面号啕大哭。

有军士经过，不知道发生了什么事情，围着叶梅一脸的茫然，叶梅没有心情跟他们说什么，只能抑制住痛哭，推开他们，去找石达开。

石达开和众位将领幕僚正在召开军事会议。叶梅走到这间简陋的农家屋外，看到里面异常肃穆的气氛，只得站在外面等了会儿。

屋子里众位将领和幕僚正展开激烈的争论。有的觉得应该放弃进川之策，现在清军把主要兵力都摆在了长江一线，长江在这一段又险恶无比，两边大都是高山峻岭，对于远道而来的太平军来说，这简直就是个大坟墓。进川固然有利，但是要找准时机，现在时机不对。

以赖裕新、李福猷为主的武将，却大都同意继续进川。赖裕新说："骆秉章已经调动了他能调动的所有兵马，却并没有阻止我们活动。现在两下僵持，只是我们还没有找到一个合适的渡江机会而已。只要我们找到了合适的机会，渡江成功，而四川的兵力现在都集中到了长江一线，省内各地防卫必然空虚，渡江过去，四川就将是我们的天下。如果我们现在撤出四川，必定还是要做流寇，再想打回来，可就困难了。"

孔之昭说："赖将军此言差矣，我们现在说的不是进川之后，而是说进川的危险。现在清军虎视眈眈，数倍于我，又凭长江之险，我们凭什么能渡过长江？"

石达开站起来，还没说话，刚好看到了站在窗外的叶梅。叶梅朝他点点头，石达开摆手示意他暂时没空。然后他清了清嗓子，说："诸位的话都有道理，现在清兵大军都集中于此，我们渡江确实困难。不过，我们现在无法后退。退到任何地方也无法摆脱清军，所以我们只能一拼。现在大军合在一起行动，行动起来太慢，也无法分开清军主力。现在跟太平军作对的清军除了刘岳昭部，就是唐友耕部，剩下的大都无法独立为战。所以，我决定，下一步我们兵分三路。李福猷带一部人马南下贵州，从川南进入四川，赖裕新带一部人马从川北入川，我带中军主力，趁敌军分兵混乱之际，寻机渡江。只要我们三方的任何一方渡江成功，都可以从陆路攻击对岸的清军，另外两方渡江就不会成为问题。"

翼王的方案，让大家眼前一亮。这就像把一块砖头，打成了三块，可以从不同的方向打击敌人，自然成功的机会就大得多。在撤退没有好的去处、进攻受阻的情况下，分兵迎敌，让刚集结的清军再次调动，无疑会让太平军有很多的主动性。

经过几番讨论，他们最终确定了三方各自的进军路线和联络方式，会议到傍晚才结束。石达开来到住处，宋氏王妃的身子都已经凉了。

石达开看着哇哇大哭的儿子，一屁股坐在了王妃的身体前。叶梅说："王妃知道您忙，临死前，也没让我去叫您。"

石达开点头，没说话。他不吃不喝，在王妃面前一直坐到半宿，然后对身边的人说："找个地方……把王妃埋了吧。不要声张，不要起坟，也不要留什么记号。不过要埋在好记的地方，等我们打回来，我再给王妃另造坟墓。"

当天晚上，大军各自准备。

第二天一早，叶梅和石达开偷偷到王妃坟前吊唁一番。为了不被人发现，他们没烧纸也没烧香，只是默默哀悼。

大军从綦江进入贵州，在清军还在稀里糊涂跟着的时候，突然兵分三路，各自出击。

07 折翼双龙场

石达开率领本部人马经过一个月奔突，进入贵州大定地界。

对于石达开来说，这是一段非常哀伤的日子。这些日子的痛苦，比当初彭大顺等人的哗变更让他感到锥心刺骨。

首先是王妃宋氏的死亡。他还没有从她死亡的痛苦中摆脱出来，刚刚出世几个月的小儿子，身体刚刚好转，竟然突发疾病身亡。具体负责照顾儿子的韩宝英因为日夜劳累，加上悲伤过度，也一病不起。

石达开因此决定在大定住几天，也顺便给她治病。

让石达开没有想到的是，大定的苗民竟然让族里的长老参加苗民特意为太平军举行的欢迎宴会。

张遂谋等人害怕出意外，不想让翼王去。翼王却说："苗民欢迎我们，是好事，说明我们太平军得人心。我假如不去，会伤苗民的心。放心，没有那么多的意外，我石达开是从千军万马中杀出来的，不是千金小姐。"

翼王只带了张遂谋、曾广依等五六人参加了苗民的篝火晚会。苗民们载歌载舞，感谢石达开帮他们杀了欺压他们的土司和官吏。看着热情洋溢的苗族兄弟姐妹，石达开的心情好了许多。

他对张遂谋说："大丈夫在世，当为民请命。我石达开能为老百姓杀了心头之恨，让他们快乐，不枉此生也。"

苗民们以"最尊贵的客人"仪式欢迎石达开，把用毛稗、高粱、小米、苞谷和谷子酿贮的陈年美酒取出来，佐酒菜是鲜香的腌鱼腊肉，还有大块的烤肉，青年男女邀请太平军将士同他们一起唱歌跳舞，尽情欢笑。

石达开也受到这个乐观的民族的感染，喝了几大碗酒后，当场吟诗

一首:

千颗明珠一瓮收，君王到此也低头。

五岳抱住擎天柱，吸尽黄河水倒流。

当夜尽欢。

第二天，附近的苗族小伙就陆续有三百多人报名参加了太平军。苗族土司也给石达开送来了钱粮，表示不与太平军为敌。石达开亲自提笔，写了招兵布告，令贴之四乡。

告示如下：

真天命太平天国圣神电通军主将翼王石为招募兵壮，出力报效事：

照得冲锋破敌，固力强可必得胜；斩将搴旗，而年富足以取功。缘本主将匡扶真主，诛满夷之僭窃，整中华之纲常，解士庶之倒悬，拯英雄之困顿。志士抱不平，均愿讲武；穷人原无告，共乐从戎。编为行伍，英锐非夸，立就功名，忠勇无比。虽今教练以成材，实由自奋而致此。试观英雄以事夷而羞，甘屈志于泉石；豪杰因勤王不遇，犹隐逸于蓬门。未获吐气扬眉，未能攀龙附凤。复见几许少年，多属终身飘荡；若非勇士，仍然闲世闲游。为轻振作二字，遂废事业于千年；非流而忘归，亦出乎无奈。又有替佣工，终衣食之莫给；抑或微本贸易，获利息之几何？然与其食居拮据于草野，曷若投军投效于王朝？果能自拔归来，决不能求全责备。片长薄技，定录用无遗；俗子凡夫，岂有遴选不及？愿从征者，各须放胆，图树绩者，切勿瞻心。现今处处均有聚义，可惜徒为乌合；人人皆欲奋兴，堪怜未遇龙飞。本主将大开军门，广罗武士，收纳不拒万千，招募无论什佰。先教以止齐之节，复列于戎行之间。待之同如手足，用之以作干城。先登为勇，于疆场标无名之敌；后殿为功，在朝廷邀破格之赏。尚翼群雄，相率前来；纵然一人，何妨独至。称戈比干，乃少壮之事；得爵受禄，亦忠勇所无难。慎勿落魄自甘，仍然裹足；当知见才不弃，尽可宽心。特此谕告，咸使闻之。

太平天国壬戌十二年。

在大定住了十多天，石达开补充了五千多兵员，韩宝英身体也有所好转，石达开告别了异常热情的苗族老乡，经过云南镇雄，直插四川横江。

横江是金沙江南岸最后一条支流，发源于贵州威宁境内，从横江驾船可以直入金沙江。金沙江是宜宾以上直至青海玉树巴塘河口的这段长江别称，如果渡过金沙江，就可以直入川南的核心地带了。

石达开命人在附近搜集小船，开始渡江。此时正值太平天国十三年的新春，冷风凛冽，石达开站在横江岸边，看着情绪高涨的太平天国将士，心绪难平。

叶梅拿着一件衣服走来，让石达开披上。

大将曾广依从下面跑上来，请令："翼王殿下，大军准备妥当，请下令吧。"

石达开一脸冷峻，说："曾广依，命你带兵冲过横江，有决心否？"

曾广依大声喊道："有决心！"

石达开大声喊："杀进四川，建不世功业！众军将士听令：冲上对岸，杀退清妖！"

这边战鼓轰鸣，几十艘船只如离弦之箭，直射对岸。

到了河中心，对岸的大炮开始射击。小船上临时装的大炮，也开炮反击。曾广依一声令下，第二批小船也下了江，进行增援。

岸上的清兵有地理优势，却不如太平军英勇。太平军的小船被一艘一艘地打翻，剩下的太平军将士没有后退，浴血奋战。在他们的掩护下，有许多的小船冲上了对岸。清兵一拨一拨地冲下来，与冲上来的太平军拼杀，太平军杀光了，又冲上一批，杀光了又冲上一批。

叶梅虽然也是江湖人士，却很少看到这大军交战的场景，因此看得心惊肉跳，说："达开哥，别打了吧……太惨了。"

石达开说："打仗都要死人，自古如此。一将功成万骨枯，要成大事，必有一番悲壮。将来大业成就，他们都是国家功臣，每一个人，我都不会忘记他们！"

在河中落水的太平军勇士越来越多，冲上对岸的也越来越多。双方都杀红了眼，战争到了关键的时刻。曾广依亲自在这边敲鼓呐喊，给军士助威，又一批船只开了过去。眼看太平军就要冲上对面山坡了，突然从山坡上出现一片黑压压的清军。这些清军朝着太平军一批一批地开枪，那些快要冲上坡顶的太平军被割韭菜一般打倒在地。

一会儿的工夫，冲过去的几百名太平军士就只剩下了几十个，这边石达开等人看得清清楚楚，但是他们的弓箭和大炮都无法增援，只能看着他们的弟兄一个个在挣扎，在倒下。

剩下的几十个转身就跑，但是他们没跑过后面那些拿着枪追杀的清军。一阵枪响，对岸的阵地上，就只有几百具尸体了。

河中间还有十几艘小船。船上的军士看到冲过去的士卒都被杀光了，也顾不得放炮了，掉头就朝后跑，对岸一阵炮声轰鸣，十几艘小船眨眼间就成了碎片。

石达开看着河中漂流的和躺在对岸的尸体，几乎不敢相信自己的眼睛。

叶梅喃喃地说："太惨了……死了这么多人。"

石达开一拳砸在了眼前的石头上，恨恨地说："功亏一篑啊！"

叶梅看着鲜血从石达开的拳头上顺着石头流出。

当天晚上，石达开又组织一百士卒偷渡。选出的这些士卒精通水性、武功又好，可以说是精锐中的精锐。他们趁着夜色，在水势平缓的地段偷偷下水，朝着对岸游去。

他们腰间系着绳子，一是为了力竭的时候拉回来，二是到了对岸找地方拴住，可以有更多的人拽着绳子偷渡过去。

这些人也没有成功。他们刚到对岸，对岸就突然响起一片枪声，然后一阵沉寂。石达开让人拽绳子，结果很多绳子被对方砍断，他们拽回的只是绳头。

太平军准备了一天，第三天发起了更加猛烈的攻击，但是对面清军越来越多，太平军的攻击对他们根本造不成威胁。石达开看看不能获胜，只得含恨离开江岸，退到离江岸有二十多里的双龙场。

石达开在双龙场深沟高垒据守，同时寻找渡江机会。

清军唐友耕率部在两岸布防，寻找机会歼灭太平军。

唐友耕等来了一个绝佳的机会。太平军有将领化装成老百姓逃跑，被清兵抓了回来。这个低级的将领被抓到清军军营，吓尿了裤子，什么都招了。他告诉了唐友耕一个让他非常兴奋的秘密。太平军内部已经人心涣散，很多人想离开。还有，石达开驻守的双龙山后有一条小路，现无人把守，可以偷袭。

　　唐友耕重赏这个降将，约定了偷袭时间后，让他又回到太平军军营，让他多联系些人，许以高官厚禄，到时候里应外合，夹击太平军。

　　到了时日，唐友耕部趁夜从双龙山小路偷偷摸了上来，太平军没有防备，乱作一团。那些降将，先是趁乱杀了大将曾广依，又到处放火。石达开率众边打边退，等到了安全地界，清点人马，死伤二万余人，大将曾广依等十多位将领被杀。

08 天有绝人之路

为了得到修生养息的时间，石达开率部重新退回云南。

一路上，石达开因为屡屡失败，而且损兵折将，自责不已。

叶梅宽慰他说："您都说过，胜败乃兵家常事。这次怎么想不开了呢？现在您这还有三万兵马，李福猷部和赖裕新部都在外面作战，不比您在贵县时好多了吗？"

因为石达开纪律严明、宽厚爱民，在云南得到民众的拥戴。这让一度沮丧的石达开重新有了信心。

在云南住了一个月后，叶梅竟然带着石达开的老朋友邱道长来看他。石达开异常兴奋，命人摆酒，与邱道长喝酒长谈。

邱道长还是劝他不要进川。他说："兄弟，现在的四川不是古时候的四川了。总督骆秉章和布政使刘蓉两人都是异常奸诈之人，即便进了四川，恐怕也是送羊入虎口，何况进川之路如此凶险！我还是希望兄弟就在云贵川之地驻扎，可进可退。在此地称王，分封功臣，一来可以安抚众将，二来可以有了自己的地盘。如若兄弟同意，我就留下来，甘愿为兄弟效犬马之劳。"

石达开还是不同意，说："这一番失败，更让我坚定了去四川的信心，他们如此堵截，显然也觉得四川是个适宜太平军的地方。所以，我感谢道长的好意，四川我必须去。我不是还跟道长有个约定吗？等我在成都请你吃饭。"

邱道长没想到石达开竟然越来越固执。他又说了会儿，看没有效果，只得作罢，于第二天告别了石达开和叶梅，走进了山里。

石达开看着他的背影长叹，说："唉，我们都想救民众于水火，却如此艰难。"

叶梅看着道长的背影，也是一脸的哀伤。

道长临走的时候，让她跟着他走。道长说："达开兄弟一意孤行，必将困难重重，叶梅，我带你去寻一条生路吧。"

叶梅却不愿意走。在她的心中，即便石达开遭受重创，却依然是她心中的英雄，是一个顶天立地的男人。自然，石达开不是神，有时候，他跟普通的男人一样，会有彷徨，有犹豫，但是他是善良的，是有着宽大的心胸的。跟着这种人，即便是死，又有何妨？

叶梅突然说："达开哥，如果……进川真的失败，您打算怎么办？"

显然，石达开没有想到这个问题，默默地想了一会儿，他才说："我当初说过啊，我会退回来，就在云贵之地做个一方霸王，再图后事。"

叶梅说："可是，我们现在不算失败了吗？"

石达开一昂头，说："当然不算！赖裕新部在川北，李福猷部在贵州，他们还都在进图四川。即便我部人马，也只是稍受挫折而已。要不是叛徒作乱，说不定我已经渡江成功了呢。"

叶梅抬头看了看石达开，不忍再伤他的心，笑了笑说："但愿如此。"

石达开说："妹妹你放心，我石达开说打到成都，我就娶你，这是我石达开此时最大的心愿，我一定不会食言！"

叶梅会心笑了笑，低着头，跟着石达开回到屋里。她想到以前，想到跟石达开初识的日子。其实她比石达开还大一岁，但是，看着石达开比较成熟老到的样子，以为他比自己大，就叫了哥哥。后来一论年龄，自己竟然比他大。石达开却不让改了，他说自己喜欢当大人，不喜欢叫人"姐姐"，叫"妹妹"多好啊。两人就一直这么叫了下来。自从在贵县相遇后，石达开严肃多了，一直叫她的名字，这次特意叫她"妹妹"，显然是强调他的"哥哥"身份，强调他的能力。

叶梅无端地有些伤感。她虽然武功高强，算是江湖中人，但是在骨子里，她还是一个想找个人依靠的小女人。石达开并不像在远处看到的那么完美，但是在他的身上，有她年轻时候的梦想，有她的精神寄托。可是现在，无论是石达开自己还是她，恐怕都不敢说他的选择是对还是错，入川到底是否能够成功。

她能感觉出来，石达开也不是没考虑过入川是否可行。但是现在，入川是他和手下将领梦想的寄托，他不敢再用别的说法来说服他的跟随者了。

入川，其实是一个赌局。

石达开在云南休整了三个月，四月初，他分出一军，让曾广依的羔弟曾广仁率领，打着石达开的旗号，东入贵州。自己一军，却换了旗号，趁清兵惶惑之际，突然从云南巧家县米粮坝渡过金沙江。

渡过金沙江的石达开终于松了一口气，众军将士和叶梅也都松了一口气。这时候，张遂谋提出先在川南活动，等李福猷也从贵州过来之后，再攻打成都。

石达开征询众将意见，众人意见不一。不过，他们显然想打下一个大城市，好好享受一下，也一雪这些年屡战屡败的耻辱。

进入四川境内，太平军又新招了不少兵卒，并顺利打下了宁远府。打下了宁远的石达开信心倍增，在宁远休整几天，就开始北上，经冕宁小路，过悬崖峭壁间一处叫作"铁宰宰"的隘口，抵达大渡河的南岸与松林河交汇处的紫打地。石达开打算从此处过河，然后太平军则可大军长驱，直达成都。

但是紫打地地势险峻异常。此处前亘大渡河，左濒松林河，右临老鸦漩河，东南方向峰峦重叠，山势险峻，并且松林河西为土司王应元的领地，紫打地东南为土司岭承恩的领地，这两人都被骆秉章威逼利诱，让他们协助剿灭太平军。

大军抵达此处，宰辅曾仕和四处观察后，忧心忡忡地对石达开说："翼王殿下，此处地势险恶，是一处非常不祥之地。假如清兵堵死隘口，派兵死守，我们……就危险了。"

石达开手指眼前的大渡河，胸有成竹地说："此处水流平缓，对面也无敌人，我们只要马上赶造船只，明天一早渡河，大事可成，有什么危险？"

当下，大军不敢耽误，马上伐木造船，叶梅也来到大渡河边看着河水出神。石达开走过来，轻声说："妹妹，我石达开只要过了此河，就可进入四川的富庶之地了。这两年左冲右突，今日终于看到希望了。"

叶梅看了看虽然清瘦，眼神却依旧清澈明亮的石达开，神情忧郁，说："达开哥，我怎么觉得这个地方这么……恐怖呢？"

石达开呵呵一笑，说："是啊。此处看来是兵家不宜之地，这种地方可以速过，不可久留，因此也是兵行险招的地方。我们明天一早就渡河，只要过了河，就没人能够拦得住我石达开了。"

叶梅不由得觉得有些心慌，却说不出原因。

石达开精神振奋，带着黄再忠、曾仕和等一干人监视士卒造船，谈笑风生，似乎胜券在握。众人也受到翼王精神感染，干劲十足。

当天晚上大军赶造出一批船之后，才开始休息。叶梅和韩宝英等众女兵协助做饭熬汤，也一直忙活到半夜。

快到半夜的时候，叶梅突然闻到一股湿润的土腥气。她蓦然觉得有什么不对劲，仔细一想，不由得大惊：假如大雨下来，河水陡涨，大军如何渡河？

叶梅急忙找到石达开，把自己的担忧说了。石达开又困又累，打着哈欠说："我今天问向导了，此河还不到涨水的时候，即便下点小雨，也不能马上就涨水吧？天无绝人之路，妹妹，快睡吧，明天一早要渡河呢。"

叶梅进入特意为女兵搭建的帐篷中，刚躺下，突然大雨滂沱而下，疯狂的大雨就像是要摧毁这个世界一般，嘶叫着冲向大地。

叶梅和韩宝英躺在由几块木头搭起来的简易床上，辗转反侧。

韩宝英说："叶梅姐姐，你睡了没？"

叶梅说："没呢。"

韩宝英说："这雨好大，怎么……我第一次觉得害怕啊。"

叶梅也觉得害怕，但还是安慰她说："没事，睡吧。不过是下雨罢了。"

第二天一早，叶梅起床后，直奔河边。

河边已经围了众多将士，石达开和张遂谋等人也在看河水。叶梅看着汹涌疯狂的河水，不由得头晕目眩：这不正是绝人之路吗？

09 绝战

石达开找到向导打听，向导说这河不到发水的季节，一般两三天水就下去了。石达开边令人继续造船，边等着河水下去。可是一直到了第三天，河水水势只是稍缓。

而对面原本毫无人影的山头，已经到处是黑压压的一片清军。清军的大炮也在对面山上支了起来，直对河面。

叶梅这几天天天在河边看水，看对岸山上的清军。天好的时候，能看到清军忙忙碌碌的样子。

石达开每次来，都是稍微看一下就走。叶梅老远看着他，看到石达开好像突然间就瘦得吓人，也不敢去打扰他。

石达开已经派人去他们进来的隘口看了，土司已断千年古木六大株，堰地塞路，上有夷兵持骆秉章送来的新式火枪把守，可谓一夫当关、万夫莫开。

身后是陡峭绝壁，猴子难攀，石达开别无他路，只有强渡大渡河。

第四天，石达开指挥一千兵士乘几十艘木船渡河，被对岸的火炮一阵就打散了。

看着一千军士眨眼间就被河水吞没，石达开脸色如黄纸。

住了两天，石达开又组织起五千精锐渡河。这五千人左手握矛，右手挽盾，披发赤足，腰悬利刃，皆是以一当十之勇士。岸边的数万太平军擂鼓呐喊，给渡河勇士助威，可谓声震山谷，惊天动地。

五千勇士却只走到河中心，对岸就炮声一片，一刹那，河中一片硝烟弥漫，船的残体和人的肢体漫天飞舞，一阵工夫，五千勇士一个不剩。只有滔滔河水中，一片一片的残船，随着河水滔滔而下。

石达开无奈，命黄再忠带一队人马务必拿下那个"铁宰宰"隘口。黄再忠带着一队人马领命而去。黄再忠带着士卒跟土司岭承恩的士兵打了两天，带的两千人几乎一个不剩，又带两千人上去，这两千人打光了，却一寸都没有打过去。土司的兵趴在大树后面，悠闲地一个一个清理着冲上来的太平军，窄窄的小路，太平军无处躲闪，他们几乎不用瞄准，一枪就能撂倒一个太平军军士。而他们的人藏在巨石后、大树后，太平军的弓箭和火枪根本打不到他们。

石达开掉头强渡松林河。松林河水流湍急，更兼河中巨石甚多，旋涡丛生，太平军将士拼力涉达彼岸，已精疲力竭，手僵足硬。王应元部兵卒长枪结阵，以逸待劳，木头一般连走路都困难的太平军几乎就是一个个的活靶子，王应元兵卒只消挨个捅死就行。

石达开一开始看看竟然还有人能渡过去，以为有希望，连派了好几批五六人过去，却无一个能走上岸边，而王应元部却连一个受伤的都没有。那真是尸横遍野，血流成河，一幅人间地狱的景象。

松林河上本来有个铁索桥，王应元也让人砍断了。石达开无奈，派人许诺金条若干去跟这两个土司买路，两个土司不敢得罪皇帝，加上石达开已经成了瓮中之鳖，眼下他的所有家当都成了他们两人的了，他们还要他的金条干什么？

土司岭承恩偷袭了马鞍山。

马鞍山失守，太平军在马鞍山上的粮库落到了土司的手里。士兵没有了粮食吃，只能吃野菜，杀马吃。不几天野菜吃光了，马也杀没了，士兵竟然开始互相残杀，吃起了人肉。绝望自杀者比比皆是。

石达开穷途末路，又组织了两次强攻，都没有成功。

太平军竟然在这十几天中就突然进入了绝境。

叶梅带着女兵一直在抢救伤员，到了最后，她们没有了吃的，也抬不动伤员了，只能干坐着，喝水当粮吃。

石达开把王妃刘氏和一个两岁的小儿子托付给了叶梅和韩宝英，让她们带了两个卫士，换上老乡的衣服，逃进深山里，先躲几天再出来。石达开一脸凄楚地对叶梅说："妹妹，今生恐怕没有福气娶你了，下辈子吧，下辈子记得来找我石达开。"

此时此景，叶梅能说什么？只能泪水长流。

刘氏要石达开跟他们一起走，石达开摇头，说："我死也要和弟兄们在一起。"

两个土司带着兵卒和清兵合并一起，朝着太平军发起进攻。石达开带着几乎站立不稳的兄弟们拼死抵抗，剩下六七千人，跑到老鸦漩，被激流挡住，过河不得。六千多人就地扎营，打算与清兵拼死一搏。

清兵派杨应刚去与石达开谈判，杨应刚代表骆秉章答应：如果石达开写了投降书投降，他就可以解甲归田，他手下的士兵也可以放下武器，回家务农。

曾仕和等不同意投降，说清军对太平军恨之入骨，不可相信。石达开说："即便他们杀了我，只要能放过这六千多人，我死了也值得。"

石达开写了投降书，交给杨应刚。杨应刚说要带着他去见总督骆秉章，石达开心里知道，自己恐怕是有去无回了。曾仕和、黄再忠，还有一百多亲兵，无论生死都要跟着他。石达开虽然不同意，但是无奈他们视死如归，杨应刚就把他们，还有石达开的儿子石定忠，一起带到了成都。

同治二年（1863）六月二十七日，石达开、曾仕和、黄再忠三人在成都被凌迟处死。有文记载石达开：

> 自绑至刑场，均神气湛然，无一毫畏缩态，其枭杰之气，见诸眉宇。
>
> 所随亲兵也随之就戮，皆大义凛然，没有退缩者。

翼王至死不知的是，赖裕新早在当年二月份，就被土司岭承恩在腊关顶用檑木滚石砸死。

南下贵州的李福猷听闻翼王在大渡河被抓后，东下转战湖南、广西等地，后在广西怀集县属的石茔、坑尾等处战败。当年十月，逃至广东连州铁杭，敌追至，力竭被杀。